Journalistische Praxis

Gegründet von
Walther von La Roche

Herausgegeben von
Gabriele Hooffacker

Der Name ist Programm: Die Reihe Journalistische Praxis bringt ausschließlich praxisorientierte Lehrbücher für Berufe rund um den Journalismus. Praktiker aus Redaktionen und aus der Journalistenausbildung zeigen, wie's geht, geben Tipps und Ratschläge. Alle Bände sind Leitfäden für die Praxis – keine Bücher über ein Medium, sondern für die Arbeit in und mit einem Medium. Seit 2013 erscheinen die Bücher bei SpringerVS (vorher: Econ Verlag).

Die gelben Bücher und die umfangreichen Webauftritte zu jedem Buch helfen dem Leser, der sich für eine journalistische Tätigkeit interessiert, ein realistisches Bild von den Anforderungen und vom Alltag journalistischen Arbeitens zu gewinnen. Lehrbücher wie „Sprechertraining" oder „Frei sprechen" konzentrieren sich auf Tätigkeiten, die gleich in mehreren journalistischen Berufsfeldern gefordert sind. Andere Bände begleiten Journalisten auf dem Weg ins professionelle Arbeiten bei einem der Medien Presse („Zeitungsgestaltung", „Die Überschrift"), Radio, Fernsehen und Online-Journalismus, in einem Ressort, etwa Wissenschaftsjournalismus, oder als Pressereferent/in oder Auslandskorrespondent/in.

Jeden Band zeichnet ein gründliches Lektorat und sorgfältige Überprüfung der Inhalte, Themen und Ratschläge aus. Sie werden regelmäßig überarbeitet und aktualisiert, oft sogar in weiten Teilen neu geschrieben, um der rasanten Entwicklung in Journalismus und Neuen Medien Rechnung zu tragen. Viele Bände liegen inzwischen in der dritten, vierten, achten oder gar, wie die „Einführung" selbst, in der neunzehnten völlig neu bearbeiteten Auflage vor. Allen Bänden gemeinsam ist der gelbe Einband. Er hat den Namen „Gelbe Reihe" entstehen lassen – so wurden die Bände nach ihrem Aussehen liebevoll von Studenten und Journalistenschülern getauft.

Gegründet von
Walther von La Roche

Herausgegeben von
Gabriele Hooffacker

Michael Rossié

Frei sprechen

in Radio, Fernsehen und vor Publikum. Ein Training für Moderatoren und Redner

6. Auflage

Michael Rossié
Gräfelfing, Deutschland

Tonbeispiele finden Sie unter
www.springer.com/springer+vs/medien/book/978-3-658-13218-7

Journalistische Praxis
ISBN 978-3-658-13218-7   ISBN 978-3-658-13219-4 (eBook)
DOI 10.1007/978-3-658-13219-4

Die Deutsche Nationalbibliothek verzeichnet diese Publikation in der Deutschen Nationalbibliografie; detaillierte bibliografische Daten sind im Internet über http://dnb.d-nb.de abrufbar.

Springer VS
© Springer Fachmedien Wiesbaden 2014, 2017
Das Werk einschließlich aller seiner Teile ist urheberrechtlich geschützt. Jede Verwertung, die nicht ausdrücklich vom Urheberrechtsgesetz zugelassen ist, bedarf der vorherigen Zustimmung des Verlags. Das gilt insbesondere für Vervielfältigungen, Bearbeitungen, Übersetzungen, Mikroverfilmungen und die Einspeicherung und Verarbeitung in elektronischen Systemen.
Die Wiedergabe von Gebrauchsnamen, Handelsnamen, Warenbezeichnungen usw. in diesem Werk berechtigt auch ohne besondere Kennzeichnung nicht zu der Annahme, dass solche Namen im Sinne der Warenzeichen- und Markenschutz-Gesetzgebung als frei zu betrachten wären und daher von jedermann benutzt werden dürften.
Der Verlag, die Autoren und die Herausgeber gehen davon aus, dass die Angaben und Informationen in diesem Werk zum Zeitpunkt der Veröffentlichung vollständig und korrekt sind. Weder der Verlag noch die Autoren oder die Herausgeber übernehmen, ausdrücklich oder implizit, Gewähr für den Inhalt des Werkes, etwaige Fehler oder Äußerungen.

Tonaufnahmen: Speaker's Corner, München
Lektorat: Barbara Emig-Roller

Gedruckt auf säurefreiem und chlorfrei gebleichtem Papier.

Springer VS ist Teil von Springer Nature Die eingetragene Gesellschaft ist Springer Fachmedien Wiesbaden GmbH

Vorwort

Dieses Buch zeigt Ihnen, was einen guten Redner oder Moderator ausmacht.
  Es beschäftigt sich in erster Linie mit dem „Wie". Mit dem Weg von der Idee, die ich vermitteln will, bis zur Umsetzung vor Mikrofon, Kamera oder Gruppe. Ich zeige Ihnen Wege, wie Sie dort genauso locker sprechen wie im Privatleben.
  Wenn Sie lernen wollen, frei zu sprechen, wenn Sie weg wollen vom vorgegebenen Text und wenn Ihnen schlecht vorgelesene Manuskripte ein Gräuel sind, dann sollten Sie weiterlesen. Egal, ob Sie in Radio oder Fernsehen zu hören oder zu sehen sind, Veranstaltungen moderieren, Seminare oder Vorlesungen geben, ob Sie referieren, präsentieren, Reden halten, diskutieren oder interviewen. Ob Sie unterrichten, ansagen, verkaufen oder ob Sie selbst interviewt werden. Wer wirklich frei sprechen will, also nicht mogelt, indem er abliest oder auswendig lernt, für den ist dieses Buch gedacht. Wie man das Vorlesen von Texten professionell macht, ist in meinem Buch „Sprechertraining" ausführlich erklärt.
  All das, was ich von meinen Seminarteilnehmern in all den Jahren gelernt habe, enthält dieses Buch. Ob Fernsehmoderator oder Pressesprecher, ob Sportler oder Verkäufer, ob Lehrer, Rechtsanwalt, Pfarrer, Student oder Schauspieler, sie alle haben mir geholfen herauszufinden, warum man jemandem gerne zuhört.
  Die 6. Auflage ist jetzt schon die zweite Auflage bei Springer VS. Offenbar haben die Leser dieses Buch auch in einem anderen Verlag gefunden. Darüber freue ich mich sehr. Meine tägliche Arbeit mit Rednern und Moderatoren zeigt mir, dass es einen großen Bedarf gibt, das freie Sprechen zu lernen. Und der Trend zu Internetseiten mit Videos ist ungebrochen. Der Inhalt dieses Buches gewinnt also ständig an Relevanz, weil das vor Gruppen gesprochene Wort immer wichtiger wird, auch wenn die Gruppe vielleicht nur virtuell vorhanden ist.
  Dies ist kein Buch über das Manipulieren, über das Sich-durchschlagen oder über die Möglichkeiten, durch Virtuosität zu bestechen, sondern übers Ehrlichsein, ohne dabei sein Ziel aus den Augen zu verlieren. Darüber, wie man authentischer, glaubhafter und kompetenter kommuniziert, und damit ein guter Moderator

oder Redner wird. Es geht darum, sich wie König oder Königin zu fühlen: souverän, selbstbewusst, gelassen und freundlich zu sein. Ich möchte, dass Sie Ihre eigenen Fähigkeiten entdecken, und nicht nur nach langem Training so wirken, als hätten Sie was drauf. Deswegen lautet das Motto meiner Arbeit: Werden Sie, wie Sie sind!

Da sich dieses Ziel allein mit Hilfe eines Buches nicht ganz erreichen lässt, gibt es im Internet als Ergänzung zum Buch eine Menge Audiofiles zum anhören. Damit können Sie sich von meinen Vorschlägen ein akustisches Bild machen. Diese Tonbeispiele erleichtern das Verständnis, sind aber zum Durcharbeiten nicht unbedingt nötig. Verweise auf Beispiele, die Sie online finden, sind mit dem Symbol ◉ gekennzeichnet, dem OnlinePLUS Button. Er verweist auf die Internetseite des Buches im Springer Verlag (http://www.springer.com/springer+vs/medien/book/978-3-658-13218-7).

Dort klicken Sie entweder auf „Hörbeispiele, einzeln" unten auf der Seite, weil Sie ein bestimmtes Beispiel überprüfen möchten. Oder Sie klicken auf „Hörbeispiele, gesamt", um alle Hörbeispiele auf einmal herunterzuladen. Anschließend geben Sie einfach die ISBN-Nummer des Buches ein. Dann können Sie die Beispiele auf CD, einen USB-Stick oder ein Smartphone überspielen und haben sie immer bei sich.

Das Buch enthält viele Übungen, die Sie anregen sollen, mitzumachen und sich erst einmal eigene Gedanken zu machen. Gerade beim Moderieren gibt es Stilfragen und immer verschiedene Möglichkeiten.

Aufgaben sind mit einem ? gekennzeichnet. Nach jeder Aufgabe finden Sie ein Ausrufezeichen ! - - - - -. Hören Sie hier auf zu lesen und lösen Sie das angegebene Problem, oder beschäftigen Sie sich mit der gestellten Frage. Übungen, die Sie im Gegensatz zu den Aufgaben immer wieder machen können, sind mit einem großen Ü gekennzeichnet, so dass Sie sich auch später sehr leicht praktische Anregungen holen können. Am Ende jedes Beitrags finden Sie eine Zusammenfassung.

Weitere Informationen und ein Interview mit mir finden Sie ebenfalls auf der Springer-Seite zum Buch, wenn Sie auf „Website zum Band" klicken.

Über Kritik am Buch, Ideen, Tipps und Hinweise freue ich mich (http://www.sprechertraining.de), denn es gibt jeden Monat Leser und Anwender, die mir Fragen stellen und Anregungen geben, die mich auf neue Ideen bringen.

Gräfelfing, im Juni 2016   Michael Rossié

Inhaltsverzeichnis

1	**Einführung**	1
2	**Vorbereitung**	7
2.1	Das freie Sprechen	7
2.2	Das Sternsystem	20
2.3	Das Üben	27
2.4	Die Stoffsammlung	35
2.5	Das Fließen	37
2.6	Die Bilder	39
2.7	Die Präsentation	44
2.8	Die Moderationskarten	48
	Literatur	52
3	**Körpersprache**	55
3.1	Das Gesicht	58
3.2	Die Hände	62
3.3	Die Beine	66
	Literatur	70
4	**Kurz vorher**	71
4.1	Die Technik	71
4.2	Die Entspannung	80
4.3	Die Nervosität	82
	Literatur	87
5	**Es geht los**	89
5.1	Der erste Eindruck	89
5.2	Die Begrüßung	94
5.3	Der Einstieg	100

	5.4	Der Anfang 103
	5.5	Der gute Moderator 108
	5.6	Die gute Moderation oder Rede 111
	5.7	Der Blackout 112
	5.8	Fast gekonnt 115
	5.9	Gut gemeint 124
	5.10	Die Doppelmoderation 137
	5.11	Das Ende 140
		Literatur 141
6	**Gäste** 143
	6.1	Das Gespräch, das Interview 143
	6.2	Die Diskussion 159
		Literatur 164
7	**Nachbereitung** 165
	7.1	Sprache 165
	7.2	Umgang mit Kritik 183
	7.3	Häufig gestellte Fragen 188
		Literatur 191
8	**Übungen** 193
	8.1	Freies Sprechen 193
	8.2	Klar formulieren 195
	8.3	Begeistern 197
	8.4	Mit Untertönen sprechen 197
	8.5	Spannung aufbauen 198
	8.6	Den Schlüssel finden 200
	8.7	Sich konzentrieren 202
9	**Jobsuche** 205
Tonbeispiele online 213
Weiterführende Literatur 215
Sachverzeichnis 219

Einführung

> **Zusammenfassung**
>
> Zunächst mal sollte man die Begriffe klären. Mit diesem Buch frei sprechen lernen, heißt nicht zu mogeln, sondern jeden Satz für diesen speziellen Anlass zu formulieren. Nicht nur der Redner oder Moderator sollte ein Original sein, sondern am besten alles, was er sagt.

Moderatoren sprechen frei. Gute Redner sprechen frei. Denn jemand, der vorliest, egal ob vom Blatt oder von einem Monitor, ist kein Moderator oder Redner, sondern ein Sprecher. Wenn in diesem Buch also von einem Moderator oder einem Redner gesprochen wird, dann meine ich jemanden, der frei spricht. Damit unterscheidet sich meine Terminologie ein wenig vom allgemeinen Sprachgebrauch. Denn alle, die sich mit der Materie auskennen, wissen, dass die wenigsten, die in der Öffentlichkeit reden, wirklich frei sprechen.

Frei bedeutet hier nicht, dass man die Hände frei hat, oder dass man das Recht hat, zu sagen, was man will. Frei sprechen, wie ich es verstehe, bedeutet, dass man das, was man sagt, jedes Mal neu formuliert. Auswendig gelernt ist nicht frei gesprochen. Benutze ich die Stichwortkarte in meiner Hand dazu, mir die tagelang geprobten Sätze in Erinnerung zu rufen, fiele das für mich unter Lesen, aber nicht unter freies Sprechen.

Den Begriff Moderator habe ich weit gefasst. Der Gastgeber einer Spielshow, der Redakteur, der Beiträge seiner Sendung ansagt, die Beauty, die nach Stichwortkarten ein Studioprogramm organisiert, der Pausenclown zwischen zwei Musiktiteln, ja sogar der gepflegte Herr, der mit wilden Bewegungen erklärt, wie man seine Hautcreme selber mischt, sie alle werden im täglichen Sprachgebrauch als Moderatoren bezeichnet. Sie stehen häufiger als dass sie sitzen, und sie haben kein ausgearbeitetes Manuskript vor sich. Und all das, was für einen Moderator gilt, gilt für jeden Redner, der vor der Gruppe frei spricht. Der Gastgeber einer Talkshow muss also ganz ähnliche Fähigkeiten erlernen wie ein guter Lehrer oder ein Sprecher, der die Pressekonferenz eines Unternehmens eröffnet.

Wie werde ich ein Moderator? Sie können sich zunächst einmal etwas antrainieren. Sie können Ihren Händen beibringen, nur bestimmte Bewegungen zu machen, Sie können Ihrem Mund nur eine bestimmte Art von Satz erlauben, Sie erlernen eine Mikrofonhaltung, und Sie gehen vor jedem Satz den ganzen Katalog von Ge- und Verboten durch, von »Schau immer in die Kamera« bis zu den »ähs«. Das Ergebnis können wir uns täglich im Fernsehen anschauen. Zum großen Teil sehen wir auf sich selbst konzentrierte Darsteller von Moderatoren, die versuchen so zu tun, als seien sie echt. Die ganze Konzentration verwenden sie darauf, nur ja nichts falsch zu machen. Wir haben uns inzwischen so daran gewöhnt, dass uns gar nicht mehr auffällt, wie unnatürlich sie sprechen.

In den meisten Rhetorikkursen lernen Sie alle diese Regeln. Nur weil Sie vor der Gruppe steif dastehen, bekommen Sie beigebracht, wie Sie Ihre Hände bewegen sollen. Das ist genauso, wie wenn sich herausstellt, dass Sie beim Anblick von Löwen in freier Wildbahn immer erschrocken stehen bleiben und man Ihnen jetzt tagelang beibringt, wie man beim Weglaufen die Füße zu setzen hat. Wenn der Löwe dann wirklich kommt, sind Sie noch viel langsamer, weil Sie immer darüber nachdenken müssen, welchen Fuß Sie jetzt als nächsten nehmen. Keinem Menschen muss man Handbewegungen beibringen. Wenn wir privat anregend und charmant erzählen, dann müssen wir nur lernen, das vor Gruppe, Mikrofon und Kamera ebenso zu tun, aber das Erzählen selbst müssen wir nicht lernen. Das können wir. Jeder von uns produziert im Durchschnitt über 50 Buchseiten am Tag. Wir reden also jeden Monat drei dicke Romane zusammen. Wir planen nicht vorher, was wir sagen werden, wir denken nicht minutenlang nach, ehe wir antworten, obwohl wir uns nicht vorbereitet haben. Wir sprechen frei.

Es würde also genügen, ganz privat zu sein. Und wenn Sie privat mit Ihren Erzählungen alle anderen langweilen, dann haben Sie andere Stärken, die Sie zum Beruf machen können. Sie müssen ja dann nicht unbedingt Moderator werden.

Sie wollen sich lieber vorbereiten und dann so viel trainieren, dass man die Vorbereitung nicht bemerkt? Sie wollen so tun, als ob Sie die Sätze gerade erfinden, die Sie schon vor Tagen bis ins Detail ausformuliert haben? Glauben Sie, das merkt man nicht? In meinen Augen merkt man sofort, dass da jemand nicht natürlich ist.

1 Einführung

Andererseits haben Sie Recht: Es ist keine natürliche Situation. Da steht jemand in einem hochmodernen Fernsehstudio, sitzt in einem High-Tech-Radiostudio oder steht vor 400 Studenten und soll so tun, als würde er sich ganz privat unterhalten. Das kann ohne Hilfe so einfach nicht klappen.

Die Konsequenz, die die meisten Moderatoren daraus ziehen: Sie trainieren noch intensiver, damit der Zuschauer an ihre Echtheit glaubt. Eine Echtheit, die nie vorhanden ist. Und sie müssen regelmäßig trainieren, denn sonst vergessen sie ja alles wieder. Moderieren als antrainierte Fähigkeit wie Hochseilartistik oder Jonglieren? Das kann nur kurzfristig eine Lösung sein.

Beim Schauspieler klappt das doch auch, denken Sie sich. Der spielt doch auch glaubhaft. Ja, das stimmt. Aber der hat Monate und Jahre geübt. Glauben Sie nicht, dass die in der Schauspielschule alle nur stundenlang auf dem Boden liegen und „om" murmeln. Die lernen jeden Tag ganz handfeste Dinge und sie üben viel. Außerdem gibt es einen alles entscheidenden Unterschied: Bei einem Schauspieler weiß ich, dass er lügt. Ich gehe ins Theater, ins Kino und sehe fern, in dem Wissen belogen zu werden. Und wenn ich einen Schauspieler glänzend finde und ihn wegen seiner Leistung bewundere, dann bewundere ich ihn für die Qualität seiner Lüge.

Beim Bäcker gelingt ihm das nicht, es ist ja keine Theatersituation. Auch der beste Schauspieler tut sich schwer, seinem Lebenspartner etwas vorzumachen. Und wenn es doch mal gelingt, dann mit Einverständnis des anderen. Jemand, der von seinem Partner mal betrogen worden ist, wird sich hinterher sehr oft eingestehen müssen, dass er es gewusst hat. Er hat gemerkt, dass etwas nicht stimmte, aber er wollte es nicht wissen. Gut zu lügen ist außerordentlich schwer.

Die Kommunikation mit dem Zuschauer oder Hörer ist einseitig. Und doch ist für mich auch eine Moderation und vor allem eine Rede ein Dialog. Bei einem Kommunikationsprozess kommen in der Regel drei Komponenten zusammen, die alle drei unter Umständen auch noch missverständlich sind:

- Wortaussage (die verbale Aussage)
- Ton, bzw. Subtext (die paraverbale Aussage)
- Körpersprache (die nonverbale Aussage)

Drei ganz unterschiedliche Transportmittel liefern also ständig Botschaften. Und diese Botschaften können Sie in vier verschiedene Gruppen einteilen.

- Es sind Pakete mit Neuigkeiten für den Kopf dabei (die Sachinformationen)
- Es ist viel Werbematerial dabei, in dem Ihnen gesagt wird, was Sie tun und lassen sollten (Appelle, möglicherweise auch noch versteckte)
- Es gibt Schmäh- und Grußpostkarten, die Sie ärgern sollen oder Ihnen etwas Gutes tun wollen (Beziehungsaspekt)
- Es sind lange Briefe dabei, in denen die Absender Ihnen Geschichten aus ihrem Leben erzählen (die Selbstoffenbarung).

Diese Botschaften kommen nicht etwa säuberlich getrennt, sondern jede Sendung, die bei Ihnen ankommt, hat auch ein bisschen was von den anderen dreien. Das ist oft sehr schwer auseinander zu halten. Auch Sie selbst beladen jeden Tag mehrere Postfahrzeuge, um Ihre ungezählten Sendungen an den Mann oder die Frau zu bringen.

Mehr zu diesen vier Seiten jeder Botschaft, dem sogenannten Nachrichtenquadrat, können Sie in den wunderbaren Büchern von Friedemann Schulz von Thun (2010) nachlesen.

Deswegen ist Lügen so schwer. Wenn ich mit Körper, Ton und Wort immer drei Dinge gleichzeitig sage, und jede Botschaft auch noch vier Aspekte haben kann, sende ich mit einem Satz im schlimmsten Fall zwölf verschiedene Botschaften, die sich möglicherweise auch noch widersprechen. Wenn Sie wirklich perfekt lügen wollten, müssten Sie dies alles einüben und trainieren.

Authentizität ist also die Übereinstimmung von dem, was Sie fühlen, mit dem, was Sie von Ihren Gefühlen bewusst mitbekommen, und dem, was Sie davon mitteilen. Das heißt nicht, dass Sie alles sagen müssen. Sie denken sowieso ungefähr das Vierfache von dem, was Sie sagen, aber das, was Sie sagen, sollten Sie auch denken. Anders ausgedrückt: Sie sind dann authentisch, wenn die Botschaften der zwölf Kanäle, auf denen Sie senden, sich so wenig wie möglich widersprechen.

Bei jemandem, der frei spricht, erwarten wir Wahrheit. Wir gehen nicht davon aus, dass wir etwas vorgespielt bekommen. Da steht doch nur ein Mensch, der uns ein paar interessante Geschichten erzählt, mit uns ein Spiel spielt oder uns etwas Spannendes erklärt. Warum sollte der lügen? Um sich selbst besser in Szene zu setzen? Solche Leute gehen uns privat eher auf die Nerven. Warum sollten wir sie im Fernsehen oder Radio einschalten oder auf der Bühne ansehen wollen?

1 Einführung

Natürlich gibt es Tricks, den Zuschauer an der Nase herumzuführen. Sie können ablesen, anstatt frei zu sprechen. Sie können alles auswendig lernen, oder Sie haben einen Knopf im Ohr, durch den Ihnen alles vorgesagt wird.
Ein guter Schauspieler könnte sich mit diesen Kniffen dem Ideal wenigstens nähern. Aber wollen Sie vier Jahre auf eine Schauspielschule gehen?

Und noch einen fatalen Nachteil hat es, wenn Sie immer mit solchen Tricks arbeiten. Sie werden sich Ihrem Ziel, frei zu sprechen, nie nähern. Sie werden höheren Anforderungen wie Live-Sendungen oder Veranstaltungen mit Gästen nie gewachsen sein. Für Anfänger können das gute Hilfestellungen sein, mit dem neuen Medium zurecht zu kommen, aber nur, wenn sie sich anschließend auf den Weg machen zu lernen, wie sie vor Publikum frei sprechen.

Wer diese Freiheit mal gespürt hat, der wird das nie mehr anders wollen. Das Moderieren macht weniger Arbeit, ungleich mehr Freude, und Ihr Publikum hört Ihnen viel lieber zu. Wenn Sie es können! Sie schnappen sich einfach das nächste Mikrofon und los geht es. Das kann wirklich großen Spaß machen.

Theoretisch ist es ganz einfach. Ein Redner oder Moderator erzählt spannende Geschichten, stellt Neuigkeiten vor, macht ungewöhnliche Zusammenhänge klar, ist witzig und unterhält uns mit Spielen oder durch Gespräche mit interessanten Menschen, je nach Anlass oder Sendung. Und das alles ganz natürlich, selbstverständlich und souverän. Ein guter Freund kommt über die Medien zu uns zu Besuch oder steht auf dem Podium und ist genauso nett und sympathisch wie wirklicher Besuch. Denn wenn er das nicht ist, dann werfe ich ihn mit einem leichten Druck auf die Fernbedienung wieder aus dem Wohnzimmer oder verlasse die Veranstaltung.

Seien Sie ganz privat! Mit diesem Satz könnte ja dieses Buch schon enden. Der Moderator, der das hinbekommt, ist am Ziel. Günther Jauch, Kai Pflaume, Barbara Schöneberger, sie alle sind vor der Kamera möglichst privat. Sie denken laut, sie reden ein bisschen mehr als sie privat reden, aber sie geben sich ganz ungezwungen und sind immer sie selbst. Ich habe immer das Gefühl, dass sie für mich ganz persönlich reden. Das gilt auch für gute Politiker, Redner oder professionelle Speaker. Die wirken immer so, als seien sie „einfach mal nach vorne gekommen".

Sprechen wir so privat miteinander? Das ist die erste Frage, die wir uns bei der Bewertung eines Redners oder Moderators stellen sollten. Wenn der privat nicht so redet, sollte er das auch nicht vor Publikum tun. Trotzdem machen sehr viele Redner vor der Gruppe so vieles anders als im privaten Gespräch. Ich behaupte, dass sie diese Verschiedenheit zunächst mal nicht wollen. Sie wären gerne locker und privat, bekommen das aber nicht hin. Das heißt, dass in den meisten Fällen das Abweichen vom privaten Sprechen eine Notlösung und keine neue Ästhetik ist.

Wie schwer es ist, vor einer Gruppe oder Kamera zu sprechen und sich frei zu bewegen, wissen alle, die es einmal versucht haben. Ich habe vor allen, die es überhaupt wagen, den allergrößten Respekt. Das soll uns aber nicht davon abhalten, nach Qualitätsmerkmalen zu suchen, bzw. die Richtung vorzugeben, in der man als Moderator an sich arbeiten kann. Dass mir die Nachbarin gratuliert oder meine Eltern stolz auf mich sind, nur weil ich im Fernsehen bin, kann nicht das einzige Ziel sein.

Nehmen wir an, Sie seien nicht vorbelastet. Sie haben sich noch nicht stundenlang bei Vorträgen gelangweilt, nicht intensiv den coolen Sprecher auf Langeweile-TV studiert und auch noch kein Buch darüber gelesen, dass jede Moderation eine feste Struktur braucht. Sie sind ganz offen. Dann fangen wir ganz unbefangen bei der Vorbereitung Ihrer freien Rede an.

Vorbereitung 2

> **Zusammenfassung**
>
> Freies Sprechen erfordert eine deutlich andere Vorbereitung als Stichwortzettel oder vorbereitete Manuskripte. Außerdem wäre es kontraproduktiv Sätze oder Satzteile zu üben, die dann dazu führen, dass man Text aufsagt. Eignen sich alle Themen zum Freien Sprechen und wie finde ich Material? Und welche Hilfsmittel kann ich nutzen, damit ich wirklich frei und sicher vor der Gruppe stehe.

2.1 Das freie Sprechen

Das muss man ja wirklich nicht lernen. Sie machen das jeden Tag. Das muss man vor der Gruppe einfach nur machen. Wir wollen uns jetzt bloß ansehen, wo die Schwierigkeiten liegen, wenn Sie das öffentlich tun. Denn wenn es so leicht wäre, dann würden es viel mehr Menschen machen, anstatt uns mit dem Herunterleiern von Texten oder dem Aufsagen von Manuskriptseiten zu langweilen. So paradox es klingt: Teilnehmern in meinen Seminaren bringe ich etwas bei, das sie schon können. Und wenn sie etwas lernen müssen, dann wie man vermeidet oder weglässt.

Stellen Sie sich vor, Sie haben ein Blind-Date. Sie sind vielleicht gespannt, wie Ihr Gesprächspartner aussehen könnte, ob Sie ihn erkennen, wie er Sie wohl findet und ob Sie die gleiche Wellenlänge haben. Aber Sie haben mit großer Wahrscheinlichkeit keine Sorge, worüber Sie mit der fremden Person reden werden. Das ergibt sich, das sieht man. Es wird vielleicht anstrengend, weil man so viel zuhören muss oder weil man selbst den ganzen Abend mit Geschichten bestreitet, aber davor hat man in der Regel keine Angst.

Wenn man der Chefin privat begegnet, wird es nicht schwierig, weil einem nichts einfällt, sondern weil man seine Einfälle für zu banal hält. Mir ist nur ein einziges Mal eine junge Frau begegnet, die behauptete, sich auf ein Rendezvous durch die Auswahl von drei bis vier Themen vorzubereiten. Geben Sie zu, jetzt schmunzeln Sie.

Vor der unbekannten Gruppe bin ich aber ängstlich. Was soll ich sagen? Interessiert die anderen, was ich erzähle? Ich verlange nach einer Vorbereitungszeit, weil ich mir sonst schutzlos und ausgeliefert vorkomme. Testen wir das doch mal. Probieren wir doch mal aus, was passiert, wenn Sie wenig Zeit zum vorbereiten haben, genauer gesagt gar keine.

Eine Übung in meinen Kursen, um sich dem freien Sprechen zu nähern, besteht zum Beispiel darin, auf einen von mir vorgegebenen Begriff sofort und ohne zu überlegen loszuerzählen. Und zwar nicht in einem Satz oder einem Wort, sondern es geht darum, so lange zu erzählen, bis ich als Stichwortgeber der Meinung bin, die Kandidaten erzählen jetzt noch ein paar Stunden weiter. Erst dann will ich ihnen den nächsten Begriff geben.

Im Grunde geht es um Schlagfertigkeit. Aber ich mag das Wort nicht. Da schlägt jemand zurück. Und einer von beiden wird verlieren. Das ist nichts, was ich Ihnen beibringen möchte. Ich möchte aber auch nicht, dass Sie mit rotem Kopf dastehen, weil Sie nicht weiterwissen oder Angst vor der nächsten Antwort des Kandidaten haben oder ihnen erst auf dem Nachhauseweg einfällt, was Sie hätten sagen sollen. Es geht um etwas ganz anderes, als Aggression mit Aggression zu beantworten. Es geht um den souveränen Umgang mit einem Reiz von außen, mit dem ich nicht gerechnet habe. Denn ich bin überzeugt, dass wir fast alle schlagfertig sind. Unter einer Bedingung: Wir sind einigermaßen entspannt. Doch wenn ich die Übung erkläre, sind meine Teilnehmer alles andere als entspannt: allgemeines Entsetzen, Stöhnen, O-Gott-Rufe für so eine einfache Versuchsanordnung. Versuchen Sie mal selbst, wie es Ihnen dabei geht.

Übung

Schauen Sie sich das folgende Wort an und fangen Sie ohne Pause an zu erzählen. Und hören Sie erst auf, wenn Sie das Gefühl haben, jetzt beim Thema zu sein und endlos weitererzählen zu können.

`Schiller`

2.1 Das freie Sprechen

Damit Sie Ihr Ergebnis vergleichen können, spreche ich Ihnen das im Internet mal vor. Wenn Sie wollen, können Sie sich das jetzt anhören. Dabei kommt es mir weniger auf die Worte an, die gesprochen werden, sondern wie gesprochen wird.

 1

Der Kandidat zählt jetzt alles auf, was ihm zu Schiller einfällt: den Geburtsort oder ein paar Titel seiner Theaterstücke. Dabei zieht er die Melodie bei jedem Satzteil nach oben.

Klang das bei Ihnen genauso? Zunächst entsteht nach dem Wort bei den meisten eine Pause. Bei Ihnen, nachdem Sie das Wort gelesen haben, in einem Seminar, nachdem der Teilnehmer es gehört hat. Einige sprechen sofort, aber die meisten hören das Wort, denken einen Moment nach, sammeln sich und fangen dann an zu sprechen, wie ich es Ihnen hier online vorgemacht habe. Sie erzählen alle Binsenweisheiten, die sie über Schiller wissen und ziehen dabei die Melodie am Ende jedes Satzteiles nach oben. Die Länge der Pause hängt davon ab, wie viel dem Einzelnen zu dem vorgegebenen Begriff einfällt.

Längere Pausen setzen Sie in der Regel unter Druck. Ihr Puls beschleunigt sich in Sekunden, Adrenalin schießt Ihnen ins Blut und Ihr Blutdruck steigt. Sie haben keine Zeit, über die nächsten Sätze nachzudenken, wenn eine Gruppe oder ein Millionenpublikum Sie anstarrt. Sie können sich nicht sammeln. Es muss schnell gehen, und vor allem, was noch viel wichtiger ist, der Zuschauer will nicht das Gefühl haben, dass Sie sich die Sätze zurecht legen. Ein Zuhörer wird die Pause, die Sie nach `Schiller` machen, sofort in die Richtung interpretieren, dass Sie genau planen, was Sie ihm jetzt sagen wollen. Und wenn der Zuschauer erwartet hatte, dass Sie ganz locker erzählen, macht ihn das misstrauisch. Will der Sprecher etwas verbergen?

Menschen, die sich beim privaten Sprechen ihre Sätze zurechtlegen, die abzirkeln, was sie sagen wollen, diese Menschen sind mir zunächst nicht sympathisch. Ich vermute, dass sie nicht ehrlich sind. Warum sonst hätten sie so viel Mühe, zu einem ganz einfachen Stichwort etwas Sinnvolles zu sagen?

Und wenn Sie jetzt einwenden, dass Sie doch nachdenken müssen, bevor Sie etwas zu Schiller sagen, dann erinnere ich Sie wieder an das private Gespräch. Hier schrumpft die Pause vor einem neuen Thema, das Ihr Gesprächspartner anspricht, auf ein Minimum zusammen. Sie sprechen gleich, Sie antworten sofort, Sie stellen sich unmittelbar auf das neue Thema ein. Und das gelingt ihnen ganz leicht.

Es entsteht nämlich sofort ein Bild, und zwar genau in dem Augenblick, in dem Sie das Wort hören. Wenn ich jetzt Birke schreibe, haben Sie sofort das Bild einer Birke vor sich. Wir denken in Bildern, wir erinnern uns in Bildern. Ich weiß nicht, wie Ihre Birke aussieht. Steht sie allein auf einem Hügel, ist sie klein und steht in einer Baumschule oder liegt sie in handlichen Meterstücken auf einem Sägebock. Das wissen nur Sie. Aber die Birke, die Sie sehen, können Sie sofort beschreiben, ohne lange darüber nachzudenken. Auch wenn ein Allergiespray gegen Birkenpollen auftaucht, wäre das etwas, über das Sie sofort reden könnten.

Menschen, die über einen Begriff lange nachdenken, haben nicht etwa kein Bild, sondern sie können sich nicht entscheiden, welches der Bilder, die da in schneller Abfolge in ihrem Kopf auftauchen, sie nehmen wollen.

Nehmen Sie das erste Bild. Das ist immer das Einfachste. Was ja nicht heißt, dass Sie über ein Bild, das Ihnen später einfällt, nicht auch noch sprechen können. Wichtig für Ihre Glaubwürdigkeit ist nur, dass die Pause nicht zu lang wird. Sie müssen sofort reden, wie Sie das privat auch tun. Und deswegen nehmen Sie das erste Bild. Bei Schiller könnte Ihnen sein Porträt einfallen, ein Reclam-Heftchen der »Räuber« aus Ihrem Schulunterricht oder eine Schillerlocke, also eine Fischspezialität.

Freies Sprechen wird nicht besser durch das Auswählen eines besseren Bildes, sondern es wird hauptsächlich dadurch besser, dass Sie sich nicht unter Druck setzen und Ihrem Gegenüber vermitteln, dass Sie nicht viel Zeit zum Überlegen brauchen, sondern offen antworten oder erläutern. Sie haben doch nichts zu verbergen.

Aufgabe
Fangen Sie wieder ohne Pause an zu erzählen. Das zweite Stichwort habe ich von hinten nach vorne aufgeschrieben, damit Sie es erst entziffern, sobald Sie mit dem ersten Begriff fertig sind.

a) Ägypten
b) Egualnortan

Die folgenden Beispiele für Antworten im Internet sind natürlich nur Möglichkeiten, wie es sich anhören könnte. Aber es sind die Möglichkeiten, die (in Hunderten von Seminaren so erlebt) mit hoher Wahrscheinlichkeit an dieser Stelle kommen. Vergleichen Sie mal mit der Art, wie Sie geantwortet haben.

Viel wichtiger für eine Bewertung Ihrer Versuche ist die Frage: Ist Ihnen das leicht gefallen? Hatten Sie Spaß an der Übung? Können Sie gar nicht verstehen, wie man damit Schwierigkeiten haben kann? Hören Sie sich online ein Beispiel an, was direkt aus einem meiner Kurse stammen könnte.

 2

Der Seminarteilnehmer leiert alles herunter, was er über Ägypten weiß. Die Pyramiden, das Rote Meer, der Nil, die Basare..., und dann kommt er langsam zum Ende. Ich höre, dass er sich mit dem Thema nicht wohlfühlt (warum auch, er hat sich Ägypten ja nicht ausgesucht). Er zieht alle Satzenden nach oben und blickt dabei möglicherweise noch gequält an die Decke. Von einer lockeren Erzählung kann keine Rede sein.

Wann er stockt, hängt davon ab, wie viel er über den Begriff weiß. Aber wenn er nach diesem Muster vorgeht, stockt er immer irgendwann. Nämlich dann, wenn ihm die Informationen ausgehen. Manchmal kann er von Glück sagen, dass er überhaupt Informationen hat.

Über Kuala Lumpur ergäbe sich vielleicht nur ein Stottern, weil er den Begriff überhaupt noch nie gehört hat. (Bitte denken Sie jetzt nicht darüber nach, ob der Begriff Kuala Lumpur in Ihrer Moderation je vorkommen könnte. Es geht hier um das Prinzip und nicht um die konkreten Beispiele.)

So jemand hat natürlich große Angst, dass er bei einer Moderation, in der er frei sprechen muss, in dieselbe Situation gerät. In eine Situation nämlich, in der ihm die Informationen ausgehen, in der er nicht mehr weiter weiß.

Anders beim Abendessen zu zweit. Hier gibt es diese Angst nicht. Egal was für ein Thema kommt, Sie reden immer locker und zwanglos, manchmal begeistert, manchmal aggressiv, manchmal gelangweilt. Aber nie haben Sie Angst, dass Ihnen nichts mehr einfällt und Ihnen der Gesprächsstoff endgültig ausgeht.

Aufgabe
Worüber reden Sie, wenn in einem privaten Zusammenhang das Stichwort Ägypten fällt?

Es ist so einfach, dass man es sich kaum zu schreiben traut, aber es ist sehr elementar, wie ich in meinen Seminaren immer wieder feststellen kann.

Sie sind doch kein Fachmann zum Thema Ägypten! Sie können mir also gar nicht genügend Informationen darüber liefern. Und wenn es Ihnen bei Ägypten vielleicht noch gelingt, dann klappt es bei Süchteln mit hoher Wahrscheinlichkeit nicht mehr. In allen Fällen können wir also nicht so vorgehen.

Aber es gibt ein Thema im Zusammenhang mit Ägypten oder mit Süchteln, über das niemand so gut Bescheid weiß wie Sie. Richtig. Das ist das Thema »Sie und Ägypten«. Niemand auf der Welt kann uns so gut über Ihr eigenes Verhältnis zu Ägypten Auskunft geben wie Sie. Sie können uns sagen, ob Sie da waren, ob Sie vielleicht hin wollen oder warum Sie nicht hin wollen. Immer ergibt sich ein lohnendes Gesprächsthema.

Ja selbst, wenn Sie über Süchteln nicht das Geringste wissen (Süchteln ist ein Ortsteil von Viersen am Niederrhein, da bin ich aufgewachsen), können Sie uns erklären, warum Sie ausgerechnet über Süchteln nichts wissen, obwohl es doch so viele Dinge auf der Welt gibt, mit denen Sie sich gut auskennen.

Reden Sie über sich! Das heißt nicht, dass Sie andere mit Schwänken aus Ihrem Leben langweilen sollen. Aber die einfachste Art, authentisch und locker zu bleiben, ist die Entscheidung, immer bei sich zu bleiben. Bei dem, was man erlebt, gesehen, gefühlt hat. Die Erzählung wird dadurch immer interessant. Auch wenn Sie jetzt einwenden, dass Sie doch nicht wichtig sind. Doch, Sie sind es! Es ist viel interessanter, wenn Sie uns Erfahrungen aus Ihrem Leben erzählen, als uns zu erklären, dass in Ägypten die Pyramiden stehen. Das wissen wir selber. Und jemandem Dinge zu erzählen, die der schon weiß, das nennen wir labern. Und das sollten Sie nicht tun. Das heißt nicht, dass Sie uns vorenthalten müssen, was Sie wissen. Aber Sie müssen sich nicht auskennen, um frei zu sprechen.

Je persönlicher, desto interessanter! Günther Jauch oder Barbara Schöneberger suchen bei jedem Thema zuerst einmal den Bezug zu sich. Sie holen alles auf die persönliche Ebene, ausnahmslos. Und deswegen können sie so gut sein, so locker über alles sprechen. Hören Sie sich online an, wie einfach jemandem das Sprechen über Ägypten oder über Natronlauge fällt, wenn er immer bei sich bleibt.

 3

Da wird begeistert über das Tauchen erzählt und über den Ausflug ins Tal der Königin. Alles eigene Erfahrungen, alles selbst erlebt. Der Kandidat stellt jedesmal den Ich-Bezug her.

Bei abstrakten Begriffen funktioniert das übrigens genauso. Überprüfen Sie einmal, was Sie für ein Bild haben, wenn Sie das Wort Reue hören oder Fantasie oder Mobbing. Immer haben Sie ein Bild vor sich, das Sie sofort beschreiben können. Und haben Sie keine Angst, wenn Sie das Gefühl bekommen, Ihre Assoziation sei jetzt zu privat oder interessiere andere nicht. Wenn etwas interessiert,

2.1 Das freie Sprechen

dann das Private, das Besondere. Dass Bäume im Wald wachsen und dass es im Winter kalt ist, interessiert niemanden. Aber dass Sie Salzstreuer sammeln und Ihre Freundin mal ein richtiges Ufo gesehen hat, das kann sehr spannend sein. Und wenn Sie beim Wort Börse an ein Portemonnaie denken, dann ist das absolut Ihre Sache und kein Grund, unsicher zu werden. Es sei denn, Sie sind Moderator eines Wirtschaftsmagazins...

Weichen Sie aber mit Absicht aus, dann höre ich das. Wenn Sie also sehr geschickt versuchen, von einem ungeliebten Stichwort zu einem vorbereiteten Thema zu kommen, dann merkt das jeder sofort. Prominente Schauspieler, die im Fernsehen in jedem Satz ihren neuen Film unterbringen, Manager, die so oft wie irgend möglich den Namen der Firma fallen lassen oder Sänger, die ihre neue CD ständig erwähnen müssen, nerven uns sehr. Auch wenn die Frau des Politikers ihn abends dafür lobt, wie gut er zu »seinem« Thema gelenkt hat, wir haben es alle voller Ärger bemerkt.

Ergibt sich aber innerhalb Ihrer Assoziationskette das eine oder andere Bild, das nicht direkt etwas mit dem Thema zu tun hat, dann wird es auch der Zuschauer als ganz natürlich empfinden. Können Sie etwas dafür, dass Ihnen bei Ägypten Ihr Urlaub in Marokko einfällt? Nein.

Wenn Sie aber überlegen müssen, wenn Ihnen nun beim besten Willen nicht sofort etwas einfällt, wenn Sie kein Bild haben? Sie wissen, dass Ihnen etwas zu Ehre oder zu Kardanwelle einfällt, aber eben nicht sofort. So schnell geht es manchmal nicht. Theoretisch könnten Sie einfach nachdenken und die anderen warten lassen. Aber da sitzt eben so ein kleines Männchen auf Ihrer Schulter, dass Sie antreibt, nun endlich was zu sagen. Und vor lauter Randale von dem Zwerg kommen Sie nicht zum nachdenken, und Ihr Adrenalinpegel steigt.

Machen Sie das, was der König machen würde. Seien Sie die Königin und denken Sie *öffentlich* nach. Das ist eine ganz wunderbare Hilfe. Sie überlegen laut, was der Begriff Ihnen sagt und bleiben dabei ruhig und souverän. Ihr Puls bleibt unten, und das Adrenalin kommt erst gar nicht zum Einsatz. Was fällt mir zu Ehre ein? oder Mit Kardanwellen kannte ich mich mal aus. Wenn Sie überrascht sind über das Stichwort sagen Sie es. Und wenn Sie nicht wissen, wo Sie anfangen sollen auch. Sie bleiben souverän und können (fast) stressfrei überlegen.

In einer WDR-Sendung zum Thema »Schlagfertigkeit« habe ich das mit dem Entschleunigen und Zeit gewinnen mal ausführlich erklärt. Anschließend ging die

Moderatorin unter die Zuschauer und fragte sie zum Thema aus. Niemand hat herumgestottert. Es fielen viele Sätze wie: `Damit hätte ich jetzt überhaupt nicht gerechnet, dass ich was sagen muss` oder `Mein Gott, ich bin ganz aufgeregt` oder `Ehrlich gesagt, so schnell fällt mir da jetzt nicht Kluges ein`. Aber eine Antwort hatte jeder.

Das Stichwortspiel ist kein Gespräch, das natürlich noch ganz andere Komponenten enthält. Wenn ich also immer wieder Vergleiche zwischen Stichwortspiel und einem Gespräch ziehe, dann darum, weil es um dieselben Gesetzmäßigkeiten geht. Sie bekommen in einem Gespräch keine Stichwörter, auf die Sie zu reagieren haben, aber Ihr Eingehen auf neue Themen, Studiogäste oder einen explodierenden Scheinwerfer funktioniert genauso.

Aufgabe

Das nächste Stichwort, über das ich Sie bitte zu sprechen, heißt `schabrieren`. Reden Sie darüber, als hätte ihr Gesprächspartner das gerade gesagt.

Das ist jetzt schon schwieriger. Haben Sie angefangen zu reden? Haben Sie das Wort erklärt? Hier hatten Sie mit großer Wahrscheinlichkeit kein Bild, denn das Wort gibt es nicht. Und trotzdem fangen Hunderte von Kursteilnehmern an, darüber zu reden, als wäre ihnen das Wort nur gerade entfallen – und machen sich damit lächerlich.

Geben Sie Unwissen zu. Es kommt ein solcher Begriff, und Sie haben keine Ahnung. Statt eines Bildes entsteht bei Ihnen eine schwarze Mattscheibe. Bei dem Begriff `Pleonexie` (Habsucht) zum Beispiel oder bei `Tekopa` (ein paar Häuser im Desert-Valley) fällt Ihnen gar nichts ein. Sagen Sie dann einfach, dass Sie dazu nichts wissen.

Die Ehrlichkeit, mit der Sie Unwissen zugeben, entwaffnet auch jedes Gegenüber. Selbst wenn ich Nachwuchsmoderatoren erst davon überzeugen muss, dass das der richtige Weg ist. Sie blamieren sich nur, wenn Sie Ihr Unwissen überspielen. Jemand, der da ganz offen ist, bekommt unser aller Bewunderung. Wir werden fast sogar ein bisschen neidisch. Der ist aber mutig, denken wir.

Nichtwissen ist uns peinlich. Warum denn? Das ist doch noch ein Relikt aus der Schule, wo eine falsche Antwort bestraft wurde. Vor allem Männer suchen in einer fremden Stadt lieber stundenlang eine bestimmte Straße, anstatt jemanden zu fragen, damit sie nur ja nicht zugeben müssen, dass sie etwas nicht wissen.

2.1 Das freie Sprechen

Das Menschheitswissen verdoppelt sich nach heutigem Erkenntnisstand etwa alle drei Jahre. Sie können nur einen winzigen Ausschnitt aus diesem Menschheitswissen kennen. Machen Sie sich klar, dass Ihnen nichts passiert, wenn Sie zugeben, etwas nicht zu wissen. Im Gegenteil: Sie werden stärker.

Sie haben in der Übung jetzt zwei Alternativen! Zunächst mal können Sie die Schultern zucken, und die Sache ist erledigt. Das nenne ich *die kurze Rückhand*. Dieser Begriff aus dem Tennis erscheint mir für ein Gespräch als sehr passendes Bild. Sie spielen den Ball kurz zurück. Den Begriff kenne ich nicht und die Sache ist erledigt.

Eine solche Rückhand würde ich mir aber pro Gespräch nur ein einziges Mal gestatten, denn erstens setzt eine solche Antwort den Gesprächspartner unter Druck, weil er jetzt ganz schnell wieder etwas sagen muss, und zweitens bekommt er das Gefühl, als wollten Sie nicht reden. Und das wollen Sie doch. Nur nicht über schabrieren. Und wenn Sie moderieren, muss es ja weitergehen.

Wenn es eine kurze Rückhand gibt, dann gibt es aber auch eine lange. Wie sollte die aussehen?

Aufgabe
Wie könnten Sie über den Begriff schabrieren sprechen, ohne zu wissen, was das ist?

Haben Sie einen Moment nachgedacht? Ich hoffe, Sie haben sich jetzt nicht überlegt, wie Sie am besten zu einem Vortrag über Schabracken oder etwas Ähnliches ansetzen.

Reden Sie über Ihren ersten Gedanken, der Ihnen in den Sinn kommt! Vielleicht hören Sie den Begriff und ärgern sich darüber, dass Sie von Fremdwörtern so wenig Ahnung haben. Dann sprechen Sie darüber, warum das so ist, oder warum Sie das ärgert oder warum das eigentlich nicht so sein dürfte. Natürlich können Sie auch versuchen, den Begriff abzuleiten, was in diesem Fall aber schwierig sein dürfte, da es den Begriff ja nicht gibt.

Egal, was Sie sagen. Sagen Sie nur etwas, was Sie sicher wissen. Besser sagen Sie das, was Sie denken, das ist ohnehin das für Sie leichteste Gesprächthema. Sie werden nicht stottern, Sie bekommen keine Blockaden, und es fällt Ihnen immer etwas ein. Egal ob Kurz- oder Langzeitgedächtnis oder eine Mischung aus beidem, bedienen Sie sich aus dem reichen Vorrat Ihrer Erinnerung.

Was aber, wenn Ihnen auch nach längerer Überlegung nichts einfällt? Es gibt partout keine Assoziationen! Dann sprechen Sie darüber, dass es keine gibt. Die

Aufgabe wäre gelöst, denn Sie haben ja etwas gesagt, und damit dazu beigetragen, ganz entspannt und im Gespräch zu bleiben. Kein Adrenalinstoß für die nicht gefüllte Pause.

Es ergibt sich immer eine Gedankenkette. Wenn Ihr erster Gedanke der Satz `Mist, schon wieder so ein Fremdwort` ist, dann ist dieser Satz Ihr nächstes Stichwort. Sie können jetzt bei Mist weitermachen, also den Gedanken fortspinnen, warum Sie sich ärgern, wenn Wörter genannt werden, die Sie nicht kennen. Sie können aber auch bei Ihrem Verhältnis zu `Fremdwörtern` weitermachen, dann bei Ihrem Lateinlehrer und schließlich sind Sie vielleicht bei Streitereien mit Ihrem Partner. Lassen Sie sich treiben. Jeder neue Satz bietet eine Fülle von Assoziationen für neue Gedanken.

Im Moment geht es noch nicht um eine Rede, sondern um die Schwierigkeit, auf Unvorhergesehenes spontan zu reagieren. Erst wenn Sie keine Angst haben vor dem, was da kommen könnte, werden Sie sich trauen, frei zu sprechen.

Aufgabe
Machen wir es noch ein bisschen schwieriger. Sprechen Sie über das Wort `Sex`!

Haben Sie angefangen, über Ihre eigene Beziehung zum Thema Sex zu reden? Haben Sie wirklich mit dem Gedanken gespielt, etwas so Privates jetzt auszuplaudern? Gut, das kann sein. Ich weiß nicht, wie offen Sie sind, wenn es um heikle Themen geht, und vielleicht reden Sie ja sogar in der Öffentlichkeit gerne über Sex. Ich tue das nicht. Die einfachste Möglichkeit für die meisten, mit so einem Wort umzugehen, liegt doch auf der Hand:

Sie wollen dazu nichts sagen! Sagen Sie einfach, dass Sie dazu nichts sagen wollen (natürlich nur, wenn Sie wirklich nichts sagen wollen). Für viele meiner Kursteilnehmer ist diese Variante eine ganz verblüffende Erkenntnis.

Besonders die Sportler, die ich gecoacht habe, waren von der Tatsache völlig begeistert, dass sie ja nichts sagen müssen. Sie müssen nicht antworten, wenn sie nicht wollen. Sie können den Typen, der da nach dem 10-km-Lauf mit einem Mikrofon vor ihrem Gesicht herumwedelt, einfach um einen Moment Zeit bitten oder in Ausnahmefällen auch stehen lassen. Dieses Gefühl fanden sie sehr gut. Es gab ihnen die Macht zurück, die sie glaubten in Fernsehen und Hörfunk verloren zu haben. Auch diesen Sportlern rate ich, nur zu reden, wenn man etwas zu sagen hat.

Ein Manager einer großen Firma, dem ich das Wort `Penis` als Stichwort gab, schnappte sekundenlang nach Luft, bevor er anfing, die Satzenden nach oben zu ziehen. Ein Mann, der ständig redet und selbstbewusst einen großen Konzern leitet. Meinen Sie, der wäre auf die Idee gekommen zu sagen, dass er darüber nicht sprechen will?

Das Läuten von Alarmglocken ist ein schönes Bild für das, was passiert, wenn Sie einen Begriff bekommen, der Ihnen nicht liegt. Sie denken Achtung oder Um Gottes Willen oder Verflucht oder Oh nein, bitte nicht oder irgend etwas in der Richtung. Kein Problem. Sobald Sie auch nur andeutungsweise diese Alarmglocken hören, artikulieren Sie das, ohne auf das eigentliche Thema einzugehen.

Die kurze Rückhand lautet also Darüber möchte ich nicht sprechen oder Dazu sage ich nichts. Das Wunderbare ist, dass man sich auf diese Alarmglocken verlassen kann. Sie läuten nämlich sofort, wenn ein ungeliebter Begriff auftaucht.

Wenn Sie vorsichtig sein müssen, dann ist es besonders wichtig, dass Sie auf das leiseste Glöckchen achten. Stellen Sie sich folgende Spielsituation vor.

Aufgabe

Sie sitzen der Gruppe gegenüber und haben sich vorgenommen, Ihr Alter nicht zu verraten (oder das Fabrikat des Autos, den Vornamen des Lebenspartners usw.). Die Gruppe bestürmt Sie jetzt mit Fragen, um Ihnen das Geheimnis zu entlocken. Gewonnen haben Sie, wenn die Gruppe es nicht herausbekommt. Antworten Sie exemplarisch auf vier Fragen aus der Gruppe zu Ihrem Alter:

Wie alt sind Sie?

Haben Sie ein Fußballspiel der WM 1990 in Italien live gesehen?

Gingen Sie an dem Donnerstag, als die Mauer fiel, zur Schule?

Was war die erste CD oder Schallplatte, die Sie sich gekauft haben?

Überlegen Sie, wie es wirkt, wenn Sie jetzt mit rotem Kopf auf diesem Stuhl sitzen und angestrengt überlegen, welche Antwort Sie gefahrlos geben können, und welche zuviel von Ihrem Alter verrät. War ich 1990 alt genug, um Fußball zu sehen? War ich 1989 schon auf der Schule? Welche Musik war aktuell, als ich ein Teenager war?

Die einfachste Lösung liegt auf der Hand: Sie sagen, dass Sie die Frage nach Ihrem Alter nicht beantworten wollen. Einfach und klar. Sie entscheiden, was Sie sagen wollen und was nicht. Und wenn die anderen jetzt weiter versuchen, mit fiesen Tricks herauszukriegen, wie alt Sie sind, dann decken Sie diese doch einfach auf. Sie fragen mich doch nur nach 1990, weil Sie herauskriegen wollen wie alt ich bin. Aber das sage ich Ihnen nicht. Das gilt auch für die Frage nach dem Tag, als die Mauer fiel. Decken Sie jeden Weg durch die Hintertür und jeden Trick, Ihr Alter zu erfahren, sofort auf. Wenn Sie aber drum herum reden und sich aus der Affäre ziehen wollen, dann bekommen die anderen so richtig Lust, Sie doch noch zu kriegen. Es ist einfach, wenn man es sich traut.

Egal ob es immer dasselbe Thema ist, das ein Gesprächspartner ansprechen will oder die CD, die verkauft werden soll oder der Politiker, der seinen Wählern dankt. Decken Sie die Tricks der anderen auf und sie können damit nicht weitermachen. (Das war jetzt ein letzter Versuch, mich vom Thema abzubringen!)

Natürlich gibt es Situationen, in denen der Frager auch ein Recht auf eine Antwort hat. Doch wenn Sie sich trotzdem entschieden haben, nicht antworten zu wollen oder zu können, oder wenn Sie über ein Thema nicht sprechen wollen, dann sagen Sie das einfach.

Verplappern tun sich ja nur die, die sich vornehmen, den Begriff Entlassung auf keinen Fall zu benutzen, dabei aber locker über etwas anderes weiterreden. Und schon sagen sie plötzlich gegen ihren Willen das Wort Entlassung, das Sie nur denken, weil sie ja nicht gleichzeitig reden und an etwas anderes denken können. Ein Phänomen, das uns in diesem Buch noch häufiger beschäftigen wird.

Die lange Rückhand ergibt sich analog aus dem vorhin Gesagten. Ich kann darüber sprechen, warum dieses Thema mir nicht liegt, welche Themen mir sonst nicht liegen, oder warum ich finde, dass dieses Thema nicht in den Zusammenhang passt. In den Seminaren gelingt es ganz leicht, Teilnehmer aus der Fassung zu bringen. Vor allem mit Spezialbegriffen aus der Wissenschaft und Begriffen aus dem sexuellen Bereich. In der Realität sind es meist ganz andere Themen, die sie in den Alarmzustand versetzen (und bei den Firmen, die ich betreue, kenne ich die inzwischen ganz genau). Hören Sie sich online an, wie eine lange Rückhand zum Stichwort Sex klingen könnte.

4

2.1 Das freie Sprechen

Dieser Mann spricht also darüber, wie wichtig ihm seine Intimsphäre ist und dass das der falsche Ort für dieses Thema ist. Das Verblüffende daran ist, dass man jemanden, der so antwortet, nicht als verklemmt abtun würde oder als jemanden, der um den heißen Brei herumredet. Nein, im Gegenteil. Jemanden, der direkt ohne Pause so antwortet, empfinde ich als einen offenen, souveränen Menschen. Ich gebe ihm Recht, wenn er nicht antwortet. Und das obwohl er zum Thema Sex eigentlich nichts gesagt hat. Es geht überhaupt nicht darum zu *beantworten*, sondern zu *antworten*. Sie haben nichts zu verbergen, aber Sie sind der Meinung, dass Sie darüber nicht sprechen wollen, und das kann Ihnen niemand verübeln. Der König antwortet jederzeit auf jede Frage, BEantworten wird er aber noch lange nicht alles.

Auch eine lange Rückhand, die sagt Ich will nicht, ist in unserem Sinne eine Antwort, die Sympathie-Punkte bringt. Sie müssen natürlich nicht immer alles sagen. Aber was Sie sagen, sollte die Wahrheit sein.

Probieren Sie das aus! Meine Kursteilnehmer, die zuerst ein bisschen ängstlich auf dem Stuhl in der Mitte Platz genommen haben, bevor sie mit Begriffen provoziert wurden, antworteten zunehmend sicherer, bis sie an den Punkt kamen, an dem es ihnen Spaß gemacht hat. Die meisten sitzen irgendwann siegessicher auf ihrem Stuhl, machen eine einladende Handbewegung und freuen sich, wenn die Gruppe sie mit »schwierigen« Begriffen konfrontiert, weil sie sicher sind, dass sie alles parieren können.

Es gibt jetzt keine schwierigen Begriffe mehr. Eine ausgezeichnete Voraussetzung für die nächste Diskussion oder die nächste Moderation.

Sie brauchen das sichere Gefühl, dass Ihnen nichts passieren kann. Sie werden mit jeder Gesprächssituation fertig, und Ihnen fällt immer etwas ein. Erst dann geht es auf die Bühne oder vor das Mikrofon.

Weg mit den strukturierten Gesprächen, mit der vorbereiteten Liste der Fragen, die auf Sie zukommen könnten. Überlegen Sie nicht schon vorher, was Sie sagen würden, wenn das Mikrofon ausfällt, wenn Ihr Kandidat nicht kommt oder wenn Sie sich versprechen. Sprechen Sie sich frei. Machen Sie die Übung mit den Stichwörtern, bis Sie das Gefühl haben, absolut sicher zu sein. Der Rest ist einfach. Dass Sie in einer realen Situation keine Stichwörter bekommen, sondern Fragen, Sätze, Gefühle und Ereignisse, ist nur ein gradueller Unterschied.

Unvorbereitet war ich am besten. Ein Satz, den ich von meinen Moderatoren immer wieder höre. Sie waren völlig frei, weil sie sich aus Zeitdruck o. ä. nicht richtig auskannten, und es ging alles ganz locker von der Hand. Speaker erzählen mir, dass der beste Vortrag derjenige war, bei dem der Beamer nicht funktionierte. Das heißt nicht, dass Sie sich nicht vorbereiten sollen, aber in meinen Augen ist das Sammeln von Informationen bei weitem nicht der wichtigste Punkt der Vorbereitung für einen guten Moderator.

Sie können jederzeit weiterüben. Bitten Sie jemanden, Ihnen ein paar Wörter verschiedener Schwierigkeitsgrade zu nennen. Außerdem können Sie bei jeder Radio- oder Fernsehsendung nach einem Satz das Moderators ausschalten und weiterkommentieren oder moderieren. Testen Sie, ob Sie in der Lage sind, ohne Verzögerung über das angefangene Thema zu reden. Es gelingt Ihnen? Jetzt sind Sie fit, mit dem freien Sprechen anzufangen.

Zusammenfassung

1. Reagieren Sie ohne Pause. Leise nachzudenken setzt Sie unter Stress.
2. Erzählen Sie nichts Belangloses, sondern seien Sie persönlich!
3. Reagieren Sie auf das erste Bild, das Ihnen einfällt!
4. Wenn Sie Zeit brauchen oder nicht wissen, wo Sie anfangen sollen, dann sagen Sie das!
5. Assoziationen ja, aber wechseln Sie nicht bewusst das Thema.
6. Geben Sie Unwissen zu, aber kommunizieren Sie weiter!
7. Achten Sie darauf, wenn die Alarmglocken läuten!
8. Lehnen Sie ein Thema ab, aber kommunizieren Sie weiter!
9. Antworten Sie auf alles, Sie müssen aber nicht alles beantworten.

2.2 Das Sternsystem

Nach dem, was bisher gesagt wurde, erscheint es widersinnig, sich auf das freie Reden vorzubereiten. Denn eine Vorbereitung im klassischen Sinne liefe auf das Ausformulieren von Sätzen, auf das Auswendiglernen von Ausdrücken und das Üben von Haltungen hinaus.

Trotzdem muss es doch eine Möglichkeit geben, eine Moderation, Rede oder Ansprache zu proben, ohne in alle jene Fallen zu tappen, die den Zuhörer erkennen lassen, dass ich die Sätze, die ich spreche, nicht in dem Augenblick erschaffe, in dem ich sie spreche.

2.2 Das Sternsystem

Eine solche Vorbereitung ist möglich. Es gibt ein System, mit dem Sie sich ausgezeichnet vorbereiten können. Obwohl der Begriff *System* eigentlich hochtrabend ist, weil es bekannte Sachverhalte kombiniert. In meinen Seminaren und Schulungen habe ich damit überraschende Erfolge erzielt, auch wenn die Grundlagen denkbar einfach sind. Ziel ist es, das Thema vorzubereiten, aber nicht die einzelnen Sätze.

Sie dürfen unter Stress keine Zeit mit der Reihenfolge oder Struktur verschwenden. Es geht darum, dass Ihnen die Gedanken einfallen und dazu müssen Sie den dramaturgischen Aufbau nicht mitlernen. Auch dann, wenn Sie sich in einem Thema gut auskennen, werden Sie sich die Sachverhalte noch einmal ins Gedächtnis rufen wollen, bevor Sie vors Mikrofon gehen.

Erklären kann ich das System an einem Beispiel von der anderen Seite des Mikrofons. In einem Training für Olympiateilnehmer hatte eine sehr erfolgreiche Sportschützin ein Anliegen. Sie erzählte, dass jeder Journalist mit derselben Frage zu ihr komme, die sie inzwischen nicht mehr hören könne. Sie könne schon nicht mehr unbefangen auf Journalisten zugehen, weil jeder von ihr mit ziemlicher Sicherheit als erstes wissen wolle, wie sie als Frau denn zum Schießen gekommen sei. `Warum schießen denn Sie als Frau?`

Ihre übliche Antwort war ein tiefer Einatmer, dem die mit gelangweiltem Gesicht gewürzte Bemerkung folgte, dass sie ihr Vater zum Schießen gebracht habe, der lange Zeit Vorsitzender des örtlichen Schießclubs gewesen sei. Durch diese Art der Antwort wurde die Sportlerin auch für jeden Journalisten eine gefürchtete Gesprächspartnerin. Ihre Antwort war stereotyp, erzählte den ganzen Frust über die Einfallslosigkeit des Interviewers und die Enden der einzelnen Satzteile zog sie nach oben. Andererseits dürfen wir die Schuld auch nicht beim Journalisten suchen, der ein Recht hat, diese Frage zu stellen, weil sie offensichtlich für ihn von großem Interesse ist. Journalisten dürfen fragen, was sie wollen.

Warum hat die Sportlerin keine Lust zu antworten? Weil sie das Gefühl hat, dass es nur eine einzige Antwort gibt, die sie schon so oft gegeben hat, und das langweilt sie. Wenn sie wiederholt nach ihrem letzten Urlaub gefragt würde, würde sich die Langeweile nicht so schnell einstellen, weil die Erzählung jedes Mal ein bisschen anders werden würde, vorausgesetzt der Urlaub ist überhaupt erzählenswert. Auf die Frage des Journalisten gibt es jedoch ebenfalls eine Vielzahl von Antworten. Aber genau das war der Sportlerin nicht klar. Also habe ich ihr geholfen, nach weiteren Antwortmöglichkeiten zu suchen.

Wir haben das Thema zunächst aufgefächert, also alles aufgeschrieben, was ihr zu der Frage einfiel (ein paar Techniken dazu werden wir später noch kennen lernen). Wir suchten also Antworten auf die Frage, wie sie zum Schießen gekommen sei. Allerdings musste ich nachfragen und bohren. Sie war ja bis jetzt immer davon ausgegangen, dass es auf diese Frage nur eine einzige Antwort gibt. Erst so nach und nach stellte sich heraus, dass es mindestens sieben Gründe sind, die sie zum Schießsport geführt haben:

Der erste Grund ist immer noch ihr Vater. Als Vorsitzender des Schießclubs war er natürlich interessiert, dass seine Tochter dort mitmacht.

1. Schießen fördert die Konzentration. Sie war der Meinung, dass ihr der Sport gut tut, weil sie sich privat schwer konzentrieren konnte.
2. Der Schießclub war ganz in der Nähe. Es ist deshalb klar, dass sie öfter da war, als wenn sie eine lange Anfahrt hätte in Kauf nehmen müssen.
3. Sie hat in ihrer Jugend auf dem Schießplatz oft Geld verdient. Wenn Klassenkameraden Nachhilfe gegeben oder Autos gewaschen haben, dann hat sie sich auf dem Schießplatz nützlich gemacht. Dadurch wuchs der Kontakt und das Interesse.
4. Die Clique im Verein hat ihr sehr gelegen, und je besser sie die Leute vom Schießclub kennen lernte, desto lieber ging sie hin.
5. Sie war gut im Schießen. Sie belegte auf Anhieb vordere Plätze, und die Freude wuchs mit der Größe ihrer Leistungen.
6. Das Interesse ihres Vaters schlug sich auch in seiner finanziellen Unterstützung nieder, die er ihr für Volleyball nicht gewährt hätte.

Die sieben Gründe haben wir anschließend im Kreis angeordnet. Und da ich keinen englischen Ausdruck dafür benutzen wollte, habe ich ihn Stern oder Topf genannt. Abb. 2.1 ist der Stern zum Thema: Warum schießen denn Sie als Frau?

Das nächste Interview war einfach. Wenn sie darauf achtete, jedes Mal mit einer anderen dieser sieben Begründungen anzufangen, war das Problem gelöst. Was als zweites kommt, das weiß sie vorher noch nicht. Sie will ja frei sprechen und keine Energie damit verschwenden, darüber nachzudenken, was als nächstes kommt.

Im privaten Gespräch wissen wir, womit wir anfangen. Wir fangen mit dem Strahl unseres Sterns an, der unseren Zuhörer am meisten interessieren könnte. Nach unserem Urlaub befragt, werden wir einem Wassersportler als erstes vom

2.2 Das Sternsystem

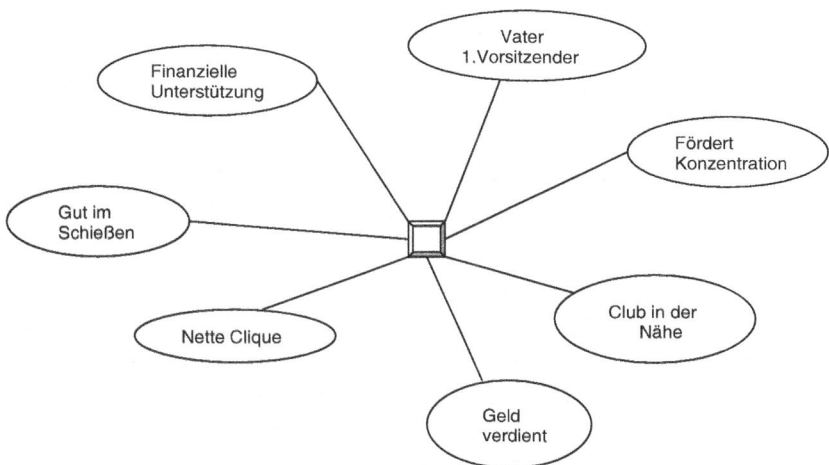

Abb. 2.1 Stern auf die Fragen: Warum schießen Sie als Frau?

Strand erzählen, einem Gourmet vom Essen und einem Familienvater von den herrlichen Beschäftigungsmöglichkeiten für Kinder. Was wir als nächstes erzählen, wissen wir aber auch nicht vorher. Nur wenn die Reihenfolge feststeht, fangen wir an zu leiern, weil wir wieder zuviel an die Struktur denken. Wenn wir jedesmal anders anfangen, entstehen neue, vorher nie gesagte Sätze. Online können Sie sich jetzt drei mögliche Antworten auf die Frage nach den Anfängen im Schießsport anhören.

 5

Diese Frage wird die Sportlerin in Zukunft nie mehr langweilen, und sie wird immer gerne antworten. Der Beginn der Antwort wird bewusst jedes Mal anders gewählt, und was dann kommt, das ergibt sich von selbst. Das ist der kleine Trick, um nicht die Lust zu verlieren. Sie weiß vorher nicht, was sie erzählen wird, und dadurch wird es natürlich und authentisch.

Kann man denn wirklich immer irgendwo anfangen? Ja, man kann. Die Teilnehmer meiner Seminare sind immer wieder verwundert, wie sich ein Thema von verschiedenen Seiten aufrollen lässt. Auch bei einer Urlaubserzählung fangen Sie z. B. mal hinten an `Ich hatte noch nie so Muskelkater nach dem`

Urlaub wie beim letzten Mal. Ich bin nämlich jeden Tag geritten...

Das geht immer. Egal ob bei der Erklärung, wie ein Motor funktioniert, bei einer Geschichte oder bei einem Interview. Und das klappt eben nicht nur, wenn Sie jemand fragt, sondern auch, wenn Sie moderieren.

Und wenn Sie einen tollen Anfang haben, den Sie unbedingt verwenden wollen, dann können Sie das auch tun. Beim Üben müssen Sie aber wieder darauf achten, jedesmal anders zu beginnen. Wenn es ernst wird, nehmen Sie dann Ihren Lieblingsanfang.

Die Vorbereitung auf eine Moderation oder Rede ist also das Anfüllen dieser Töpfe. Stellen Sie sich einfach vor, dass Sie in einen großen Topf alles hineinwerfen, was Ihnen zum Thema wichtig ist. Dann schreiben Sie es der Übersichtlichkeit halber als Stern auf. Im Stern deshalb, weil es ja weder eine Rangordnung noch eine Reihenfolge geben soll. Gäbe es die, so würde der Hauptteil meiner Aufmerksamkeit auf der richtigen Ordnung liegen, und ich wäre nie bei den Sätzen, die ich sage. Erst wenn ich nur ein Minimum an Struktur habe, kann ich wirklich frei sprechen.

Die Ähnlichkeit mit Mind-Mapping ist nicht zufällig. Das ist eine von Tony Buzan entwickelte Technik, bei der alle Gedanken in einer Art Baumstruktur aufgeschrieben werden. An den Stamm kommen Äste, die wieder Zweige haben. Wenn Sie Ihr Thema mittels solch einer Mind-Map vorbereiten, wären die dicken Äste Ihre Sterne, die dann wieder ein paar Zweige haben. Sie brauchen nur die Reihenfolge der Äste oder Sterne festzulegen, und los geht es.

Wie viele Strahlen der Stern hat, hängt von der Situation ab. Es sollten aber mindestens vier sein. Und am besten nicht mehr als zehn. Gibt es über neun verschiedene Argumente, dann empfehlen sich zwei verschiedene Töpfe mit unterschiedlichen Schwerpunkten. Beispielsweise erst alles, was mit Vater und mit Schießplatz zu tun hat, und der zweite Stern handelt dann von den Leistungen und der netten Clique, mit der man zu Wettkämpfen fuhr.

Eine Rede muss logisch aufgebaut sein. Das gilt auch für eine Moderation oder eine Argumentation. Die Reihenfolge der Sterne liegt also fest. Nehmen wir an, ein Stern enthält Material für zwei bis drei Minuten, dann brauchten Sie für eine Rede von zwanzig Minuten ca. acht bis zehn Sterne. Es gibt also eine Struktur für das Ganze, ich nenne sie Sterndramaturgie. Aber Sie werden nicht immer über alle Elemente in allen Sternen sprechen. Das kostete Sie viel zu viel Energie. Innerhalb

2.2 Das Sternsystem

des Sternes müssen Sie frei sein. Wo Sie bisher Ihre Moderationskarten an Sätze erinnert haben, werden Sie jetzt an Sterne erinnert, damit Ihnen die Elemente des Sternes einfallen. Im günstigsten Fall schauen Sie also nur alle zwei bis drei Minuten auf die Moderationskarte. Diesen Karten habe ich aber gleich noch einen ganzen Beitrag gewidmet.

Das sollten Sie beachten: Jeder Strahl des Sterns sollte Ihnen die Gelegenheit für mehrere Sätze geben. Ein Strahl, der nur für eine Zahl oder einen Namen steht, erhöht den Druck viel zu stark, zum nächsten Argument zu kommen. Sprechen Sie zwei, drei Sätze zu jedem Punkt, dann fällt Ihnen das nächste ein, und Sie machen weiter.

Vollständigkeit und freie Rede vertragen sich nicht! Wollen Sie an einem Punkt vollständig, genau, präzise sein, müssen Sie eine andere Redeform wählen. Solche Sachinformationen eignen sich nicht als Strahlen eines Sterns für eine freie Rede, sondern man lernt sie auswendig oder liest sie ab. Bei den Teilen Ihrer Rede oder Moderation, bei denen es darauf ankommt, dass sie ganz exakt und genau in einem bestimmten Wortlaut vorgetragen werden, brauchen Sie keine Scheu davor zu haben, sie abzulesen. Zum Beispiel:

- Namen von Kandidaten
- Namen von Sachverständigen
- Sportergebnisse
- Zitate
- Adressen
- Zahlen
- Telefonnummern etc.

Sie brauchen solche Informationen nicht im Plauderton zu erzählen. Informationen sind interessant, wenn sie für den Zuhörer wichtig sind, und Sie haben nicht die Aufgabe, die Information selbst zu verpacken.

Anmoderationen sollten wenig Infos enthalten! Genauso wie Begrüßungen. Infos gehören in den Beitrag. Die Anmoderation soll lediglich Lust auf die Infos machen und sie nicht vorweg nehmen. Eine Moderation, die sich zur Ankündigung des Beitrages durch Zahlen, Daten und Fakten kämpft, ist schon Teil des Beitrages. Da wird Moderation gründlich missverstanden, auch wenn es Moderatoren gibt, die diese Zahlen lieben, weil sie damit zeigen wollen, wie schlau sie angeblich sind. Und auch bei einer Rede lassen Sie einen Ansager oder eine Folie sagen, dass die Handy ausgeschaltet gehören. Sie sagen wichtigere Dinge.

Sie werden immer mindestens ein Element vergessen. Und das ist gut so. Sie dürfen keinen Teil Ihres Gehirns dafür reservieren, an alles zu denken. Vollständigkeit und freie Rede schließen sich aus. Wenn Sie reden, dürfen Sie nur an eines denken: an das, was Sie gerade sagen. Und wenn etwas wegfällt, dann war es nicht so wichtig. »Was Sie nicht wissen, bringt Sie nicht durcheinander, aber was Ihnen nicht einfällt, tut es immer.« (Weinberg 1985, S. 92). Und wenn etwas unbedingt wichtig ist, dann schreiben Sie es auf und lesen es ab.

Mehr wissen als sagen ist ein wichtiger Grundsatz. Sie sollten immer mehr Material haben, als Sie brauchen. Nur so kommen Sie beim Üben zu unterschiedlichen Fassungen. Wenn ich Grabredner, Festredner oder Faschingsprinzen unterrichte, bilde ich mit ihnen einen Stern (oder eine Abfolge von Sternen), aus dem Sie sich nach Lust und Laune bedienen können. Wenn ein Faschingsprinz einen Stern unter dem Titel *Begrüßung* mit drei Minuten Material zusammengestellt hat, dann ist es ein Leichtes für ihn, jeden Abend, an dem er auf vielen verschiedenen Veranstaltungen auftreten muss, zwanzig Mal für eine Begrüßung von 30 Sekunden immer andere Worte zu benutzen, um die Stimmung zu heben, ohne etwas grundsätzlich anderes zu sagen.

Zusammenfassung

1. Bereiten Sie keine Sätze vor, sondern Sterne.
2. Legen Sie die Reihenfolge der Sterne fest.
3. Innerhalb des Sternes gibt es keine Reihenfolge. Fangen Sie bei jedem Übungsversuch anders an.
4. Ein Stern hat vier bis zehn Strahlen.
5. Zu jedem Strahl wissen Sie mehrere Sätze.
6. Frei reden heißt unvollständig sein. Fakten lesen Sie ab.
7. Möglichst wenige Fakten in die Anmoderation.
8. Sie sollten immer mehr wissen als Sie sagen.

2.3 Das Üben

Das Üben einer Rede oder Anmoderation sieht also folgendermaßen aus: Nachdem Sie alles zum Thema gesammelt und in Kreisform um ein Zentrum mit dem Stichwort aufgeschrieben haben, sprechen Sie laut in ein paar Sätzen über jeden Gedanken, den Sie gefunden haben. Hier können wir die Empfehlung des Dichters Heinrich von Kleist (1967, S. 48) anwenden, etwas laut auszusprechen oder mit jemandem zu diskutieren, um es besser zu verstehen. Der Sachverhalt klärt sich so tatsächlich schneller. („Auf der Überfahrt hat mir Einstein täglich seine Theorie erklärt, und bei der Ankunft war ich überzeugt, dass er sie verstanden hat." Chaim Weizmann, israelischer Staatspräsident). Man sieht klarer, weiß, was man will und übt, es zu formulieren. Ein Selbstgespräch ist eine ausgezeichnete Redevorbereitung. Spätestens jetzt merken Sie, wenn Ihnen die richtigen Worte noch fehlen.

In Experimenten wurde nachgewiesen, dass Problemaufgaben schneller gelöst werden, wenn die eigenen Gedanken laut ausgesprochen werden. (Schwäbisch, Siems 1974, zit. nach Heckel 1997, S. 23). Kleist hat ja nie gemeint, dass man während des Satzes überlegen soll, wie es weitergeht, sondern dass man sich durch Reden Klarheit verschaffen kann. Wenn Sie so über alle Strahlen des Sterns noch einmal gesprochen haben, drehen Sie das Blatt mit dem Stern und der Stoffsammlung um.

Jetzt üben Sie laut und fangen bei einem beliebigen Strahl des Sternes an. Im Verlauf Ihrer Rede sehen Sie jetzt, wo es Sie hinträgt. Man weiß vorher nie, was einem da so alles einfällt. Sind Sie am Ende angekommen, sehen Sie sich wieder Ihren Stern an und überprüfen, welche Elemente Sie vergessen haben. Und damit das nicht noch mal passiert, fangen Sie jetzt im zweiten Durchlauf mit einem dieser vergessenen Aspekte an und wiederholen die Moderation.

Auch beim zweiten Mal überprüfen Sie anschließend, was Sie vergessen haben. Und ergänzen Ihren Stern, wenn Ihnen beim Sprechen ein guter Gedanke, ein Witz, ein Beispiel, ein Bonmot eingefallen ist. Sie werden sehen, dass Ihnen bei dieser Art zu sprechen eine ganze Menge weiterer Gedanken kommt, die Sie beim nächsten Versuch in den Stern aufnehmen können. Der Stern wird mit jedem Mal voller werden. Dann kommt der nächste Stern dran. Die schönsten Beispiele und Pointen meiner Vorträge sind während eines Vortrages entstanden, so komisch das klingt.

Wie viele Durchgänge Sie machen, ist Ihre Sache. Je häufiger Sie üben, desto besser. Je länger Sie üben, desto schlechter. Irgendwann werfen Sie Ihren Zettel mit dem aufgemalten Stern in die Ecke und haben das Gefühl, das Thema zu beherrschen. Sie brauchen jetzt nur noch eine Moderationskarte mit den Namen der Sterne in der richtigen Reihenfolge. Dazu die Sachinformationen, die Sie zu dem jeweiligen Stern brauchen. Jetzt gehören Sie vor die Kamera oder vor Ihre Zuhörer.

So werden Sie nie leiern. Alle Sätze kommen ganz natürlich. Wenn sich in meinen Seminaren jemand auf eine Moderation vorbereitet, indem er auf dem Flur ununterbrochen dieselben Sätze herunterbetet, wird er sie später vor der Kamera genauso herunterbeten. Und auch wenn Sie das Gefühl haben, dass Sie das Zeichnen eines Sterns nicht mehr brauchen, weil Sie das Thema in- und auswendig kennen, empfiehlt es sich, die Rede oder Moderation laut zu proben. Moderieren Sie vor einem imaginären Publikum und benutzen Sie bei jedem Durchgang andere Formulierungen. Sie werden sich immer mehr zu Hause fühlen.

Das laute Sprechen ist deshalb so wichtig, weil Sie sich alles leichter merken können, was Sie auch gehört haben. Sie legen Satzteile und Begriffe sozusagen in Ihren Arbeitsspeicher. Wenn Sie dann frei sprechen, können Sie die Sätze schneller bilden, und sie kommen ganz natürlich. Und das ist die Vorbereitung, die Sie brauchen. Machen wir einen Versuch:

Aufgabe
Moderieren Sie eine neue Musikgruppe an, die in Ihrer Sendung auftritt. Den Stern dazu habe ich Ihnen in Abb. 2.2 schon zusammengestellt. Sehen Sie ihn sich genau an, sprechen Sie alles ein paar Mal durch, und dann tun Sie so, als gingen Sie auf Sendung.

Erfinden Sie zu jedem Punkt ein paar Sätze, und dann fangen Sie immer anders an!

Ich kann nicht überprüfen, was Sie gemacht haben. Aber mein erstes Kriterium wäre, ob Sie sich wohl gefühlt haben. Ob Ihnen das leicht fiel. Wenn es richtig geklappt hat, dann haben Sie nach dem dritten Durchlauf Spaß an der Sache gefunden, und Sie bewegen sich sicher durch Ihre Anmoderation. Sie finden im Internet wieder zwei Beispiele, die ich Ihnen vorspreche.

 6

Machen Sie nicht weiter, wenn Sie am Ende sind. Sie wissen zwar genau, dass Sie noch einen Strahl Ihres Sterns übrig haben, aber er will Ihnen partout nicht

2.3 Das Üben

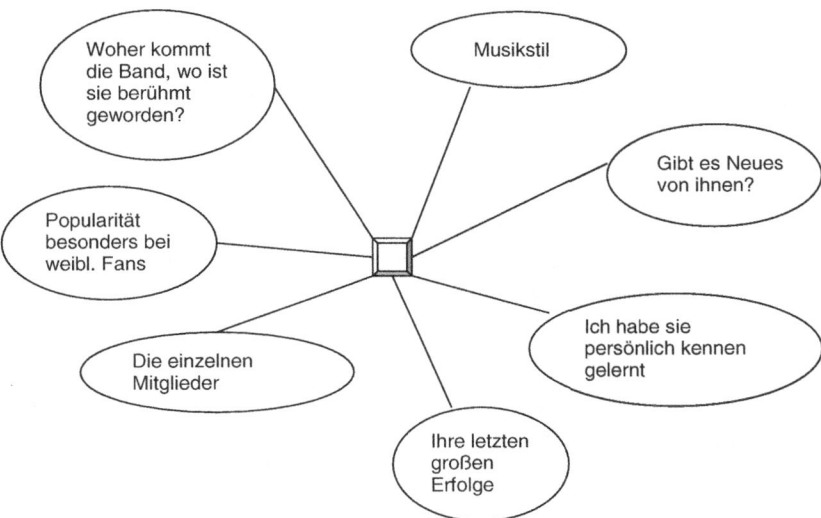

Abb. 2.2 Stern für die Anmoderation einer Musikgruppe

einfallen? Lassen Sie ihn weg! Nichts ist schlimmer, als wenn Sie am Ende immer wieder noch etwas anhängen oder Ihr letzter Gesichtsausdruck die Verzweiflung ist, etwas Elementares vergessen zu haben. Ein paar Punkte zu vergessen, ist ganz normal. Für Vollständigkeit gibt es keinerlei Pluspunkte. Oder ärgern Sie sich im privaten Gespräch, wenn einer bei seiner Erzählung ein bedeutendes Detail weglässt?

Eine Möglichkeit haben Sie aber schon kennengelernt, wenn Sie Zeit brauchen. Entschleunigen Sie, indem Sie darüber sprechen. `Was fällt mir noch ein?` oder `Es gibt noch so vieles was ich erwähnen kann!` oder `Da war noch ein ganz wichtiger Punkt. Geben Sie mir einen Moment.` Je nach Format sind das legitime Möglichkeiten, den Faden wieder zu finden. Im Notfall gucken Sie eben auf den Zettel mit dem Stern in Ihrer Jacketttasche.

Halten Sie nicht an brillanten Pointen fest. Wenn die gut sind, dann kommen sie von selbst wieder. Wenn nicht, ist es nicht schade. Ich erlebe sehr viele Teilnehmer meiner Kurse, die unbedingt ihre Superpointe unterbringen wollen, Stern hin oder her. Schon drei Sätze vor ihrer tollen Pointe brachten sie alles durcheinander, und auch die drei Sätze danach waren durchdrungen von der Frage, ob die Pointe denn nun wirklich so gut gekommen ist, wie sie gedacht haben.

Kommen die Bonmots dagegen von selbst, so dass der Zuhörer das Gefühl hat, sie ergeben sich aus dem Moment heraus, wirken sie locker und unterstreichen Ihren Charme und Humor. Und wenn es denn gar so wichtig ist, dann fangen Sie einfach mit Ihrer tollen Idee an.

Die Anmoderation einer Musikband ist kein Börsenbarometer, kein Text für eine Spielshow oder eine Verkaufsveranstaltung. Das System funktioniert aber genauso. Wenn Sie vielleicht im Moment noch das Gefühl haben, dass es viele Dinge gibt, die man von vorne und in der richtigen Reihenfolge erklären muss, so bitte ich Sie, darüber noch einmal nachzudenken. Eine Reihenfolge gibt es ja auch bei mir, aber eine Reihenfolge von Themen und nicht von Sätzen. Sollte ich in einem bestimmten Fall Unrecht haben, dann können Sie das da ja weiter der Reihe nach machen. Aber sehen wir uns mal ein zweites Beispiel an, um Sie zu überzeugen:

Sie müssen in jeder Sendung dasselbe Spiel erklären. Das wäre also ein Redeanlass, bei dem die meisten Menschen glauben, da müsse man vorne anfangen und am Ende aufhören. Nur so würden die Hörer das Spiel verstehen. Bei einer schriftlichen Spielanleitung ja. Aber beim freien Erklären?

Aufgabe
Erklären Sie ein Mensch-ärgere-dich-nicht-Spiel mit Hilfe des Sterns. Machen Sie sich Gedanken, was Sie alles sagen wollen, und schreiben Sie die Elemente kreisförmig auf ein Blatt.

Hören Sie sich jetzt mal meine drei Versionen an. Alle haben eine andere Reihenfolge, und trotzdem weiß ich jedesmal, wie das Spiel funktioniert. Ihre Erklärung wird wieder anders sein, aber es geht ja um das Prinzip.

 7

Und hier noch einmal zum Vergleich in Abb. 2.3 der Stern, der diesen drei Spielerklärungen zugrunde liegt.

Die Freude beim Sprechen bleibt Ihnen erhalten. Wenn Sie frei erzählen, macht Ihnen das alles viel mehr Spaß, als wenn Sie beim Erzählen nachdenken müssen, was Sie vergessen haben und wie die tolle Formulierung von gestern war, die Ihnen jetzt nicht einfallen will. Sie haben nicht nur das Spiel erklärt, sondern auch Lust darauf gemacht.

2.3 Das Üben

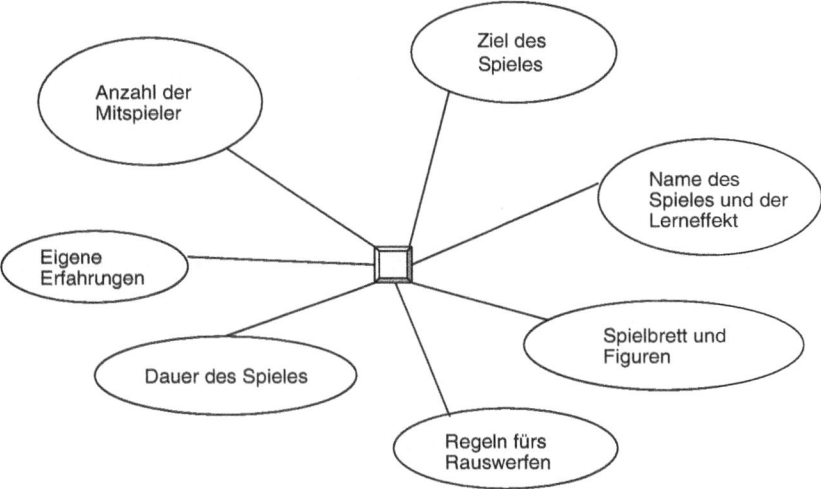

Abb. 2.3 Stern für die Erklärung des Mensch-ärgere-dich-nicht-Spiels

Für das Sternsystem gibt es viele Anwendungsmöglichkeiten. Jede Stichwortkarte ist ein neuer Stern. Auf die Karte ist nicht der ganze Stern aufgezeichnet, sondern nur der zentrale Begriff. Aber aus dem Begriff ist in der Vorbereitungsphase ein Stern geworden. Zusätzlich kann man auf die Karte noch ein paar Informationen schreiben, die man ablesen will, einen Eigennamen zum Beispiel. Und so moderiert man sich von Karte zu Karte.

Auch wenn man zum einzelnen Stern, bzw. zur einzelnen Karte etwas vergisst, bleibt doch die große Linie durch die Folge der Karten immer erhalten. Es gehen vielleicht ein paar Ihrer Geistesblitze verloren, aber die anderen blitzen dafür um so heller.

Bei einer Computer-Präsentation, einer Moderation mit Einblendungen oder einer Wissenschaftssendung ist jede Folie ein eigener Stern. Sie werfen die Strahlen Ihres Sternes sozusagen an die Wand. Jetzt brauchen Sie nur noch darauf zu achten, dass Sie bei der Folie nicht jedes Mal links oben beginnen. Der Gedanke mag Ihnen zunächst wieder eigenartig erscheinen, da Sie der Meinung sind, eine Sache doch immer nur vom Anfang bis zum Ende erzählen zu können, aber probieren Sie es aus. Es klappt immer. Private Erzählungen beginnen auch mit Sie hat „Ja" gesagt oder mit Die Kiste läuft immer noch nicht oder mit

`Ich verzweifle mit Pia` und nicht mit `Als Pia und ich uns vor 7 Jahren kennenlernten...`
Bei Erklärungen in privaten Gesprächen gibt es auch keine feste Reihenfolge. Ganz davon abgesehen, dass man bei einer Präsentation nie auf alles eingeht, was zu sehen ist. Lesen können die Zuschauer selber. Sie greifen nur ein paar wichtige Punkte heraus, und das sind eben jedes Mal andere. Und wenn etwas so wichtig ist, dass alles gesagt werden muss, dann lesen Sie es vor.

Der Unterschied zwischen einem guten und schlechten Präsentator ist so ganz einfach zu erklären. Der schlechte fängt bei seiner Tabelle immer im Januar an oder morgens, der gute Präsentator fängt da an, wo es spannend wird, vielleicht im Juli, wo sich im Vergleich zum letzten Jahr etwas verändert hat oder bei dem Punkt, der für die Zielgruppe am interessantesten ist.

Gerade wenn Sie oft das Gleiche sagen müssen, ist dieses Sternsystem ein Segen. Sie sagen nämlich jetzt nicht mehr dasselbe, sondern Sie erzählen frei. Verkäufer, die zu mir kamen, weil sie ihre eigene Road-Show nicht mehr hören konnten, freuten sich nach einem Tagestraining auf ihre nächste Veranstaltung, so wie sich manche Menschen freuen, im Urlaub einer neuen Zuhörerschaft die wichtigsten Geschichten ihres Lebens zu erzählen (meist zum Leidwesen ihrer Lebenspartner).

Und wenn Sie zuviel reden? Dann reden Sie eben zuviel. Ein Redesystem, das Menschen, die gerne reden, bremst, gibt es nicht. Es sei denn, Sie schreiben sich jedes Wort auf. Aber da überwiegen die Nachteile.
Forschen Sie, warum Sie sich so aufdrängen müssen. Haben Sie das nötig? Ein klares Konzept gibt es ja auch bei der Arbeit mit den Sternen. Es gibt eine Reihenfolge und damit auch eine zeitliche Begrenzung, auch wenn nicht alles Wort für Wort aufgeschrieben ist. Und wenn Ihnen innerhalb eines Sternes eine Geschichte mehr einfällt, als es im Nachhinein günstig erscheint, dann versuchen Sie, sich das nächste Mal kürzer zu fassen. Länge ist nicht gleich Qualität.
Viel häufiger werden Sie aber erleben, dass eine kleine zusätzliche Geschichte die Moderation eher bunter und lebendiger macht. Mit Begeisterung und Anteilnahme erzählt, hören wir gerne zu.

Haben Sie keine Angst vor dem Verlust der Struktur. Diese Angst ist in der Regel völlig unbegründet. Wenn die Struktur für Sie logisch ist, ist sie es auch für Ihr Publikum. Anderseits habe ich viele Redner erlebt, die sich dauernd für ihre Sprunghaftigkeit im Thema und ihre Schlenker entschuldigt haben, die kein

2.3 Das Üben

Zuhörer so empfand (Ich greife da jetzt vor oder Wir kommen darauf noch zurück). Langweilen Sie mich nicht mit Ihrer Struktur. Wichtig ist nur, dass Sie eine haben. Und kleine Einschübe stören nicht. Im Gegenteil: Die Schlenker fallen dem Redner ja an einer bestimmten Stelle ein, weil sie genau da hingehören.

So albern dieses Sternsystem auch erscheinen mag, so revolutionär ist es. Ich habe Menschen erlebt, die mit einem kleinen Zettel ins Studio kamen, auf dem fünf Sätze für ein Statement in einer Fernsehdiskussion standen, die sie dann im Scheinwerferlicht mehr schlecht als recht mit langen Pausen und vielen Ähs in die Kamera stotterten.

Dann haben wir im Seminar für das nächste Mal aus den fünf Sätzen einen Stern mit fünf Elementen gemacht, das ein paar Mal in verschiedener Reihenfolge durchgespielt und schon lief es wie auf der Cocktailparty. Es fielen dem Redner zwar immer nur drei Elemente ein, aber die vermittelten Lockerheit und Kompetenz und brachten genau das rüber, was wichtig ist: Der Sprecher wirkte authentisch und seine Persönlichkeit blitzte durch.

Und zu lang war es auch nicht. Im Gegenteil. Die getragene Sprechweise mit den vielen Ziehern und Ähs braucht viel mehr Zeit, als ein paar pointierte Sätze, die die Sache auf den Punkt bringen.

Auch meine Seminare und Vorträge halte ich nach diesem System. Manchmal habe ich fünf Seminare und drei Vorträge in der Woche. Stellen Sie sich vor, ich würde jedesmal mein Programm von 1a bis 38z abspulen. Ich hätte nach spätestens vierzehn Tagen jede Lust an meiner Arbeit verloren. So lasse ich mich überraschen. Ich gehe von dem aus, was ich höre, was ich sehe, was für Gedanken kommen und lasse mich davon leiten.

Am Ende waren es in jedem Seminar in etwa ähnliche Informationen, denn die Themen, und damit die Sterne, bleiben ja gleich. Aber es gibt nie zwei Seminare oder Vorträge, die einander genau gleichen. Wenn Sie das in einer Fernsehshow hinbekommen oder in einer Rede, dann sind Sie am Ziel.

Sie können zur Übung einen Text in einen Stern verwandeln. Sie bilden aus jedem Teilaspekt des Themas ein Element und suchen sich für dieses Element ein aussagekräftiges Schlagwort. Diese Schlagworte schreiben Sie im Kreis auf, und Ihr Stern ist fertig.

Das Wetter ist ein gutes Übungsfeld, um zum freien Sprechen im Radio zu gelangen, weil Sie mehrmals am Tag dasselbe sagen müssen. Aber am besten nicht im selben Wortlaut. Der Wetter-Stern könnte folgende Elemente enthalten:

- Wetter heute Nacht
- Wetter morgen am Tag
- Wettervorhersage für die nächsten Tage
- Wetter für bestimmte Gruppen (Glatteis für Autofahrer, Wind für Segler, Fön für Wetterfühlige)
- Wetter in angrenzenden Regionen (Berge, Meer, Seen)
- Sonstiges (Wetter für bestimmte Veranstaltungen, extremes Wetter, Badetemperaturen, Schneehöhen etc.)

Diese sechs Elemente bilden meinen Stern, und ich bringe sie jedes Mal in einer etwas anderen Reihenfolge. Schon beim dritten Mal brauche ich keinerlei Text mehr, und die lästige Arbeit des Umschreibens entfällt auch.

Und die Geschichte vom typischen Radiohörer, der mit einem Stift das Wetter mitnotiert und alles in einer bestimmten Reihenfolge will, damit er alles genauestens mitkommt, die mir Chefs von Radiostationen so gerne erzählen, ist ein Märchen. Derjenige, für den das Wetter lebenswichtig ist, der guckt ins Internet.

Sie können jedes Statement in einen Stern verwandeln. Nehmen wir einmal an, Sie wollten vor laufender Kamera folgendes Statement abgeben. Ich wiederhole hiermit, dass ich mich für die Wahl zum Bürgermeister von Stadthausen im nächsten Jahr als Kandidat der Mitte für eine Amtszeit zur Verfügung stelle. Das können Sie auswendig lernen. Aber wenn Sie nervös sind oder das oft wiederholt werden muss, weil eine Fluse auf dem Objektiv war, dann werden Sie das irgendwann leiern. Machen Sie besser einen Stern, indem Sie jede Information dieses Statements an einen Strahl hängen: 1.) Ich wiederhole 2.) Wahl 3.) Bürgermeister von Stadthausen 4.) im nächsten Jahr 5.) Kandidat der Mitte 6.) eine Amtszeit 7.) ich stelle mich zur Verfügung. Das ist ein siebenstrahliger Stern. Das Statement könnte sich jetzt so anhören: Sie sprechen die Wahl an. Ich stelle mich da zur Verfügung. Das wiederhole ich hier gern nochmal. Bürgermeister von Stadthausen ist eine sehr ehrenvolle Aufgabe. Im nächsten Jahr werde ich antreten. Und zwar als der Kandidat der Mitte. Allerdings nur für eine Amtszeit. Oder sie fangen ganz anders an: Mir geht es nur um eine einzige Amtszeit...

Ein gesprochener Satz sollte nur eine Information enthalten, maximal zwei. Sätze wie dieses Statement mit sieben Informationen kommen nur in geschriebener Sprache vor. Wenn also solche Texte gesprochen werden sollen, dann müssen sie aufgelöst werden, damit sie sprechbar sind. Auch da hilft das Sternsystem.

Und wenn es trotzdem nicht lebendig wird? Wenn Sie vielleicht auch privat nicht lustig oder unterhaltend sind? Wenn auch in Ihren privaten Gesprächen nicht eine Pointe die andere jagt? Dann werden Sie auch vor der Gruppe nicht vor Witz sprühen, und das ist absolut in Ordnung so. Jeder Mensch ist anders, und es hat keinen Sinn, aus Ihnen einen Humoristen machen zu wollen. Sie müssen zu dem Format passen, das Sie vertreten. Besser gesagt: Das Format muss wirklich zu Ihnen passen.

Wenn mir auf einer Pressekonferenz der Techniker des Unternehmens in ein paar ungelenken Sätzen sagt, dass es ihm schwer fällt, vor so vielen Leuten zu sprechen, er aber nur bekräftigen wolle, wie gut die neuen Produkte sind, und dass er für jede Art von Fragen zur Verfügung steht, beeindruckt mich das viel mehr, als wenn man aus ihm einen Witze erzählenden Hampelmann macht. Ich mag ihn wegen seiner Ehrlichkeit und wegen seines Mutes, da vorne zu stehen. Wenn ich Fragen habe, komme ich sicher zu ihm. Er ist kein guter Redner, aber wahrscheinlich ein guter Techniker. Und wenn ein Sender entscheidet, dass der Herr Professor selbst moderiert, dann wird er dabei Schwächen haben. Auch der Chef einer Firma ist meist nicht der beste Redner. Aber das macht nichts. Er hat andere Qualitäten.

Zusammenfassung

1. Üben Sie laut!
2. Beginnen Sie beim Üben immer anders!
3. Wenn Schluss ist, dann ist Schluss. Kein Nachschieben!
4. Die besten Pointen kommen spontan und passen zu Ihnen!
5. Länger heißt nicht besser.
6. Bei der Arbeit mit Folien ist jede Folie ein Stern.
7. Ein gesprochener Satz enthält eine, maximal zwei Informationen.
8. Auch Statements oder kurze Aufsager kann man in Sterne verwandeln.

2.4 Die Stoffsammlung

Wie fülle ich nun den Topf und stelle meinen Stern zusammen. Zu den meisten Themen wird Ihnen sofort etwas einfallen. Ich gehe davon aus, dass Sie als Moderator mindestens zwei Tageszeitungen lesen, davon eine seriöse. Für die, die sich schwerer tun oder Angst haben, immer dasselbe zu erzählen, will ich hier die wichtigsten Möglichkeiten nennen, wie man ein Thema einkreisen kann.

Wissen Sie, worüber Sie reden? Wissen Sie genau, zu welchem Thema Sie etwas sagen sollen? Bei einer Rede wohl ja, aber im Fernsehen oder Radio? Es ist von sehr großer Bedeutung, dass Sie den Beitrag, der Ihrer Anmoderation folgt, auch gesehen oder gehört haben. Das Thema »Verkehrsbetriebe« kann zu einem kritischen, begeisterten oder alarmierenden Beitrag Anlass geben. Informieren Sie sich vorher, worum es geht. Sonst kann Ihre Moderation nie wirklich gut werden. Im Notfall sprechen Sie wenigstens mit dem Autor oder dem für die Sendung zuständigen Redakteur.

Brainstorming ist die gebräuchlichste und einfachste Methode zur Stoffsammlung. Sie wurde von Alex F. Osborn in den dreißiger Jahren entwickelt und 1963 veröffentlicht. Man schreibt zunächst alles auf, was einem zum Thema einfällt, auch wenn es anfangs blöde erscheinen mag. Erst wenn die Ideen nicht mehr fließen, macht man sich ans Sortieren und Ordnen. Gefördert wird das Brainstorming durch eine entspannte Atmosphäre. Manchen fällt am meisten in der Badewanne ein, manche müssen sich dabei bewegen. Solange Sie ein Blatt Papier und einen Stift dabei haben, ist es egal, wo Sie sich befinden. Entgegen früheren Empfehlungen macht man das nach neuesten Erkenntnissen am besten nicht in der Gruppe, weil sich die Einfälle dann gegenseitig behindern.

Mind Mapping ist eine Erweiterung des Brainstorming. Die Gedanken werden in einer Baumstruktur aufgeschrieben, und durch die Verästelungen ergibt sich ein logisches Beziehungsgeflecht zwischen den Dingen, die man aufschreibt. So ist es für die rechte Gehirnhälfte, in der besonders die Bilder gespeichert sind, leichter, aktiv zu werden. Gearbeitet wird mit farbigen Stiften, Bildern und Figuren. Anfangen sollte man immer in der Mitte eines Bogens. Die neuen Gedanken werden an beliebiger Stelle eingetragen, bis so nach und nach ein Gedankenbaum entsteht. Jeder Gedanke sollte sich auf ein Schlüsselwort beschränken. Außerdem kann man mit verschiedenen Schriftgrößen experimentieren.

Eine wunderbare Methode ein Thema auszuloten oder an seine Sterne zu kommen. Eine ausführliche Beschreibung dieser Technik finden Sie im »Rhetorik-Duden« (Huth 2000, S. 92). In dem Buch »Schlagfertig reagieren« von Reiner Neumann (2001) finden sich noch andere Techniken, wie

- die sechs Denkhüte von de Bono
- die neun Leitfragen, ebenfalls von Osborn

- die Reizwortanalyse
- das Ishikawa-Diagramm.

Wenn Sie nicht alleine zu Hause arbeiten, kann es sehr helfen, mit anderen über das Thema zu reden. Sie erfahren, was »man« darüber denkt, lernen neue Sichtweisen kennen, und erfahren bei Themen, mit denen Sie bisher nichts anfangen konnten, eine Menge neuer Gedanken. Außerdem soll es ja persönlich sein, und das wird damit gefördert.

Vielleicht gibt es auch eine Redaktion, die Ihnen die Vorbereitung abnimmt, Infos zusammenstellt und Sie auf neue Gedanken bringt. Nur eines sollte die Redaktion nicht: Ihnen die Sätze zusammenstellen, die Sie zu sagen haben. Das ist Ihr Beruf.

Zusammenfassung

1. Sie sollten wissen, worüber Sie reden.
2. Sammeln Sie erst und selektieren Sie später.
3. Reden Sie mit jemandem darüber, das hilft auch Ihnen.

2.5 Das Fließen

Auch wenn Sie jetzt mit Sternen arbeiten, gibt es große Unterschiede, wie Ihre Moderation wirkt und wie Sie sich dabei fühlen. Wann ist eine Moderation richtig gut? Wann merkt man schon während der Sendung, dass es heute stimmt, auch ohne dass man gelobt wird? Wenn man »drin« war, wenn alles auf der Bühne wie von selbst ging, wenn man nicht nachdenken musste, was jetzt als Nächstes kommt, wenn einem die Namen wie von selbst einfielen und wenn man mit Schwierigkeiten so locker umging, als seien sie ganz selbstverständlich. Dann waren Sie als Moderator oder Redner in Ihrem Element, ohne sich dabei großartig angestrengt zu haben.

Sie waren im Flow würde der Ungar Mihaly Csikszentmihalyi, der Autor des wunderbaren Buches »Flow – das Geheimnis des Glücks«, sagen (2010). Im Flow zu sein, bedeutet, sich selbst nicht mehr wahrzunehmen und mit einer traumhaften Sicherheit alle Schwierigkeiten der Sendung zu meistern. Csikszentmihalyi hat diesen Flow genau untersucht. Aber natürlich nicht nur für Moderatoren und Redner. Seiner Meinung nach gibt es sehr viele Möglichkeiten, eine Flow-Erfahrung zu machen.

Im Flow sind zum Beispiel Theaterbesucher, die sich wundern, dass das Stück schon nach einer halben Stunde zu Ende ist, obwohl es drei Stunden gedauert hat. Es gibt Sportler, die berichten, dass ihnen an bestimmten Tagen sportliche Höchstleistungen ohne jede Mühe gelungen sind und Komponisten, bei denen in bestimmten Phasen die Noten wie von selbst aufs Papier gewandert sind. Die waren im Flow.

Im günstigsten Fall sind Sie auch bei der Arbeit vor der Gruppe, vor Mikrofon und Kamera im Flow. Sie merken das daran, dass Sie immer weniger über sich nachdenken müssen, sondern einfach in der Situation sind. Eine Diskussion im Studio zum Beispiel kann Sie völlig vergessen lassen, dass Sie unter Beobachtung stehen. Oder Sie drücken Ihren Kandidaten so die Daumen, dass Ihre Spannung sich auf die Zuschauer überträgt und sie mitfiebern.

Bei einer guten Moderation, einer guten Präsentation oder einem guten Gespräch kommen Sie in einen Zustand des Fließens, der Sie Zeit und Raum vergessen lässt. Das einzige, was zählt, ist die Sache, die Sie gerade machen.

Wie kommen Sie nun in diesen Zustand, der mit einem Mal alles so einfach macht? Es müssen zwei Dinge zusammentreffen: Erstens müssen Sie wissen, worüber Sie reden, das heißt, Sie kennen sich mit dem aus, was Sie sagen wollen. Und zweitens sollten Sie loslassen. Sie planen Gespräch oder Moderation nicht mehr. Sie reagieren auf Ihr Gegenüber. Ohne Ihr Ziel oder Ihre Absichten aus den Augen zu lassen widmen Sie Ihrem Gesprächspartner hundert Prozent Ihrer Aufmerksamkeit.

Eine Fernsehmoderation, bei der der Redakteur oder Regisseur dem Moderator alle paar Sekunden ein paar Anweisungen per Knopf im Ohr zuflüstert, kann diesen Grad an Souveränität und Lockerheit nie erreichen. Um wirklich gut zu sein, brauchen Sie einen großen Freiraum. Marschieren kann man befehlen, Weltrekorde nicht. Und noch zwei weitere Bedingungen gibt es:

1. Das Ziel darf nicht zu einfach sein. Denn nur, wenn ich eine Herausforderung annehme, habe ich die Chance, Flow zu erleben. Der Spielraum in der Mitte zwischen Langeweile und Unsicherheit ist derjenige, der uns Freude bereitet. Es darf weder zu schwierig noch zu leicht sein

Wenn ich persönlich zum Beispiel einen Vortrag vor mir habe, der aufgrund seiner Konstellation für mich eher eine Unterforderung darstellt, kann eine einfache Umstellung der gesamten Struktur meine Konzentration so beanspruchen, dass ich sofort in Flow gerate. Ich fange dann zum Beispiel mal mit einem ganz anderen Schwerpunkt an. Schon bin ich hellwach.

Vor allem Radiomoderatoren, die ich gecoacht habe, litten unter zu wenig Flow. Zunächst gaben sie an, es zu mögen, nicht so gefordert zu sein. Auf mein Nachbohren hin war die Einschätzung der eigenen Arbeitssituation dann nicht mehr so positiv. Es war einfach langweilig, alle paar Minuten etwas vorzulesen, um irgendwann von seiner Arbeit erlöst nach Hause zu gehen. Würden sie ihre Arbeit im Flow erledigen, würden sie das Vergehen der Stunden nicht bemerken. Wenn ich die Anforderungen erhöhe, führt das in einem solchen Fall also dazu, dass die Arbeit möglicherweise anstrengender wird, aber sie wird gleichzeitig leichter.

Ein Parkwächter, der den ganzen Tag lediglich parkende Autos beobachtet, empfindet seinen Job unter Umständen als sehr anstrengend. Müsste er nebenbei noch telefonieren und den Schriftverkehr erledigen, wäre er mehr gefordert, die Zeit verginge viel schneller.

2. Eine Situation, die mich überfordert, kann ebenfalls nie zu einem Flow-Gefühl verhelfen. Der beste Nachrichtensprecher bei Radio Wellenberg ist sicher glücklicher als der schlechteste Samstagabendmoderator im ersten deutschen Fernsehen. Das Gefühl, am richtigen Platz und seiner Aufgabe gewachsen zu sein, hebt das Selbstbewusstsein und steigert das Lebensgefühl. Steigern Sie also den Schwierigkeitsgrad langsam und fangen Sie nicht gleich an, Günther Jauch beerben zu wollen.

Zusammenfassung

1. Sie brauchen persönlichen Freiraum.
2. Es muss für Sie so spannend sein, dass Sie sich nicht langweilen!
3. Überfordern Sie sich nicht.
4. Unterfordern Sie sich nicht.

2.6 Die Bilder

Ein Bild wird sofort verstanden. Ein Bild bleibt in Erinnerung. Ja, unsere gesamte Erinnerung haben wir hauptsächlich in Bildern gespeichert. Trockene Sachverhalte können wir schlecht behalten, aber bestimmte Bilder schleppen wir manchmal jahrelang mit uns herum. Jemand, der Text auswendig gelernt hat, weiß meist noch genau, wo er im Manuskript gestanden hat. Wenn die Bilder persönlich sind, dann fallen sie Ihnen auch leichter ein.

Deswegen Powerpoint. Die Macht der Bilder. Ein Hochglanzfoto von der neuen Küchenmaschine oder eine Konstruktionszeichnung des neuen Faltdaches schlägt jede Erklärung mit Worten. Aber Vorsicht. Bei vielen Begriffen, besonders wenn sie abstrakt sind, sind Bilder, die mit Worten gemacht werden, eindeutig im Vorteil. Wie armselig, wenn in Powerpointpräsentationen als Bild für Harmonie eine Familie mit Kind gezeigt wird, die durch eine Wiese laufen. Für Konzentration zeigt man das Bild eines Schachspielers und für den Ausblick ein Fernrohr. Da hat jemand etwas gründlich missverstanden. `Stellen Sie sich Ihren Frühstückstisch vor, die Familie ist vollzählig, die Sonne scheint durchs Fenster und Sie hatten Zeit, für jeden etwas zu kaufen, was er besonders gerne mag. Man redet und lacht...` ja, das ist Harmonie. Das Bild, das sich jetzt jeder Zuschauer im Kopf macht, schlägt jedes Foto.

Bilder helfen uns, gehört zu werden. Wer in Bildern spricht, findet leichter einen Weg zu seinem Publikum. Die Bibel zum Beispiel enthält viele Bilder. Bei einer Veranstaltung können Sie dem Zuhörer einen Gegenstand sogar zeigen oder geben. Geben Sie den Chip herum, den Sie herstellen, schalten Sie die Lampe ein, die Sie vorstellen und bringen Sie den Mixer mit, den Sie verkaufen. Wenn ich etwas nicht zeigen kann oder will, entwerfe ich das Bild mit Worten. Ein `Lackierverfahren, das keinerlei Wärme entwickelt` ist schwer zu begreifen. Spreche ich aber von einem `Eiswürfel, den man mit diesem Verfahren einseitig beschichten kann, ohne dass er schmilzt`, schon haben Sie das Bild vor Augen.

Stellen Sie sich `sprechende Wäschestücke vor, die Ihnen sagen, dass sie in der falschen Waschmaschinenfüllung gelandet sind` oder einen `Lack, der so hart ist, dass ich ein damit lackiertes Auto mit einem Schraubenzieher nicht mehr zerkratzen kann`. Das ist sofort vorstellbar und wirkt nach. Sammeln Sie in Ihrem Stern also am besten für jeden Strahl ein Bild. Da steht dann anstatt `Wärme` besser `Lagerfeuer` und anstatt `Zusammenarbeit` besser `monatliches Teamtreffen`.

Anschaulichkeit ist das Zauberwort, lehrt uns der Journalist Wolf Schneider (1994, S. 121). `Auf dem Jahrmarkt war nicht viel los` ist klar, aber

2.6 Die Bilder

langweilig. Kleiden Sie das mal in Bilder. Das Riesenrad stand seit zwei Stunden still, auf dem Kinderkarussell drehte ein müder Knirps seine Runden, die Losverkäufer spielten Skat, und die Rostbratwürstchen am Imbissstand wurden langsam schwarz. Sie schildern Sinneseindrücke, die sich im Kopf des Hörers zu einem Bild zusammensetzen. Ein Beispiel für ein besonders schönes Bild aus einem Roman von Natasa Dragnic (2012): Es liegt etwas Seltsames in der Luft, wenn Dora und Luka zusammen sind. Man kann es nicht Frieden nennen und nicht Sturm. Es riecht nach Mandarinen und nach gerösteten Mandeln und nach Meer und nach frisch gebackenen Keksen.

Je trockener die Materie, desto wichtiger die Bilder. Ein Gewinn von 6 Prozent ist nicht richtig einzuordnen, aber die fette, schwarze Zahl rechts unten in einer Addition erzählt mir vom Stolz und der Begeisterung für die 6 Prozent Gewinn. Das geht auch mit negativen Zahlen. Hören Sie sich online mal an, wie ein Finanzvorstand ein negatives Ergebnis der Filiale in England von 8 Prozent auf einer Pressekonferenz verkaufen könnte.

 8

Spüren Sie, wie schön die 8 Prozent Verlust geworden sind? Alle Zuhörer starren auf die Grafik mit den Zahlen und freuen sich über die 8 Prozent, weil Sie erklären, wie aus einem prognostizierten Minus von 35 Prozent dann endlich 8 Prozent wurden. Überflüssig zu erwähnen, dass das natürlich nur klappt, wenn die Geschichte stimmt. Aber es gibt eben auch zu jeder negativen Zahl eine Begründung. Die kann ich immer positiv verkaufen. Keiner lässt die Umsatzzahlen mit Absicht in den Keller rutschen.

Kleiden Sie Zahlen in Bilder. Das Buch wiegt soviel wie ein voll gepackter Rucksack oder das sind genau zwei Cent pro Tag oder jeder zweite Münchner kennt uns. Das kann man sich merken, und Zahlen werden anschaulich.

Zahlen sind relativ. Eine Zahl wird groß, wenn Sie sie mit einer kleinen Zahl vergleichen (wir haben jetzt schon den Umsatz des gesamten Vorjahres erreicht) und sie wird klein, wenn wir sie mit einer großen Zahl vergleichen (das ist nicht einmal ein Fünftel der Kosten für eine neue Maschine).

Die meisten Zahlen müssen Sie relativieren. Wenn Sie mir mitteilen, dass der Sportverein 44 Punkte hat, müssen Sie mir mitliefern, ob ich darauf stolz sein soll, oder in meiner Stammkneipe meinem Ärger Luft machen muss. Die 44 Punkte allein sind noch eine sehr geringe Information. Helfen Sie mir, die Zahl, die Sie nennen, einzuordnen.

Auch Bilder nutzen sich ab, ähnlich wie Floskeln. Der Zahn der Zeit, das Ende der Fahnenstange, locker vom Hocker, weg vom Fenster, all das hat seine beste Zeit hinter sich. Wir sehen kaum noch das Bild, das dahintersteckt, und die Begriffe haben ihre Brillanz verloren. Manchmal braucht man das Wort nur wach zu küssen, indem man ihm seine ursprüngliche Bedeutung wieder zuweist. Sagen Sie lieber so kalt wie Packeis statt eiskalt, lieber so hoch wie eine hundertjährige Eiche statt baumhoch und lieber so schwer wie ein Bleiklumpen statt bleischwer. Und ein Künstler, der Sympathien weckt klingt im Gegensatz zu der sympathische Künstler so, dass man wieder hinhört.

Die Abiturrede meines Schuldirektors begann mit dem Bild eines Bootes, in dem wir alle acht Jahre lang saßen. Durch die Klasse ging ein Stöhnen. Wir ahnten, dass er dieses Bild schon seit 30 Jahren benutzt, und hatten das Gefühl, nicht gemeint zu sein. Deswegen hat auch der Rhetoriklehrer Unrecht, der uns zwanzig Bilder antrainiert, die wir bei jeder Gelegenheit benutzen können. Wir kennen die Bilder zu gut und freuen uns nicht mehr an ihnen. Das Arbeitsteam als Bergsteigergruppe, die Firma als Familie und den Sturm im Ozean der Gefühle können wir nicht mehr hören. Und wenn es um Finanzen geht, wird auf allen Prospekten gesegelt. Da müssen Sie sich schon etwas Neues einfallen lassen.

Die Speakerin Susanne Kleinhenz beginnt ihren Vortrag vor 80 Männern mit Ich werde die Welt um 80 Don Juans reicher machen. Die Männer sind jetzt nicht nur sehr aufmerksam, nein, sie schmunzeln auch.

Bildhafte Ausdrücke bringen wir besonders gerne durcheinander. Da war es brechend heiß, Signalglocken sind aufgegangen und jemand sagt: Ich verdampfe mal kurz. Da wird gegen den inneren Strich gebürstet, der Löffel hingeworfen oder jemand hat den grünen Faden verloren. Aber auch wenn ich jemand aus der Bredouille locke, die Konsequenzen treffe oder um den heißen Bart herumschleiche ist das falsch. Trotzdem ist das alles nicht schlimm. Das passiert beim freien Sprechen. Und wenn ich nicht so genau aufpassen würde, wären diese ganzen Versprecher niemandem aufgefallen. Vor dem Spiel ist nach dem

2.6 Die Bilder

Spiel? Nein es ist viel einfacher: Nicht machen, sondern tun.

Falsche Bilder kann ich um der Pointe willen einsetzen, wie der Faust, der aufs Gretchen passt, aber die unfreiwillige Variante kommt weit häufiger vor. Da setzt sich einer zwischen alle Stühle (wie er das macht, wird ein Geheimnis bleiben). Das Ohr am Puls des Volkes mag gerade noch gehen, aber der Hinweis Das innere Auge hört mit, ist dann doch mehr etwas für die Witz-Seite. Da wird der rote Faden gezogen oder empfohlen Lassen Sie Ihren Zorn los! Schön ist auch der Ratschlag Bringen Sie Ihr Anliegen unter die Bauchdecke! Es handelt sich übrigens alles um Originale wie Der Pressesprecher sprach schriftlich perfekt oder Da sind Eliten mit wirklichen Informationen im Gespräch (was sie wohl mit denen besprechen?).

Was der Wunsch nach einem schönen Bild alles anrichtet! Da waren Statements mitschuldig an ihrer Zertrennung, da hat die deutsche Währung eine Visionskraft oder die Fakten sind ohnmächtig. Bilder sind etwas Wundervolles, aber nicht um jeden Preis. Und wenn der Radiomoderator sagt Jetzt wollen wir mal sehen, was die Straßen treiben, oder Die Wolken haben es heute faustdick hinter den Ohren, oder Die Kreuzfahrtschiffe geben sich hier die Klinke in die Hand, da übertreibt er es mit der Bildhaftigkeit.

Und wenn Sie ein Bild gefunden haben, dann sollten Sie es auch durchhalten. Schiffe fliegen nicht aus der Kurve und wenn wir im Tunnel sind, tut sich nicht irgendwo eine Tür auf (Gestern standen wir am Abgrund - heute sind wir einen Schritt weiter!).

Ähnlich klingende Wörter sind ebenfalls gefährlich. Ich glaube es hackt ist genauso falsch wie das mittelständige Unternehmen. Wollen Sie sich die Beschuldigungen verbitten oder verbieten? Es ist ein Unterschied, ob ein Soldat sich in den Sanitärbereich abmeldet oder in den Sanitätsbereich. Lassen Sie sich nicht irritieren. Die Zuhörer filtern Ihre Fehler heraus. Das klären Sie erst in der Nachbereitung, und dann lernen Sie daraus.

Konkret ist besser als allgemein. Eine Oper als toll zu bezeichnen ist einfach, aber beschreiben Sie mal, warum und wieso. Vergleichen Sie mal! Mir liegen mediterrane Gerichte, ich bin ein Freund von Geselligkeit und dem Alkohol nicht abgeneigt mit Ich liebe es, bei einem guten Glas Pinot Grigio und einer dampfenden Portion

Spaghetti all'arrabiata mit meinen Freunden auf der Terrasse zu sitzen und zu feiern. Der zweite Satz hat Saft und Kraft, die dem ersten fehlt.

Doch Sie müssen dem Zuhörer Zeit lassen. Kommt ein Bild hinter dem nächsten, dann überfordere ich ihn.

Die Zahl vier steht für die apokalyptischen Reiter, für die vier Jahreszeiten, aber auch für die vier Himmelsrichtungen, die vier Apostel, und auch zum Schafkopf braucht man vier Leute.

Nein, das geht zu schnell. Zu jedem Beispiel mindestens zwei Sätze. Die apokalyptischen Reiter müssen erst einmal reiten, damit sich das Bild in meinem Kopf festsetzt. Bitten Sie als kleinen Test mal einen Ihrer Bekannten, Ihnen drei Gründe für irgendetwas zu nennen. Beispielsweise warum er gerade in dieser Stadt wohnt. Sie werden sehen, dass Ihrem Gesprächspartner mit großer Wahrscheinlichkeit das dritte Argument nicht einfällt. Wenn es so schnell geht, sind Sprecher und Hörer überfordert.

Zusammenfassung

1. Malen Sie mit Worten. So werden Sie viel schneller verstanden.
2. Je trockener die Materie, desto wichtiger die Bilder.
3. Benutzen Sie persönliche und konkrete Bilder.
4. Vorsicht vor falschen und abgenutzten Bildern.

2.7 Die Präsentation

Wenn Sie vortragen, Menschen etwas erklären oder einen schwierigen Sachverhalt darstellen müssen, tun Sie sich mit optischen Hilfsmitteln sehr viel leichter. Viele Autoren erklären uns, dass wir etwas viel besser behalten, wenn wir am besten gleichzeitig hören, sehen, selber sprechen und selber ausführen. Das ist unbestritten. Aber sehen wir uns das Ziel noch einmal an. Es geht hier ums Behalten. In einer Uni-Vorlesung geben Sie eine Vorschau, lesen Sie die Folien vor, am Ende lassen Sie die Studenten zusammenfassen und die Wahrscheinlichkeit steigt, dass die Studenten sich den Stoff merken.

2.7 Die Präsentation

Aber Besucher einer Veranstaltung mit Redner, Radiohörer oder Fernsehzuschauer sind keine Studenten. Die sollen nichts behalten, nicht mal wenn sie ein Wissenschaftsmagazin sehen. Deswegen benutzen Sie mehrere Transportmedien und arbeiten Sie mit Bildern und Grafiken und Musik und Film, aber bitte kündigen Sie nicht alles an und fassen nicht dauernd zusammen. Das ist hier fehl am Platz. Sie dürfen alles sein, nur nicht langweilig.

Lesen Sie nicht alles vor! Die Zuschauer können selber lesen und werden aggressiv, wenn Sie suggerieren, sie könnten es nicht. Verwässern Sie die wohl überlegten Formulierungen Ihrer Folien auch nicht durch anders formulierte Wiederholungen. Geben Sie Beispiele, erläutern Sie, stellen Sie Zusammenhänge her, aber sagen Sie nicht alles noch einmal mit anderen Worten. Das wertet Ihre Präsentation ab. Außer es sind Blinde im Publikum. Auf Minderheiten nehmen wir selbstverständlich Rücksicht.

Der Hauptvorteil von Powerpoint sind Bilder. Sie müssen das neue Produkt zeigen, die geplante Umgehungsstraße auf dem Stadtplan erläutern und die Architekturzeichnung der neuen Firmenzentrale. Da hat Powerpoint ungeahnte Vorteile. Sie können sogar Filme einbauen. Wie armselig dagegen die Overheadfolien früherer Zeiten. Wer Powerpoint richtig einsetzt, kann damit tolle Effekte erzielen. Dazu ist aber wichtig, dass Sie sich genau klar machen, was Ihre Präsentation leisten muss und was Sie selbst. Ich habe Ihnen das mal in einer Tabelle (Abb. 2.4) zusammengestellt. Powerpoint ist eine Erleichterung, um Sachverhalte optisch zu veranschaulichen und kein an die Wand geworfener Stichwortzettel. Wenn beide Seiten das machen, was sie am besten können, dann kann da eine ziemlich gute Präsentation rauskommen.

Grafiken sollen nie selbst erklärend sein. Für etwas, das klar ist, braucht man keinen Präsentator mehr. Jede Folie enthält mindestens ein Stichwort, das Sie dann noch erklären. Sollten Sie die Folien als Handout ausgeben, dann brauchen Sie zwei Präsentationen. Die selbsterklärende zum austeilen und die stark reduzierte zum Halten.

Geben Sie Zeit zum Ansehen der Folie! Nichts schlimmer als wenn Sie mit dem Klicken schon anfangen über die Folie zu sprechen. Der König spricht doch nicht, während die anderen noch lesen. Also warten Sie einen Moment ab bis jeder die neue Folie gelesen hat. Und dann erklären Sie.

Schalten Sie nicht während des Sprechens zwischen den Folien herum und machen Sie aus Ihrer Präsentation kein Kunstwerk. Zeigen Sie erst das Bild und geben

Powerpointfolie oder Fotokopie	Freie Rede
Zahlen, Daten, Fakten	Emotionen
Chronologische Abläufe	Erlebnisse
Zitate	Persönliche Meinungen
Aufzählungen	Private Ergänzungen
Diagramme	Bewertungen
Bilder	Dialog mit den Zuhörern
Grafiken	Provokationen
Karikaturen	Witze
Fotos	Aufgaben zum Mitraten
Filme	Geschichten
Signets und Logos	Beispiele
Tabellen	Erläuterungen
Koordinatensysteme	Mit Worten erzeugte Bilder
Jahreszahlen	Metaphern und Vergleiche
Karrikaturen	Nachgespielte Szenen

Abb. 2.4 Powerpoint oder Freie Rede

dann die Erklärung. Wenn Ihre Folien zusammenfassen, was Sie gesagt haben, dann kommt die Folie jeweils anschließend. Sagen Sie es, dann sehen wir es. Überschriften auf Folien sind natürlich möglich. Aber Folien mit einem einzigen Wort (Aufgepasst, Merke, Ergebnis) verdummen die Hörer. Dann können Sie gleich das Wort wie mit einer Kesselpauke betonen oder beim Nennen des Wortes eine Harfenmusik abspielen.

An Visualisierungsregeln für Tafel oder Flipchart habe ich Ihnen nur das Wichtigste zusammengestellt:

Von einem dicken Filzstift, benutzen Sie am besten die Breitseite, die Spitze zeigt zum Daumen. Schreiben Sie klar und deutlich ohne Schnörkel mit kurzen Ober- und Unterlängen.

Und SCHREIEN SIE IHRE ZUSCHAUER NICHT DAUERND AN. Wenn Sie beim Sprechen nicht brüllen, tun Sie es auch nicht beim Schreiben. Also verwenden Sie nach Möglichkeit keine ganzen Wörter in Großbuchstaben.

Überschriften sind links oben leichter zu finden als in der Mitte. Wenn Sie Angst haben, sich auf dem großen Blatt nicht zurecht zu finden (die Tatsache, dass man so dicht davor steht, kann wirklich ein Problem darstellen), dann schreiben Sie sich alles mit dünnem Bleistift vor. Sie brauchen dann nur noch mit dem Filzstift nachzumalen. Kontrollieren Sie aber vorher, ob der Filzstift auch schreibt. Die Schwarzen sind meist leer.

2.7 Die Präsentation

Die Informationsmenge ist fast immer zu groß, zumindest bei den professionellen Präsentationen, die ich bisher gesehen und betreut habe. Man packt alles hinein, was einem nur andeutungsweise wichtig erscheint und erschlägt auch den willigsten Zuhörer. Dabei ist die Menge doch nicht entscheidend.

Haben Sie sich auch schon mal über die lokale Kinowerbung geärgert, bei der in den dreißig Sekunden, die für jedes Dia vorgesehen sind, eine riesige Menge Text über die tolle Qualität der Pizzeria um die Ecke eingebaut wird? Das wirkt laienhaft, und trotzdem wird jeder neue Werbekunde wieder viel zu viel Text zusammenstellen. Wir haben die Zeit ja schließlich bezahlt, also müssen wir sie auch nutzen. Wie wirkungsvoll wäre das Bild einer tollen Pizza, und nach 15 Sekunden käme nur der Satz, von einem Profi gesprochen: `Die beste Pizza der Stadt`. Jetzt noch langsam eine Adresse einblenden, und fertig.

Ein versteckter Hyperlink kann da bei Computer-Präsentationen, eine sehr elegante Lösung sein. Sie bringen einen solchen Hyperlink jeweils in der Ecke einer Folie an. Sie färben ihn in der Farbe der Folie und geben ihm keine Konturen. Nur Sie wissen, dass er sich da befindet. Kommt jetzt bei der Tabelle mit den Umsatzzahlen jemand auf die Idee, Sie nach dem letzten Jahr zu fragen, klicken Sie auf Ihren verstecken Hyperlink, eine Excel-Tabelle öffnet sich, und alle Zahlen sind zu sehen. Grafisch überhaupt nicht aufbereitet, aber vollständig.

Das macht Eindruck. Ich weiß alles, aber ich gehe nicht damit hausieren. Sie können natürlich auch ein Foto des Vorstandsvorsitzenden verstecken, einen Grundriss vom Firmensitz oder eine Detailzeichnung. Ein guter Redner macht es wie der König: Er weiß alles, aber er sagt nur das, was im Moment wichtig erscheint. Und wenn die Folie doch mal zu voll oder unübersichtlich ist? Dann lächeln Sie über ihre eigene Folie, und es ist nicht mehr so schlimm, wenn ich sie nicht (gleich) verstehe.

Im abgedunkelten Raum (weil Sie zum Beispiel mit einem Projektor oder Beamer arbeiten) müssen Sie lauter sprechen. Denn erstaunlicherweise hören wir schwerer, wenn wir den Sprecher nicht richtig sehen. Und wenn draußen an den Fenstern des Raumes Leute vorbeigehen, dann müssen Sie interessanter moderieren, sonst schauen alle zum Fenster raus. Am schwierigsten ist es meiner Erfahrung nach im Freien. Gegen einen Schmetterling kommt auch die beste Präsentation nicht an...

> **Zusammenfassung**
>
> 1. Sprechen Sie verschiedene Sinne an.
> 2. Sie haben andere Aufgaben als die Folie.
> 3. Lesen Sie nie die komplette Folie vor.
> 4. Folien sind Hilfsmittel, aber sollten nicht selbsterklärend sein.
> 5. Machen Sie Pausen, in denen sich die Zuschauer die Folien ansehen.
> 6. Der gute Redner oder Moderator dosiert die Infos.
> 7. Im Dunkeln müssen Sie lauter sein.

2.8 Die Moderationskarten

Obwohl die leeren Hände viel freier und souveräner wirken, gibt es eine Reihe von Sendungen, die ohne Moderationskarten nicht denkbar wären. Diese Karten haben auch Vorteile. Der Moderator fühlt sich sicher, weil er etwas in der Hand hat und weil er im Notfall immer nachgucken kann. Die Vorbereitung der Sendung geht schneller und auch kurzfristige Umstellungen sind kein Problem.

Nur Stichwörter sollen zunächst einmal diese Karten liefern. Ein Stichwort kann ich schnell ablesen, ich weiß sofort, wo ich bin und kann weitermachen. Jede Moderationskarte steht für einen Stern, wie ich ihn beschrieben habe. Sie lesen den Namen des Sternes auf der Moderationskarte und wissen, was jetzt in den nächsten ein oder zwei Minuten kommt. Sie reden frei bis zum nächsten neuen Abschnitt, Beitrag, Spiel, Studiogast, etc., für den es die nächste Karte mit Stichwort gibt. Zusätzlich ein paar kurze Infos, soweit nötig, also Namen oder Zitate.

Der eigene Geschmack oder Aberglaube spielt auch eine Rolle. Manche Moderatoren fühlen sich besser, wenn der Text in Stichworten auf der Karte steht. Man findet aber auch Moderationskarten mit dem gesamten Text und Kreisen, Kringeln, Unterstreichungen und Farben, deren Sinn nur der Moderator versteht, und es gibt eine Mischung von all dem. Dann gibt es noch Moderatoren, auf deren Moderationskarten nur alle Sachinformationen stehen, die sie in der Sendung brauchen, also Eigennamen, Zahlen, Daten, und die Dinge, die sie bei den Proben wiederholt vergessen haben. Im Idealfall geht der Sprecher mit den Moderationskarten so um, als seien sie gar nicht vorhanden.

2.8 Die Moderationskarten

Es geht auch ohne Moderationskarte. Heute muss man jungen Menschen sagen, dass es auch im Fernsehen eine Zeit gab, in der der Moderator ohne die Karte in den Händen auskam. Inzwischen benutzt der Schüler bei einem Referat die Karten genauso selbstverständlich wie der Vater bei der Ansprache zu Onkel Rudis Geburtstag. Wenn die das im Fernsehen machen, dann muss das ja wohl richtig sein. Die Moderationskarte ist und bleibt ein notwendiges Übel, ein Hilfsmittel um Zeit und Energie bei der Vorbereitung zu sparen, und sie ist in keinem Fall eine Trophäe, die man ganz stolz in die Kamera hält, um zu zeigen, wie professionell man ist.

Wie sollte eine Moderationskarte aussehen? Jeder Moderator hat da so seine Vorlieben, aber allgemein ist die Karte (wie schon der Name sagt) nicht aus Papier, sondern aus Karton, damit sie nicht so leicht knicken kann. Das Format wird immer größer. Die ersten Moderationskarten waren DIN A6, dann kam DIN A5, heute verwendet man beim Fernsehen vor allem DIN A4, und auf DIN A3 warte ich gerade. Es gibt auch sehr geeignete Karten, die ein Drittel DIN A4 groß sind. Die Karte wird einseitig beschrieben, am besten beklebt man sie mit dem am Computer gedruckten Text. So ist er am einfachsten lesbar. Das Auge darf nicht lange suchen müssen, wo es denn nun weitergeht. Deswegen linksbündig schreiben.

Sollten Sie eine Karte erneuern müssen, achten Sie auf denselben Umbruch, damit Sie die Informationen auch finden. Denn nach nur zweimaligem Üben gibt es in Ihrem Kopf ein Bild der Karte.

Karten mit Stichwörtern empfehlen sich immer dann, wenn Sie schon sicher sind im freien Sprechen und nur eine grobe Struktur brauchen. Wenn Sie sich die Arbeit mit dem Stern noch nicht zutrauen, wären auch der Titel des Sternes auf der linken Seite der Karte möglich, während Sie auf die rechte Seite die Strahlen des Sternes als Tabelle eintragen, also zum Beispiel wie in Abb. 2.5.

Abb. 2.5 Stern als Tabelle

Begrüßung	Mich vorstellen
	Pointe zum Wetter
	Dank Veranstalter
	Programmänderung
	Tagesordnung
	Auf Kaffee hinweisen

Meiner Erfahrung nach ist es so schwerer, aber unter Umständen ist die Angst kleiner.

Nicht mehr als sechs bis acht Stichwörter stehen auf der Karte. Ihnen genügt dann das kleinere Format, und Sie können die Karten noch für Notizen nutzen, die Sie an das erinnern sollen, was Sie bei den Proben vergessen haben.

Auch Zeichnungen oder Piktogramme eignen sich ganz hervorragend, weil Sie die schneller verstehen. Ein lachendes Gesicht auf der Karte, für die, die das Lächeln vergessen. Zwei Füße nebeneinander gestellt, für die, die andauernd herumwippen oder ein Gesicht mit einem Mikro unter dem Kinn für die, die damit immer unter der Nase herumfuchteln. In Abb. 2.6 finden Sie ein paar Beispiele.

Benutzen Sie für die Zeichnungen einen wasserfesten Stift, denn die Wahrscheinlichkeit, dass die Hände später schwitzen, ist hoch.

Das Stichwort ist meist ein Substantiv. Es kann in Ausnahmefällen natürlich auch ein kurzer Satz oder ein Verb sein. Wenn Sie zum Nominalstil neigen, dann empfehle ich Ihnen das sogar. Wenn Ihr Stichwort Vorstellung heißt, und Sie sagen: Jetzt kommen wir zur Vorstellung anstatt Jetzt stelle ich Ihnen die Kandidaten vor oder wenn Sie zum Stichwort Spielerklärung sagen Ich gebe Ihnen jetzt die Spielerklärung anstatt Ich erkläre Ihnen jetzt das Spiel wechseln Sie beim Aufschreiben Ihrer Stichwörter lieber immer wieder die Wortart und fügen Sie Piktogramme und Zeichnungen ein. Sie vermeiden außerdem einen monotonen Rhythmus: Es gibt... (Stichwort) und Es geht um... (Stichwort) usw.

Abb. 2.6 Beispiele für Piktogramme

2.8 Die Moderationskarten

Ein Sprechstil mit einer starken Überbetonung der Substantive ist im Deutschen zwar möglich, aber wirkt sehr schwerfällig Ich habe große Vorbehalte gegen die Vergabe von Strafpunkten an Kandidaten in Abwesenheit ohne deren Zustimmung. Nominalstil verdichtet, und das ist nur im Schriftlichen sinnvoll.

Karten mit Stichwörtern und Text sind auch ein guter Übergang zum freien Sprechen. Das linke Drittel wird durch einen senkrechten Strich abgeteilt. Links davon stehen die Stichwörter, rechts davon der ausformulierte Text. Sie können so nur mit den Stichwörtern arbeiten, haben aber immer noch die Möglichkeit, bei der kleinsten Unsicherheit rechts abzulesen. Sie können das so lange tun, bis Sie die Sicherheit wieder haben und dann mit den Stichwörtern weitermachen.

Für den Fall, dass Sie ablesen müssen, empfehlen sich Sprechzeichen für den ausformulierten Text, wie ich es in meinem Buch »Sprechertraining« (Rossié 2013 S. 53) ausführlich erklärt habe, also Unterstreichen von betonten Silben oder Kennzeichnen von Atempausen. Karten, die ausschließlich fertig formulierten Text enthalten, haben nichts mit freiem Sprechen zu tun, sondern mit Text aufsagen.

Karten mit Text und unterstrichenen Stichwörtern sind eine weitere Möglichkeit. Benutzen Sie nicht zu viele Farben, Haupt-, Neben- und Unterstichwörter. So viel Zeit zur Orientierung haben Sie in der Sendung oder beim Vortrag nicht. Machen Sie vor jedem Gedanken einen neuen Absatz, damit Sie sofort einen Einstieg finden, wenn Sie durcheinander geraten.

Karten nur mit Sachinformationen benutze ich selbst am liebsten. Alles, was hundertprozentig richtig gesagt werden muss, gehört nicht zum freien Sprechen. Eine Zahl muss genau sein, ebenso wie der Name eines Menschen, Ortes oder Arbeitskreises. Wenn ich mir diese Informationen ausgedruckt mitnehme, beruhigt das ungemein.

Karten mit privaten Informationen, (evtl. zusätzlich), zählen zu den Sachinformationen. Ich schreibe mir Gedankenstützen auf die Karte für die Dinge, die ich möglicherweise dauernd vergesse. Ich erinnere mich daran, nicht vor den Kandidaten zu stehen, wann ich einen Gang machen will und in welcher Kamera ich wann zu sehen bin. Und ich mache ein Zeichen, dass ich unbedingt noch die nette Geschichte unterbringe, die mir gestern Abend eingefallen ist. Auch das wäre eine sinnvolle Verwendung für Moderationskarten.

Ein paar leere Karten haben Sie immer als Ersatz dabei für kurzfristige Umstellungen und Änderungen. Sicher ist sicher.

Vergessen Sie den Platz für den Daumen nicht, wenn Sie die Karten bekleben oder voll beschreiben wollen. Irgendwo müssen Sie die Karte festhalten. Denken Sie daran, dass sich die Farbe der Karten, die ja meist auf der Rückseite noch das Logo der Sendung tragen, nicht mit der Farbe Ihrer Kleidung beißt und nach Möglichkeit auch nicht zu sehr heraussticht. Dass Sie beim Fernsehen Weiß und knalliges Rot sowie alles Kleingemusterte vermeiden sollten, versteht sich von selbst.

Nummerieren Sie Ihre Karten – und zwar deutlich. Nach der dritten schnellen Änderung haben Sie sonst ein Durcheinander. Und wenn Sie versehentlich zwei Karten auf einmal verschieben, haben Sie noch die Chance zurückzufinden. So flexibel Sie innerhalb Ihres Sterns mit der Reihenfolge sein sollen, so genau müssen Sie sich an den Gesamtablauf der Sendung oder des Vortrages halten.

Zusammenfassung

1. Jede Karte enthält ein Stichwort für den entsprechenden Stern.
2. Dazu kommen die passenden Sachinformationen.
3. Dazu kommen Dinge, an die sich der Moderator erinnern will.
4. Stichwörter müssen keine Substantive sein.
5. Lassen Sie Platz auf der Karte für Unvorhergesehenes.
6. Nehmen Sie Ersatzkarten mit.

Literatur

Csikszentmihalyi, Mihaly. 2010. *Flow, Das Geheimnis des Glücks,* 15. Aufl. Stuttgart: Klett-Cotta-Verlag.

Dragnic, Natasa. 2012. *Jeden Tag, jede Stunde.* München: btb-Verlag.

Huth, Siegfried A. 2000. *Duden, Reden gut und richtig halten,* 3. Aufl. Mannheim: Bibliographisches Institut.

von Kleist, Heinrich. 1967. *Über die allmähliche Verfertigung der Gedanken beim Reden, aus Erdbeben in Chili.* Stuttgart: Reclam.

Neumann, Reiner. 2001. *Schlagfertig reagieren im Job. Sicher auftreten, gekonnt argumentieren, sich erfolgreich zur Wehr setzen*. Landsberg/Lech: Verlag Moderne Industrie.

Rossié, Michael. 2013. *Sprechertraining, Texte präsentieren in Radio, Fernsehen und vor Publikum*, 7. Aufl. Wiesbaden: Springer VS.

Schneider, Wolf. 1994. *Der vierstöckige Hausbesitzer. Plauderstunde Deutsch mit 33 Fragezeichen*. München: Deutscher Taschenbuch Verlag.

Schulz von Thun, Friedemann. 2010. *Miteinander reden*, Bd. 1–3, 48. Aufl. Reinbek: rororo.

Schwäbisch, Lutz und Siems, Martin. 1974. *Anleitung zum sozialen Lernen*. Reinbek: Rowohlt, zit nach Heckel, Jürgen 1997. *Frei sprechen lernen*. München: A-1-Verlag.

Weinberg, Gerald M. 1985. *The secrets of consulting*. New York.

Körpersprache 3

Zusammenfassung

Vor der Gruppe oder vor dem Mikrophon befindet man sich in einer sehr exponierten Stellung. Jede Bewegung wirkt vergrößert und Zuseher suchen nach einer Bedeutung jeder kleinen Geste. Andererseits schadet zuviel Aufmerksamkeit auf den eigenen Körper der Lockerheit und Unbefangenheit. Dabei ist es gar nicht schwer seinen Körper so zu instruieren, dass er das, was man sagt, einfach unterstreicht.

Über Körpersprache hat man sehr viel herausgefunden. Aus all dem kann man zunächst wieder herausfiltern, dass das Lügen wenig Zweck hat. Im Videofilm, wenn man in aller Ruhe vor- und zurückspulen kann, entdeckt man oft die verborgenen Wahrheiten, also entdeckt sie unter Umständen auch der Zuschauer, zumindest unterbewusst.

Denn wir verstehen die Signale alle. Dass einer das Jackett öffnet und damit zeigt, dass er entspannt ist, verstehen wir sofort. Genauso wie wir erkennen, dass jemand, der mit verschränkten Beinen sitzt, im Moment nicht das Bedürfnis hat aufzustehen.

Der Körper erzählt immer die Wahrheit. Der Mann, der mir von der Diskussion mit seiner Frau über das letzte Urlaubsziel erzählt und dabei seinen Ehering viermal an und wieder auszieht, ist genauso klar zu verstehen wie die Frau, die sich beim Bericht über eine Diskussion mit ihrem Freund den rechten Oberarm streichelt (also die Schlaghand immer wieder beruhigen muss). Es kommt aber immer auf den Zusammenhang an und auf das, was der übrige Körper erzählt. Und ich erkenne natürlich nur, was ich erkennen will. Wenn ich körperliche Gewalt ablehne, dann sehe ich überall gewalttätige Menschen. Im umgekehrten Fall weigere ich mich, bestimmte Signale als Gewalttätigkeit zu interpretieren.

Oft nehmen wir die Körpersprache nicht wahr, weil unsere Aufmerksamkeit woanders ist. Sie können nicht gleichzeitig zuhören und analysieren. In meinen ersten Seminaren habe ich schon in der Fragerunde zur Eröffnung, in der jeder seine Erwartungen formuliert, auf die Körpersprache geachtet und sie anschließend interpretiert. Das hatte den ganz unangenehmen Nachteil, dass ich die Erwartungen der Teilnehmer an das Seminar nicht mitbekam. Ich kann nicht gleichzeitig zuhören und die Körpersprache beobachten. Wenn ich aber nicht richtig zuhöre, weil ich mich langweile oder wenn die Signale, die ich bekomme widersprüchlich sind, drängt sich die Körpersprache ins Bewusstsein. Ein Tisch fällt mir eben nur dann unangenehm auf, wenn er wackelt.

Wobei wir nie ein Signal isoliert betrachten sollten. So einfach dürfen wir es uns nicht machen. Ein Kratzen am Kinn bedeutet noch nicht, dass jemand eine schwere Kindheit hatte, und die Art, wie er den Löffel beim Eisessen hält, sagt nichts über sein Sexualverhalten, auch wenn Psychotests in manchen Zeitschriften uns so etwas erzählen.

Ein Training der eigenen Körpersprache halte ich für falsch, in den meisten Fällen zumindest. Das ist ausschließlich etwas für Profis. Ein Fernsehmoderator sollte nicht ständig an der Nase herumfummeln und ein Kabarettist sollte nicht ununterbrochen zwei Schritte vor und dann wieder zwei Schritte zurück machen. Die brauchen ein Training. Da geht es aber lediglich darum Eigenheiten und Ticks abzustellen, weil die ablenken. Auch die sollten nicht üben, offen dazustehen oder eine möglichst sympathische Sitzhaltung einzunehmen. Denn so einleuchtend die Tipps der Körperspracherainer auch sind, einen wissenschaftlichen Nachweis für ihre Empfehlungen gibt es nicht. Den kann es auch nicht geben. Denn wenn es stimmt, dass der Körper nicht lügen kann, ist jedes Training der Körpersprache kontraproduktiv.

Für den Laien sowieso. Der schrullige Professor, der Vereinsvorsitzende oder der Chef auf der Betriebsfeier sollten erst an ihrer Körpersprache arbeiten, wenn alles andere perfekt ist. Und das ist es nie. Erst die flammende Rede, die Pointe, die Emotionen, die geschickte Dramaturgie, die spannenden Beispiele und dann erst die Arbeit am pieksenden Zeigefinger. Was glauben Sie, was ich jemandem antworte, der mir sagt, ich hätte mich während des Vortrages viermal am Oberschenkel gekratzt? – Stimmt! Da hat es gejuckt.

Kaum ein Signal verstehen alle Menschen gleich. Die Kehle zu umklammern bedeutet beispielsweise

- im arabischen Kulturkreis, dass man jemanden erwürgen will,
- in Neuguinea ist es das Zeichen für Selbstmord,

3 Körpersprache

- in Italien für »Ich habe genug«,
- in Südamerika ist es ein Zeichen für Gefängnisstrafe,
- in Nordamerika hat man eine schlechte Leistung gezeigt, zum Beispiel im Sport,
- unter Tauchern bedeutet es, dass man keine Luft mehr kriegt.

Man muss also die Geste und den Zusammenhang schon genau kennen, um die Körpersprache zu interpretieren. Das Victory-Zeichen ist nur richtig, wenn die Handfläche nach vorne zeigt. Dann bedeutet es Sieg. In England gilt es als grobe Beleidigung, wenn der Handrücken nach vorne zeigt (Morris 1995).

Die Anzahl der Signale, die wir bekommen, ist immens. »Man schätzt, dass der Mensch pro Sekunde 10.000 exterozeptive (von außen kommende) und propriozeptive (aus dem eigenen Körper kommende) Sinneswahrnehmungen aufnimmt. Dies erfordert eine drastische Auswahl jener Wahrnehmungen, die den höheren Hirnzentren zugeleitet werden, da diese sonst mit unwesentlicher Information überschwemmt und von ihr blockiert würden. Die Entscheidung jedoch, was wesentlich und was unwesentlich ist, ist offensichtlich von Mensch zu Mensch sehr verschieden und scheint von Kriterien abzuhängen, die weitgehend außerbewusst sind«, schreibt der Psychologe Paul Watzlawick (Watzlawick und Beavin 1985, S. 92f.). Wenn wir also Signale von anderen bewusst wahrnehmen, entgehen uns dafür andere Informationen. Die Anzahl der wahrnehmbaren Sinneseindrücke ist begrenzt.

Erst wenn wir Signale unterbewusst bemerken, ihr Auftauchen also auffällt, ohne dass wir darauf achten müssten, können sie uns helfen. Und das lässt sich tatsächlich trainieren: Es gibt Männer, die sich an der rechten Seite einer Frau unwohl fühlen, weil man ihnen beigebracht hat, dass die Dame rechts zu gehen habe, und Therapeuten, die automatisch leiser werden, je mehr ihr Patient sich aufregt. Halten Sie Ihr Mikrofon z. B. immer zu hoch und verdecken damit Ihren Mund, sollten Sie so lange üben, bis Sie nicht mehr daran denken müssen, es herunter zu nehmen. Reaktionen, die eingeübt sind, nehmen dem Redner keinerlei Aufmerksamkeit weg.

Erst der Gedanke, dann die Bewegung, dann der Satz. Auch das Folgende ist ein gutes Beispiel, bei dem ich erkennen kann, ob ich belogen werde. Wenn Sie die typische Daily-Soap im Vorabendprogramm einschalten, sehen Sie vielleicht jemanden, der wütend ist, die Stirn in Falten legt, `Verdammt noch mal` sagt und dann mit der Faust auf den Tisch donnert.

Da stimmt leider die Reihenfolge nicht. In der Realität kommen erst die Stirnfalten, dann die Faust, dann der Satz, also erst der Gedanke, dann die Bewegung, dann der Satz. Da das oberste Ziel dieser teils ungelernten Schauspieler aber das Ausstoßen des richtigen Satzes ist, erledigen sie das zuerst. Anschließend überlegen sie, ob sie nicht noch eine Bewegung zur Verstärkung machen können. Sie sagen erst: `Da fällt mir gerade etwas ein`, reißen dann die Augen auf und schlagen sich mit der flachen Hand auf die Stirn. Auch vor Gericht gilt es als ein Zeichen für die Glaubwürdigkeit eines Zeugen, wenn die Bewegungen den Sätzen vorausgehen (Arntzen 1983, S. 11).

Zusammenfassung

1. Wir verstehen die meisten Signale, aber wir achten nicht auf sie.
2. Ein Signal allein sagt noch gar nichts.
3. Mit dem Körper zu lügen ist noch schwerer als mit Worten.
4. Widersprüchliche Signale drängen sich ins Bewusstsein.
5. Erst der Gedanke, dann die Bewegung, dann der Satz.
6. Körpersprachlich gibt es große kulturelle Unterschiede.

3.1 Das Gesicht

Mein Gesicht drückt am stärksten aus, was ich gerade fühle. Die Grundemotionen Freude, Ärger, Angst, Trauer, Ekel und Überraschung mischen sich zu einer unendlichen Vielzahl von Empfindungen. Im Gesicht sieht man alles. Jede kleinste Irritation oder Unsicherheit, jede Ablenkung und jeden neuen Gedanken, der Ihnen in den Kopf schießt. Wenn Ihnen plötzlich während der Moderation einfällt, dass Sie vergessen haben, Ihr Bügeleisen abzustellen, sieht man diese Sekunde genauso wie die, in der Ihnen eine Assoziation zu einer witzigen Begebenheit einfällt, die Sie aber sofort wieder verdrängen.

Geben Sie also alles zu! Lassen Sie uns nicht raten, was Sie irritiert hat, geben Sie uns nicht das Gefühl, dass Sie etwas verbergen wollen, sondern sprechen Sie darüber, was Sie da gerade durcheinanderbringt. Es sei denn, wir verstehen auch so, warum Sie nervös sind. Stolpern Sie über ein Kabel, dann wissen wir, dass Sie das Kabel irritiert hat. Sie brauchen nur dann ein paar Worte darüber zu verlieren, wenn Sie erst wieder Ihren Rhythmus finden müssen.

Je nach Sendung und Format sollte man abwägen, wie viele und welche privaten Gedanken es sein dürfen, aber sollten Sie im Zweifel sein, ist es immer am besten, über das zu sprechen, was Sie durcheinanderbringt. Wenn Peter Kloeppel wegen eines falschen Zuspielers blättern oder Thomas Gottschalk über wackelnde Kulissen lachen muss, sie würden beide darüber reden, warum sie plötzlich abgelenkt sind.

»**Das kann ich doch unmöglich zugeben**« ist einer der Lieblingssätze von Nachwuchsmoderatoren in meinen Seminaren. Ich habe inzwischen aufgehört zu argumentieren. Ich frage sie dann ganz sachlich, wie sich Günther Jauch in so einem Fall verhalten würde. Die Reaktion ist immer die gleiche. Sie geben ihre angespannte Haltung auf, zucken mit den Schultern und stimmen mir zu, dass Günther Jauch alles zugeben würde, was ihn aus der Ruhe bringt.

Die Augen sagen die Wahrheit. Wenn man einem Menschen in die Augen guckt, weiß man meist sofort, ob er lügt oder nicht. Aber es geht nicht nur um Lügen. Auch ob die Begeisterung echt ist, sehe ich an den Augen sofort. Glänzende Augen kann man nicht spielen. Die müssen von innen glänzen. Und wenn Ihre Augen glänzen, ist es das Beste, was Ihnen für Ihre Sendung passieren kann. Die Augen können funkeln und glühen, eisig sein und durch jemanden hindurchschauen, anstarren und warnen. Was für ein kurzer Kommunikationsweg für den, der mich anblickt!

Die Augen sind zum Sehen da, und sonst zu gar nichts. Das ist schon richtig. In Wahrheit gibt es keinen kalten Blick und die Augen glänzen nicht (Fast 1979, S. 138f.). Während der »Apparat Auge« frei von jedem Ausdruck ist, kann aber der Gebrauch der Augen in Zusammenhang mit den umgebenden Teilen des Gesichtes sehr viele Gefühlsregungen übermitteln. Von allen Teilen des menschlichen Körpers, die zum Aussenden von Informationen benutzt werden, sind die Augen der wichtigste. Dutzende kleiner Bewegungen können fast jede Bedeutung ausstrahlen und werden in Bruchteilen von Sekunden verstanden.

Wir haben lächeln gelernt, damit Mutter bei uns bleibt. Desmond Morris liefert eine interessante Erklärung, warum wir Menschen als einziges Lebewesen lächeln (Morris 1995, S. 166). Im Gegensatz zu Affen, die sich am Fell ihrer Mutter festklammern können, müssen wir dafür sorgen, dass die Mutter in unserer Nähe bleiben will. Deswegen lächeln wir die Mutter unwiderstehlich an.

Im Fernsehen lächeln wir, damit die Zuschauer nur ja nicht zu einem anderen Sender schalten. Eigentlich ist das Lächeln ein Ausdruck der Angst, wie jeder Gesichtsausdruck, bei dem die Mundwinkel zurückgezogen werden. Aus der Angst wurde die Botschaft »Ich bin nicht aggressiv«, die sich irgendwann zu »Ich bin freundlich« veränderte. Gleichzeitig veränderte sich der Gesichtsausdruck ein wenig, damit er nicht mit der Angst verwechselt wird. Die Mundwinkel werden nicht nur zurück-, sondern hochgezogen. Wir lächeln.

Vorsicht beim Lächeln! Es kommt nur an, wenn der Zuschauer das Gefühl hat, mit dem Lächeln gemeint zu sein. Stellen Sie sich vor, jemand betritt schon mit einem strahlenden Lachen einen Raum, in dem sich eine Gruppe befindet. Die Gruppe wird ihn entweder für einen dieser gewaltsamen Lustigkeitsverbreiter halten, denken, er habe sie nicht alle oder vermuten, dass ihm außerhalb des Raumes jemand einen Witz erzählt hat. (Wenn ich das in meinen Seminaren vormache, gibt es immer einen Lacher).

Das Lächeln wirkt nur dann, wenn ich es als Lächeln für mich identifizieren kann. Dazu muss der Sprecher mich erst einmal gesehen haben. Also erst den Raum betreten, Gruppe aufnehmen, und dann lächeln. (Vorausgesetzt, es ist eine Gruppe, die einem gute Laune verursacht). Kein Scheibenwischerblick, der in einer großen Bewegung über die Zuschauer schweift, sondern die Blicke der Gruppe (meist von links nach rechts) kuchenstückweise einsammeln.

Also lächle ich auch nicht schon, bevor ich im Bild bin, sondern erst nach einer kurzen Verzögerung, damit der Zuschauer das Gefühl bekommt, ich lächle, weil ich jetzt gerade in sein Wohnzimmer darf.

Dass das Lächeln zum Text passen muss, ist überflüssig zu sagen, aber leider oft ein großes Problem. Die Moderatorin erklärt mit einem strahlenden Lächeln:

```
Viele Kinder müssen in München auf der Straße spielen. Deswegen haben sie jetzt im Westend einen Abenteuerspielplatz eingerichtet.
```

Meine erste Frage war, ob sie irgendwelche sadistischen Tendenzen habe. Sie freut sich, dass die Kinder auf der Straße spielen müssen? Das sind zwei Gedanken. Und die Freude gehört nur zu dem einen Gedanken.

(ernst, leider ist es so)
```
Viele Kinder müssen in München auf der Straße spielen.
```
(freudig, wie herrlich)
```
Deswegen haben sie jetzt im Westend einen Abenteuerspielplatz eingerichtet.
```

Und jetzt könnte ich Ihnen noch viele Beispiele von Moderatoren geben, die von Orkanböen schwärmen und sich mit einem ganz begeisterten Unterton über

Eiseskälte und Gewitter freuen. Wenn Sie lächeln, muss es dafür einen erkennbaren Grund geben.

Auch ein Dauerlächeln wirkt negativ. Freude oder gute Laune kann nur durch den Wechsel mit anderen Gefühlen als positives Signal identifiziert werden. Wenn Ihnen abends die beiden Wangenmuskeln weh tun wie Verkäufern in Fastfood-Restaurants, dann haben Sie etwas falsch gemacht.

Außerdem kommt ein falsches Lächeln zum falschen Zeitpunkt. Ein Politiker gibt erst die Hand und lächelt dann. Nein! Erst den anderen sehen, dann lächeln, und dann die Hand geben.

»Wer nicht lächeln kann, braucht sein Geschäft gar nicht aufzumachen!«, sagen die Chinesen. Und da haben sie völlig recht. Ein Lächeln lässt einen Menschen in einem ganz anderen Licht erstrahlen. Der Moderator öffnet sich und macht mich als Zuschauer viel aufnahmebereiter. Außerdem tut es ihm selbst ja auch gut. Er fühlt sich besser. Seine Sympathiekurve steigt, und ich höre ihm viel lieber zu. Aber schütten Sie Ihr Lächeln nicht wie warme Milch über alles, was Sie zu sagen haben. Dann ist das Lächeln kein Ausdrucksmittel mehr, sondern einfach nur eine schlechte Angewohnheit.

Auch wenn die neue Frisur todschick ist, – solange Ihnen ständig eine Strähne ins Gesicht fällt oder Sie Angst haben, dass Ihnen der Hut herunterfällt, ist das ein triftiger Grund für eine andere Frisur oder eine andere Kopfbedeckung. Sie dürfen nicht gezwungen sein, sich dauernd mit etwas anderem als Ihren Zuschauern oder Zuhörern zu beschäftigen.

Blickkontakt mit allen Zuschauern ist eine wichtige Forderung für einen guten Moderator. Bei der Kamera spielt das keine Rolle, es sei denn Sie haben Live-Publikum im Saal, aber bei Veranstaltungen wollen alle angeschaut werden.

Stellen Sie sich vor, Sie begleiten einen Freund durch die Stadt. Trifft der jetzt einen Bekannten, die beiden unterhalten sich, und der Bekannte schaut Sie nicht an, bekommen Sie richtig schlechte Laune. Ihnen wird unbehaglich, und Sie entwickeln Aggressionen, weil Sie nicht angesehen werden.

Zuschauer bekommen in der Regel keine Aggressionen, aber auch sie wollen angesehen werden, auch wenn sie verstehen, dass der Moderator sie nicht wirklich sieht, wenn er in ihre Richtung schaut. Schauspieler gucken sich einen fremden Zuschauerraum immer eine Stunde vor der Vorstellung an, damit sie wissen, wo die Zuschauer sitzen, wohin sie spielen müssen. Achten Sie besonders auf die Ränder rechts und links und auf einen eventuell vorhandenen Rang. Ihren Zuschauern wird es besser gefallen, wenn sie das Gefühl haben, wahrgenommen zu werden.

> **Zusammenfassung**
>
> 1. Unsere Augen verraten uns. Geben Sie Irritationen zu.
> 2. Lächeln Sie nur, wenn Sie einen Grund haben.
> 3. Lächeln Sie nicht ständig.
> 4. Ein falsches Lächeln kommt zum falschen Zeitpunkt.
> 5. Stellen Sie ab, was Sie durcheinander bringt.
> 6. Schaffen Sie Blickkontakt zu den Zuschauern!

3.2 Die Hände

Meine Hände bewege ich dann richtig, wenn sie nicht unangenehm auffallen. Mir nicht und den Zuschauern nicht. Wenn sie also das Gesagte unterstreichen und sich die Zuschauer weder über ein Zuviel oder Zuwenig Gedanken machen. Wer einmal gesehen hat, wie albern erwachsene Menschen wirken, die Bewegungen antrainiert bekommen, wird mir zustimmen, dass das kein Weg sein kann, ein guter Moderator zu werden.

Gestik macht man nicht, die hat man. Es gibt Rhetoriktrainer, die uns erzählen, dass die rechte Hand mit der linken Gehirnhälfte gekoppelt ist, und damit die rationale Seite in uns verkörpert, während die linke Hand umgekehrt die emotionale Seite verkörpert. Das mag stimmen, aber sollte ich tatsächlich jeweils die Seite, die zu kurz kommt, verstärken? Sie haben beim Moderieren an so viel zu denken. Wollen Sie jetzt noch bewusst bei Ihren Händen sein, bei Ihren Füßen, bei den Kameras, die bestimmte Positionen verlangen, beim Regisseur, der Ihnen kurz vor der Sendung noch zweiundzwanzig nützliche Tipps gegeben hat, dann sind Sie sicher überfordert. Lernen Sie keine Gesten auswendig.

Lassen Sie die Hände frei! Sie brauchen nicht zu lernen, die Hände richtig zu bewegen. Es genügt, alles dafür zu tun, dass die Bewegung der Hände nicht behindert wird. Wenn Sie die Hände mal hängen lassen, sieht das keineswegs blöd aus. Jede Handhaltung, die Sie sich bewusst machen, kommt Ihnen blöd vor. Keine Handbewegungen stören nicht. Beteiligter und engagierter wirkt es allerdings,

3.2 Die Hände

wenn sich die Hände bewegen. Und wenn sie schon leicht angewinkelt sind, wird Leben in die Hände kommen. Aber lassen Sich sich von niemandem sagen, dass Sie einen neutralen Bereich um die Gürtellinie haben, in dem Sie die Hände halten sollten. Jeder Schauspieler würde sich totlachen, wenn Sie ihm davon erzählen. Noch dazu sieht es ziemlich albern aus und ist ein todsicheres Erkennungszeichen für Teilnehmer von Rhetorikkursen.

Sehen Sie sich mal ein Rhetorik-Video an! Sie werden Menschen sehen, die das machen, was ich Handballett nenne. Die Bewegungen sind geplant, gezirkelt und erreichen gerade das nicht, worum sie doch so dringend kämpfen: den Sprecher natürlich erscheinen zu lassen.

Ist das Bewegen der Hände im Privatleben denn wirklich so ein Problem? Fällt Ihnen das je auf? Lediglich ein Zuviel an Gefuchtel bei manchen Menschen empfinden wir als störend. Aber da ist nicht grundsätzlich die Anzahl der Bewegungen störend, sondern die vielen Bewegungen, die von Aufregung, Nervosität oder Hektik erzählen. Es ginge hier also um eine größere Entspannung, der ich einen eigenen Beitrag gewidmet habe. Wenn Redner die Bewegungen dagegen reduzieren, führt das nach Untersuchungen der Uni Regensburg (Allhoff und Allhoff 1996, S. 41) dazu, dass die Sätze komplexer werden, die Versprecher und die sinnwidrigen Pausen zunehmen. Außerdem erhöht sich die Anzahl der Satzbrüche und Blackouts. Die Gestik unterstützt also, und sie behindert uns nicht.

Auch wenn eigentlich alles erlaubt ist, so gibt es doch einige Handhaltungen, auf die Sie aufpassen sollten, wenn sie länger dauern: Hände zum Beispiel, die sich dauernd irgendwo festhalten. Der König ruht in sich und nicht an der Studio-Dekoration. Sie wirken souveräner, wenn Sie sich nicht anlehnen oder abstützen. Und Ihr Gesicht auf Fotos müssen Sie schon gar nicht abstützen. Das Gesicht des Königs oder der Königin hält sich auch ohne Unterstützung gerade.

Auch verknotete Hände oder Hände, die länger in den Hosentaschen stecken, wirken eher ungünstig. Die Hände können sich oder etwas anderes locker berühren, aber wenn Sie die Hände voller Muskelkraft miteinander verbinden, gehen sie nur wieder auseinander, wenn Sie an Ihre Hände denken, und dazu haben Sie keine Zeit.

Ein Fuchtler ist in meinen Augen nicht etwa der, der die Hände bewegt, sondern der, der die Bewegung der Hände trainiert hat. Ich habe Moderatoren erlebt, die mir zu jeder Bewegung, die sie machen, eine genaue Geschichte über die Bedeutung der Bewegung erzählen können. Oder Menschen, die seit Jahren beim Sprechen vor der Gruppe »einen mit Wasser gefüllten Luftballon kneten«, weil sie das so gelernt haben. Es gibt Redner, die ständig mit beiden Händen Hühnerfutter streuen oder den Mittelfinger der einen Hand mit der anderen festhalten.

Eine Trainerin berichtete mir mal ganz ärgerlich, sie habe vor der Gruppe die offenste Bewegung gemacht, die man machen könne (Handflächen nach vorne), und doch hätten einige aus der Gruppe sie als ängstlich eingeschätzt. Was für eine Unverschämtheit. Da hat man ihre Angst bemerkt, obwohl sie doch die richtigen Bewegungen gemacht hat.

Luft unter die Arme! Stellen Sie sich einmal vor, ich würde Ihnen für die nächste Moderation diese Anweisung geben. Denken Sie darüber nach, ob bei Ihnen die Arme eng am Körper anliegen, oder ob dazwischen ein bisschen Luft ist! Jetzt gleichen Sie dem Weisen aus dem orientalischen Märchen, der nach der Frage, ob sein langer Bart in der Nacht über oder unter der Decke liege, nicht mehr schlafen kann, weil er versucht darauf zu achten, wie es denn eigentlich ist. Er kann jetzt weder mit dem Bart über noch unter der Decke einschlafen. Sie werden also wahrscheinlich vor lauter Nachdenken, was Ihre Arme gerade machen, völlig aus dem Konzept geraten. Körpersprache stimmt dann, wenn ich denke, was ich sage und mir über die Arme und Hände nicht so viele Gedanken mache.

Ein schlechtes Beispiel für falsch verstandenes Training der Körpersprache finden Sie in Sendungen mit deutschen Schlagern oder Volksmusik. Alles, was gesungen wird, wird mit den Händen illustriert: Wird von Regen gesungen, klimpern gleichzeitig die Finger und die Hände werden von der Körpermitte nach unten geführt. Das Herz liegt links oben, man legt die Hand drauf (damit wir wissen, was gemeint ist) und wenn der Interpret es jemandem zu Füßen legt, streckt er die Hand nach vorne Richtung Boden. Da liegt das Herz jetzt.

Auch Hände hinter dem Ohr für Hören, Kratzen am Kopf für Überlegen und Finger vor den Mund für Heimlichkeit sind überflüssige Gesten, sich besser verständlich zu machen. Das ist das erste, was auf einer Schauspielschule verboten wird. Ein Blick auf die Uhr als Zeichen, dass man es eilig hatte, kostete damals eine Mark. Entscheiden Sie selbst, ob Ihnen das gefällt, und ob es das Verständnis der Zuschauer wirklich erleichtert.

Mit Hilfe einer Videokamera können Sie Ihre Körpersprache überprüfen, aber bitte nicht vor dem Spiegel. Sie können sich nicht gleichzeitig unbefangen verhalten und sich dabei beobachten. Ihre Aufmerksamkeit ist begrenzt. Ganz davon abgesehen, dass Sie alles spiegelverkehrt wahrnehmen. Videos von Reden oder Diskussionen, von Probesendungen und Castings können Ihnen dagegen helfen,

Ihren kleinen privaten Störfaktoren, wie z. B. tanzende Augenbrauen, auf die Spur zu kommen.

Sorgen Sie für Bewegungsfreiheit Ihrer Hände. Denn die Spannung, die sich unweigerlich in einer Situation vor Mikrofon, Kamera oder vor der Gruppe aufbaut, kann so mindestens zu einem Teil abfließen. Sonst sucht sich diese Energie einen anderen Weg, und Ihre Hände knipsen mit dem Kugelschreiber, werfen Gläser um, oder sogar Mikrofonständer. Oder Sie sprechen zu schnell und zu laut. Ein Arm, der sich bewegt, kann sich nicht verkrampfen.

Das Einsetzen der Gestik ist ein Zeichen dafür, dass jemand in Fahrt kommt, dass er sich wohlfühlt. Jetzt denkt er, was er sagt. Untersuchungen haben ergeben, dass Personen mit größeren verbalen Fähigkeiten auch mehr Gesten verwenden (Allhoff und Allhoff 1996, S. 41).

Etwas in der Hand zu halten, erleichtert das Reden, auch wenn das, was Sie in der Hand haben, noch so klein ist. Andererseits merken Ihre Zuschauer, dass Sie sich schützen.

Viel souveräner wirkt es, wenn sich beide Hände frei bewegen, ohne irgend etwas in der Hand zu halten. Spielen Sie also am besten nicht mit irgendetwas herum. Wenn es Sie nicht überfordert, wäre das die beste Lösung für die Wirkung auf Ihre Zuschauer. Wenn Sie sich damit aber sicherer fühlen, dann benutzen Sie den Gegenstand, solange Sie ihn brauchen. Und dann legen Sie ihn einfach weg.

Werden die Hände in den Taschen versteckt, durch Verschränken unsichtbar oder hinter dem Rücken festgehalten, kann beim Gesprächspartner ein Gefühl der Bedrohung entstehen. Möglicherweise benutzen wir nämlich auch deswegen die Hände beim Sprechen, um unserem Gegenüber zu signalisieren, dass wir keine Waffe in der Hand haben. Auch wenn wir heute ganz sicher unbewaffnet moderieren, unsichtbare Hände vermitteln eher ein unbehagliches Gefühl, egal ob ich unter dem Tisch mit ihnen spiele oder sie in die Hosentaschen stecke. Obwohl auch dagegen für eine kurze Zeit nichts einzuwenden ist.

Verschränkte Arme sind ein besonderer Fall. Jeder Hobby-Psychologe erklärt uns, dass sie Abwehr bedeuten. Aber so einfach sollten wir es uns nicht machen. Verschränkte Arme können tatsächlich Abwehr bedeuten. Aber eben nicht nur. Die verschränkten Arme können auch ein Zeichen von Inaktivität sein oder Trotz bedeuten. Außerdem neigen große Menschen mit langen Armen dazu, die Arme auf diese Weise unterzubringen, und auch Menschen, die frieren, verschränken gerne die Arme.

Also bekommen Sie keinen Schreck, wenn Sie verschränkte Arme sehen, obwohl Untersuchungen davon ausgehen, dass die Wirkung auf den Gesprächspartner immer negativ ist (Allhoff und Allhoff 1996, S. 38). Er glaubt, ein körpersprachliches Zeichen sicher erkannt zu haben, dessen vermeintliche Bedeutung ihm sofort klar ist.

Keiner ärgert sich über einen Italiener, der mit den Händen redet. Im Gegenteil. Wir finden das in der Regel echt und authentisch und glauben ihm viel eher. Trotzdem habe ich viele Seminarteilnehmer, die sich das nicht trauen, weil ihnen das der Produzent (Regisseur, Kameramann, Studioleiter etc.) verboten habe. Auf meine Frage warum, konnte mir bisher niemand eine Antwort geben.

So lange Ihre Bewegungen echt sind, also das unterstützen, was Sie sagen wollen und Sie nicht ans Mikrofon stoßen oder die Studiodekoration abbauen, ist gegen eine Bewegung der Hände nichts einzuwenden. Im Gegenteil.

Zusammenfassung

1. Hände sollen nicht auffallen. Trainieren Sie sie nicht!
2. Im Idealfall sagen Ihre Handbewegungen, was Sie denken.
3. Geben Sie Ihren Händen Raum. Behindern Sie sie nicht!
4. Lassen Sie Ihre Spannung über die Hände abfließen.
5. Zeigen Sie Ihre Hände.
6. Üben Sie mit einer Videokamera, aber nicht vor dem Spiegel.

3.3 Die Beine

Meine Beine wollen sich bewegen. Ähnlich wie bei den Händen könnte ich so gut Spannungen abbauen. Im Falle der Beine rate ich Ihnen aber nicht dazu, Ihrem Bewegungsdrang freien Lauf zu lassen. Jedes sinnlose Umhergetripple, jedes Wechseln des Standbeins, jedes Kippen und Wackeln macht die Zuschauer nervös. Man wird beim Zusehen regelrecht aggressiv, wenn derjenige, der vorn steht, Turnübungen macht. Und auch wenn Sie sich auf eine Zeitung stellen, und sich vornehmen, die Zeitung nicht zu verlassen, wird Ihr Körper eine andere Möglichkeit finden, seinen momentanen Bewegungsdrang auszuleben.

3.3 Die Beine

Versuchen Sie besser, zu mehr innerer Ruhe zu kommen. Denken Sie sich ruhig und machen Sie nicht einfach den Käfig kleiner. Wenn Sie so tun, als seien Sie ruhig, wenn Sie sich also zum Beispiel zwingen, sich hinzusetzen und tief durchzuatmen, führt das tatsächlich dazu, dass Sie ruhiger zu werden. Ein Strandurlaub und die Vorstellung eines Strandurlaubes sind für Ihren Körper (fast) dasselbe.

Gehen Sie, wenn Sie irgendwo hinwollen. Und dann bleiben Sie wieder stehen. Und zwar auf beiden Beinen. Irritierend ist nur ein Gang in eine Richtung, nach dem sie sofort umdrehen, um in eine andere Richtung zu gehen. Jeder Gang vor Publikum muss begründet sein, dann dürfen Sie so oft gehen, wie Sie wollen.

Es ist erstaunlich, wie sehr die Sicherheit einer Rede von einem sicheren Stand abhängt. Wenn mich ein Freund, der am nächsten Tag eine große Rede zu halten hat, bittet, ihm auf die schnelle einen einzigen Tipp zu geben, der ihm wirklich helfen kann, so rate ich ihm, fest auf beiden Füßen zu stehen. Jemand, der einen Fuß nach hinten kippt, wirkt oft so, als wollte er gleich wegrennen. Er nimmt sozusagen Anlauf.

Übung
Stellen Sie sich einen Moment hin und spüren Sie den Boden unter Ihren Füßen. Spüren Sie, wie der Boden durch die Fußsohlen „in Ihre Beine kriecht". Spüren Sie, wie sie am Boden Halt finden, spüren Sie die Sicherheit im ganzen Unterkörper.

Wenn Sie jetzt anfangen zu reden, werden Sie sicherer und viel weniger nervös sein. Ein fest auf dem Boden ruhender Unterkörper steht in direkter Relation zu einer festen Sprechweise. Der Psychotherapeut Alexander Lowen schreibt (zit. nach Heckel 1997, S. 155): »Das Problem der emotionalen Sicherheit eines Menschen kann nicht getrennt werden von der Frage nach der physikalischen Sicherheit, nach seiner Bodenhaftung durch die Füße.« Ein fester Stand wirkt also nicht nur sicher, sondern führt auch dazu, dass sich der Sprechende sicherer fühlt. Das gilt übrigens auch im Sitzen. Meine Schauspiellehrerin hat immer gesagt: »Im Sitzen ist der Po die Füße.« Also auch bei einer Diskussion oder einem Interview: Sorgen Sie für die richtige Erdung.

Frauen wenden ein, dass es ihnen unmöglich sei, breitbeinig zu stehen. Das sei eine männliche Art zu stehen, sie bevorzugten einen Stand, bei dem die ganze Last auf einem Bein ruht, während das andere locker nach vorne gestellt wird. Dazu schieben die meisten Frauen noch die Hüfte zur Seite, so dass ihr Oberkörper einen Knick bekommt. In einem Seminar mache ich das vor und füge dann noch eine

Bewegung hinzu, um zu zeigen, was diese Stellung aussagt: Ich stecke die Spitze des Zeigefingers in den Mund. Schon steht da ein kleines Mädchen, das gemocht werden möchte.

Das ist sicher etwas provokativ. Aber eine Frau mit dieser Standbein/Spielbein-Haltung kann ich kinderleicht umwerfen. Möglicherweise hat man den Frauen das feste Stehen regelrecht aberzogen (Fricke 1985 S. 86f.) Unsere Gesellschaft hat zum Teil bis heute an »gestandenen Frauen« kein Interesse.

Redner müssen nicht stehen wie John Wayne beim Showdown, aber wenn die Beine in Schulterbreite stehen, die Fußspitzen zum Publikum zeigen und das Gewicht annähernd gleich auf beide Beine verteilt ist, haben Sie einen optimalen Stand. Dabei müssen die Füße nicht unbedingt auf gleicher Höhe stehen.

Aber erinnern Sie sich, wie bei der Tour de France der Tagessieger vorgestellt wird? Neben dem breitbeinig stehenden Athleten hat man zwei hübsche Püppchen abgestellt, die sich Mühe geben, wenig Platz zu beanspruchen. Die Füße stehen hintereinander, das ganze Gewicht liegt auf dem hinteren Fuß, wobei der vordere sich ganz klein macht, um nur ja nicht die schmale Silhouette zu zerstören. Wir wollen ja nicht den Blick auf den Helden verdecken.

Nur falls sich Ihre innere Haltung mit dieser Art zu stehen decken sollte, ist das theoretisch sinnvoll. Mir sind jedoch Frauen lieber, die einen »Standpunkt« haben und »auf beiden Beinen im Leben stehen«. Dass das den Männern vorbehalten sei, behaupten nur Männer.

Sie wirken souveräner, wenn Sie gerade stehen. Das klingt einfacher als es ist. Sie können Ihre Haltung leicht überprüfen, indem Sie sich in einen Türrahmen oder an eine Wand stellen und Kopf, Schultern, Gesäß und Fersen an die Wand drücken. Wenn Ihnen diese Haltung nicht unangenehm vorkommt, dann stehen Sie auch sonst gerade.

Ansonsten haben Sie den Körperschwerpunkt nicht in Ihrer Mitte und verschieben die Mittellinie, indem Sie zum Beispiel den Kopf vorschieben, das Becken nach vorne drücken oder die Schultern nach vorne fallen lassen. Diese Abweichungen von der normalen Haltung haben oft psychische Ursachen, auf die ich hier nicht näher eingehen kann.

Andererseits ist ein militärisches Strammstehen auch kein erstrebenswertes Ziel. Wenn der Zuschauer das Gefühl hat, dass Sie sich anstrengen, gerade zu stehen, strengt ihn das ebenfalls an. Das ist leider so.

3.3 Die Beine

Sollte die Regie Schritte festlegen, dann empfiehlt es sich, die Schritte wie Text auswendig zu lernen (oder auf die Moderationskarten zu schreiben). Sie brauchen Ihre ganze Konzentration für den Inhalt dessen, was Sie sagen. Sorgen Sie also dafür, dass Sie so wenig wie möglich an andere Dinge denken müssen. Erhöhen Sie die Anzahl der Gänge und Bewegungen während der Proben besser stückchenweise. Ein guter Regisseur überfällt einen Moderator nicht schon vorher mit 20 Anweisungen, die sich der nicht auf einmal merken kann. Er wird ihm so nach und nach mitteilen, was er von ihm will, um ihm immer das Gefühl zu geben, alles sei leicht und gut zu merken. Der Moderator verbindet die Anweisungen Stück für Stück mit den Themen und seinen anderen Aufgaben, so dass ihm technische Abläufe, wie Gänge oder Ortswechsel, bei der Sendung ganz selbstverständlich vorkommen.

Schauen Sie in die Richtung, in die Sie gehen! Es sieht sehr komisch aus, wenn Sie in die Kamera gucken und gleichzeitig in eine andere Richtung gehen. So was schlagen nur ganz dusselige Regisseure vor (auch wenn Sie es jeden Tag im Fernsehen beobachten können). Sie müssen zwischendurch einen Blick in Gangrichtung werfen, auch wenn Sie sicher sind, dass da kein offener Gully lauert. Ich als Zuschauer weiß es ja nicht und habe Angst um Sie. Und während dieses Blickes, bei dem Sie den Zuschauer einen Moment allein lassen, sprechen Sie einfach weiter. Auch in einem realen Gespräch blicke ich meinen jeweiligen Gesprächspartner nicht dauernd an.

Gehen Sie nicht seitlich wie ein Mitglied einer Ballettgruppe. Die Fußspitzen gehören immer in die Richtung Ihrer Schritte. Oder in Richtung eines Gesprächspartners. Man kann manchmal ein bisschen mogeln, weil beide hinter einem Tisch stehen und der Regisseur will, dass beide nicht nur im Profil zu sehen sind. Oder ein Moderator bekommt die Anweisung, an seinem Gast vorbeizusprechen oder in einer für ihn ungewöhnlichen Haltung zu sprechen, weil das »besser wirkt«. Es geht eben nicht alle Macht vom Moderator aus. Aber außer in schlechten Operetteninszenierungen, bei denen sich alle unterhalten, während ihre Fußspitzen in den Zuschauerraum zeigen, sind wir einander zugewandt.

Verbotene Bewegungen gibt es sonst meiner Ansicht nach nicht. Warum sollen Sie nicht mal nach dem verbalen Angriff eines Gesprächspartners eine Haltung einnehmen, die auf Verteidigung abzielt. Wenn es unangenehm wird, dann ziehen Sie sich zusammen und verschränken zum Beispiel die Arme. Genauso wie ich Ihnen kein gequältes Lächeln empfehle, wenn Sie emotional getroffen sind. Wenn

Sie authentisch sind, ist es natürlich, sich zu wehren. Das ist Ihr gutes Recht. Lediglich bei einer Miss-Wahl zwingt man auch die Zweit- und Drittplatzierte, so zu lächeln, als habe sie gewonnen. Die Siegerin darf hemmungslos heulen.

Zusammenfassung

1. Sorgen Sie für einen festen Stand. Gewicht auf beide Beine.
2. Strengen Sie sich nicht an, weder beim Stehen noch beim Sitzen.
3. Stehen Sie gerade, aber nicht stramm.
4. Sie können überall hingehen. Dann bleiben Sie wieder stehen.
5. Wenden Sie Ihren Blick immer wieder in die Gangrichtung.

Literatur

Allhoff, Dieter W., Allhoff, Waltraud. 1996. *Rhetorik & Kommunikation*. 15.Aufl. Regensburg: Bayrischer Verlag für Sprechwissenschaft.

Arntzen, Friedrich. 1983. *Psychologie der Zeugenaussage*. 5. Aufl. München: Beck Juristischer Verlag.

Fast, Julius. 1979. *Körpersprache*. Hamburg: Rowohlt-Verlag.

Fricke, Wolfgang. 1985. *Frei Reden. Das praxisorientierte Trainingsprogramm*. 4. Aufl. Frankfurt: Bund Verlag.

Heckel, Jürgen. 1997. *Frei sprechen lernen. Ein Leitfaden zur Selbsthilfe*. 4. Aufl. München: A-1-Verlag.

Morris, Desmond. 1995. *Bodytalk. Körpersprache, Gesten und Gebärden*. München: Heyne Verlag.

Watzlawick, Paul, Beavin, Janet H., Jackson Don D. 1985. *Menschliche Kommunikation. Form, Störungen, Paradoxien*. 12. Aufl. Bern; Stuttgart; Wien: Verlag Hans Huber.

Kurz vorher 4

> **Zusammenfassung**
> Die Aufregung ist in den letzten Minuten vor dem Auftritt am größten. Hier können ganz leicht Fehler passieren, worunter die gesamte Moderation oder der Auftritt leidet. Denn auch die Zuhörer oder Zuschauer sind in den ersten Minuten am aufmerksamsten. Gerade was Fehler angeht. Es gibt ein paar Gedanken und Hilfsmittel, die sehr nützlich sind.

4.1 Die Technik

Ein Moderator ist stark von der Technik abhängig. Ohne sie erreichen weder Radio- noch Fernsehsendungen den Empfänger. Und eine schlechte Mikrofonanlage kann den schönsten Vortrag kaputt machen. Das Moderieren einer Radio-Sendung zum Beispiel besteht heute zu einem großen Teil auch in der Fähigkeit, mit der Technik umzugehen und nicht nur darin, Inhalte zu präsentieren. Ich habe hier ein paar Tipps zusammengestellt, wie man sich dieser Technik am besten nähert, soweit man damit zu tun hat.

Das Mikrofon gehört in die inaktive Hand. Wenn Sie Rechtshänder sind, gehört das Mikro in die linke Hand, damit Sie Ihre Bewegungsenergie nicht über die Mikrofonhand abbauen und ständig damit herumfuchteln. Ausgenommen Ihr Gesprächspartner steht an der anderen Seite, und Sie haben nur ein Mikrofon. Dann sollten Sie es in die Hand nehmen, die Ihrem Gesprächspartner am nächsten ist. Es sei denn, der Gesprächspartner ist unangenehm oder unbequem. Das Mikrofon in der ihm abgewandten Hand können Sie ihm leichter entziehen. Dazu noch eine kleine Drehung des Körpers, und schon können Sie ungestört weitermachen. Hat

© Springer Fachmedien Wiesbaden 2017
M. Rossié, *Frei sprechen*, Journalistische Praxis, DOI 10.1007/978-3-658-13219-4_4

Ihr Gesprächpartner auch ein Mikrofon, wirkt es sehr viel offener, wenn Sie das Mikrofon in die von Ihrem Gesprächspartner abgewandte Hand nehmen.

Halten Sie das Mikrofon in der Verlängerung der Nase, jedoch so tief, dass Ihr Mund nicht verdeckt ist. Und berühren Sie es nicht. Tragen Sie möglichst keinen Ring an der Hand, die das Mikrofon hält. Das kann unangenehme Nebengeräusche verursachen.

Wenn Sie ein Mikrofon mit Kabel benutzen, machen Sie mit dem Kabel eine großzügige Schlaufe um die Hand, die das Mikro hält. Beim nächsten Stolperer fällt Ihnen das Mikrofon nicht gleich auf den Boden. Anfänger lieben das Handmikrofon, weil die eine Hand schon mal eine feste Aufgabe hat.

Ein Ansteckmikrofon ist viel bequemer, weil Sie während der Sendung nicht mehr daran denken müssen. Aber auch das muss ein- und ausgeschaltet werden. Auch wenn der Techniker für den Ton verantwortlich ist, mitdenken schadet nicht. Sehr oft kann es Probleme mit der Kleidung geben. Vor allem synthetische Stoffe rascheln leicht. Also habe ich, wenn ich irgendwo neu bin oder bei kleineren Produktionen arbeite, ein fernseherprobtes Jackett dabei oder ein zweites in Reserve. Ich möchte nicht unbedingt ein Kleidungsstück anziehen, das da im Studio herumliegt.

Durch das Mikrofon wird nicht diskutiert, und über das Mikrofon am besten auch nicht. Fürs Aussteuern ist der Techniker zuständig, und der mag es besonders gerne, wenn man den Ton komisch findet, zu laut oder zu leise, zu blechern oder zu hallig und das dann über das ganze Studio diskutiert. Also: Kein Klopfen aufs Mikrofon und kein Suchen, ob es da einen Schalter am Mikro gibt. Überlassen Sie das anderen.

Machen Sie auch keine Handbewegungen zum Techniker, wenn etwas nicht stimmt. Der hört dasselbe, was Sie hören, bzw. nicht hören. Es gibt nichts Peinlicheres als Veranstaltungen, die mit einem für alle hörbaren Gespräch über die Tücken der Tontechnik beginnen.

Sie müssen dem Techniker nicht einmal zunicken, dass Sie jetzt anfangen wollen. Wenn Sie das Mikrofon zum Mund nehmen, weiß der, dass Sie sprechen wollen. So einfach ist das! Und wenn Sie gebeten werden, den Ton zu testen, fällt Ihnen vielleicht noch etwas anderes ein, als eine Litanei des Wortes `Test`. Vielleicht fangen Sie schon mal an, die erste Variation Ihres Sternes auszuprobieren?

Sprechen Sie im Studio eher leise als laut. Es hat keinen Sinn, ein Mikrofon anzuschreien, da Sie es ja gerade deswegen haben, um ganz normal sprechen zu können. Und auch auf einer Veranstaltung müssen Sie nicht schreien. Wie viele Moderatoren brüllen, weil sie eine Halle mit tausend Menschen vor sich haben. Je leiser Sie sind, desto voller klingt Ihre Stimme. Und dass wir uns nicht anstrengen sollen, habe ich ja jetzt schon wiederholt erwähnt.

Bei Radiosprechern, die ich kenne, höre ich sofort, ob sie einen Kopfhörer beim Sprechen oder Moderieren tragen oder nicht. Sie sprechen mit Kopfhörer leiser und weicher, weil sie sich ja nicht selbst anschreien wollen. Im Zweifelsfall hilft es, die Lautstärke des Kopfhörers ein bisschen höher zu drehen. Aber übertreiben Sie es nicht mit der Zurückhaltung. In einer Live-Situation erwartet man eine volle, kraftvolle Stimme.

Sollten Sie mal wirklich laut sein wollen, zum Beispiel auf einer Veranstaltung, bei der Sie das Auftauchen der neuen Rockband in die Menge donnern wollen, sprechen Sie vorher mit dem Techniker darüber. Der hat einen Kopfhörer auf.

Bei Veranstaltungen ist außerdem der Monitorlautsprecher sehr wichtig. Das ist der Lautsprecher, durch den Sie sich selber hören. Gibt es so einen Lautsprecher nicht, dann ist die Gefahr groß, dass Ihre Moderation zunehmend lauter wird, da Sie annehmen müssen, nicht verstanden zu werden. Das Gleiche gilt natürlich auch für Monitorlautsprecher, die Ihnen suggerieren, dass Sie zu laut sind.

Bietet man Ihnen einen kleinen Ohrstöpsel an, über den Sie Kommandos erhalten werden, seien Sie vorsichtig, bevor Sie das Angebot begeistert annehmen. Es gibt dem Moderator natürlich Sicherheit, wenn der Regisseur Anweisungen ins Ohr flüstern kann, die das Publikum nicht mitbekommt. Aber es irritiert auch ungemein, wenn man da nicht aufeinander eingespielt ist. Haben Sie einen Regisseur, der Ihnen was ins Ohr sagt, während Sie reden, ist das keine Hilfe. Sie reden dann entweder Unsinn oder furchtbar langsam und gezogen oder bekommen nicht mit, was er sagt. Außerdem wollen Sie doch als Moderator arbeiten und nicht als Roboter, den man über die Bühne schickt. Unvergessen die Moderatorin, die bei einer Livesendung mal 20 Minuten den Stöpsel herausnahm, weil sie sich über das Durcheinander in ihrem Ohr geärgert hatte...

Trotzdem kann so ein Knopf im Ohr bei bestimmten Gelegenheiten (zum Beispiel großen Live-Veranstaltungen) hilfreich sein. Sie sind direkt zu erreichen und moderieren immer in der Gewissheit, auf Fehler sofort hingewiesen zu werden, ohne dass es jemand merkt. Sie sollten nur ein Zeichen ausmachen, was sie tun, wenn es eine Störung mit dem Knopf gibt (Kratzen am Kinn zum Beispiel).

Auch die Stars haben solche Hilfsmittel. Bei Thomas Gottschalk fährt eine junge Dame mit einem überdimensionalen Servierwagen voller Tafeln immer mit ihm mit. Sie hält ihm jeweils die Tafel hoch, auf der steht, was gerade dran ist, welcher Studiogast kommt oder wie der heißt. Außerdem hat sie Schilder für interne Anweisungen und die Länge der noch zur Verfügung stehenden Zeit. Der Fachbegriff für solche Schilder ist *Neger*. Auch beim Filmdreh sind sie manchmal unerlässlich, um schlecht vorbereiteten Schauspielern schwierige Szenen zu erleichtern. Sollten Sie Hilfe brauchen, bitten Sie darum.

Ein Taschentuch stecken Sie am besten gar nicht ein, denn wenn Sie geschminkt sind, verwischen Sie nur alles. Wenn Sie schwitzen, dann tupft die Maskenbildnerin Sie ab und sorgt dafür, dass Sie wieder gut aussehen. Nur wenn Ihnen ständig die Nase läuft oder Sie live vor Publikum arbeiten, ist ein Taschentuch sinnvoll. Um Ihren Schweiß, der im Studio meist reichlich fließt, müssen sich andere kümmern.

Ein Gefühl für das Licht erwerben Sie sich im Laufe der Zeit. Meist gibt es Zeichen auf dem Boden, wo Sie am besten stehen, damit die Kameraleute und Lichttechniker sich schon vorher darauf einstellen können. Bei einer Live-Moderation müssen Sie sich das Licht manchmal suchen, da die Bühne nicht gleichmäßig ausgeleuchtet ist. Sie merken genau, wann Sie im Licht stehen, aber natürlich nur, wenn nicht alle Ihre Aufnahmekanäle schon zu hundert Prozent ausgelastet sind.

Dass Licht auf der Bühne hell ist und unter Umständen am Anfang etwas blendet, ist normal.

Bitte keinen Drehstuhl! So praktisch der zu Hause am eigenen Schreibtisch sein mag, so problematisch ist so ein fünfrädriges Monstrum im Studio. Egal, was Sie sich vornehmen, Sie werden damit fahren, um einen Teil ihrer Bewegungsenergie an die Rollen abzugeben, besonders wenn Sie sehr nervös sind. Machen Sie Ihre Zuschauer nicht wahnsinnig.

Setzen Sie sich besser ganz ruhig auf einen Stuhl mit vier Beinen. Dann kann nichts passieren. Und wenn man Ihren Stuhl nicht nach hinten kippen kann, noch besser. So kommen Sie erst gar nicht in Versuchung zu wippen. Als abschreckendes Beispiel können Sie ja mal ein Kind, das auf die weihnachtliche Bescherung wartet, neben sich auf einen Drehstuhl setzen. Sie werden verrückt.

Ein Pult erleichtert eine Rede oder Moderation vor der Gruppe enorm. Sie fühlen sich sicher, ein großer Teil Ihres Körpers ist bedeckt. Aber Sie wirken natürlich auch lange nicht so souverän und selbstbewusst, Ihre Bewegungsfreiheit ist stark eingeschränkt. Je mehr Barrieren Sie zwischen sich und Ihren Zuschauern aufbau-

4.1 Die Technik

keine Barriere		für geübte Redner
	nichts	
	Kugelschreiber	
	Fernbedienung	
	Moderationskarte	
	DIN A4 Blatt	
	Mikrophonständer	
	Tisch	
	Bistrotisch	
	Niedriges Rednerpult	
	Hohes Rednerpult	
große Barriere		für ungeübte Redner

Abb. 4.1 Kleine und große Barrieren

en, desto sicherer fühlen Sie sich, aber desto unsicherer wirken Sie. Das gilt auch für Dinge, die Sie in die Hand nehmen. Abb. 4.1 zeigt das in der Übersicht.

Wenn Sie mit Tafeln oder Projektionen arbeiten, achten Sie auf den Platz, den Sie selber brauchen. Sie können nicht vor der Projektion stehen, sondern nur seitlich davon. Da wir von links nach rechts schreiben, stehen Sie am besten auch auf der linken Seite. Die Sätze oder Gedanken fangen bei Ihnen an und Sie verdecken nichts, wenn Sie zum Beispiel eine Aufzählung zeigen. Besonders wenn ich Präsentationen für die Industrie betreue, wird der Platz für den Moderator regelmäßig vergessen.

Das Wichtigste für Sie ist die Kamera. Bemühen Sie sich immer um ein gutes Verhältnis zu ihr. Das meine ich ganz ernst. Moderatoren, die mir mit Gänsehaut von dem kalten Kameraauge erzählen, von der Unerbittlichkeit des Objektivs und von dem seelenlosen Gerät, das sich nicht um ihre Befindlichkeit schert, die haben sich nicht lange genug mit ihrer Kamera unterhalten.

Das Verhältnis zu meiner Kamera ist immer positiv. Vom Live-Publikum kann man das ja nicht immer unbedingt sagen. Meine Kamera ist nie erkältet, sie liebt mich jeden Tag gleich. Sie freut sich, wenn sie mich sieht und tut alles, mich im besten Licht darzustellen. Begrüßen Sie Ihre Kamera, wenn Sie kommen, machen Sie sie zu Ihrem Verbündeten. Und erzählen Sie am besten alles Ihrer geliebten Kamera. Dann wirkt es ganz persönlich.

Ich habe noch nie Moderatoren gesehen, die allein durch die Anweisung, die Kamera zu lieben, besser wurden. Aber im Zusammenhang mit all dem, was Sie in diesem Buch erfahren, ist die Liebe zur Kamera (oder die Vorstellung, hinter der Kamera sitze ein freundlicher Bekannter) sicher ein Erfolgsfaktor für eine gute Moderation. Moderieren ist wie Flirten mit ganz vielen. Das Ziel ist, dass jeder einzelne Zuschauer Lust hat, Sie zu sehen.

Die Kamera sucht sich ihr Bild. Sie haben einen Regisseur, der die Kamerastellung, den Ausschnitt und die Größe des Bildes festlegt. Halten Sie sich da raus! Regisseur ist genauso ein Beruf wie Moderator. Reden Sie Ihrem Regisseur nicht hinein, und diskutieren Sie erst nach der Probe, wenn Ihnen etwas nicht gefallen haben sollte.

Der Bildschirm verändert den Moderator. Nicht alle Menschen sind telegen, nur manche haben ein Fernsehgesicht. Das Fernsehgerät gibt nicht die Wirklichkeit wieder, sondern die Wirklichkeit ist leicht verzerrt. Gesichter werden z. B. in die Breite gezogen. Ob das zu Ihrem Vor- oder Nachteil ist, müssen Sie ausprobieren. Da spielen auch Begriffe wie Präsenz oder Ausstrahlung eine Rolle.

Teleprompter oder Autocue nennt man das Gerät, das wie ein Monitor aussieht, der vor der Kameralinse befestigt ist. Auf ihm läuft der Text für den Moderator. Für den Zuschauer sieht es so aus, als würden Sie frei sprechen, obwohl Sie in Wirklichkeit ablesen. Bei älteren Geräten wurden bedruckte Blätter fotografisch abgetastet, was den Vorteil hatte, dass handschriftliche Sprechzeichen mit übertragen wurden. Heute macht das ein Computerprogramm. Ablesen ist kein freies Sprechen. Deswegen will ich Ihnen hier lediglich ein paar wenige Tipps für die Arbeit mit diesem Gerät zusammenstellen.

Serifenschrift oder nicht. Serifen, also die kleinen Verdickungen am oberen und unteren Rand in Schriften wie `Courier New` oder Times New Roman helfen, beim Lesen besser in der Zeile zu bleiben. Deswegen sind die meisten Zeitungen und Zeitschriften so gesetzt. Lediglich kurze Schlagzeilen schreibt man serifenlos. Also sollten Sie eine Serifenschrift benutzen. Dagegen spricht allerdings, dass uns die Techniker erklären, dass Bildschirme aus quadratischen Bildpunkten bestehen. Je gerader also eine Schrift ist, je weniger Serifen sie hat, desto weniger flimmert der Bildschirm. Meistens ist deswegen Arial voreingestellt. Probieren Sie aus, welche Schrift Ihnen gut tut.

4.1 Die Technik

Stellen Sie die optimale Entfernung ein. Der Teleprompter sollte so weit weg stehen, dass Sie ihn noch mühelos lesen können. Aber er sollte auf keinen Fall so nah stehen, dass der Zuschauer am Fernsehschirm Ihre Augenbewegungen sieht. Auch wenn es für Sie angenehm sein sollte, direkt vor dem Teleprompter zu stehen, sollten Sie die Entfernung auf das Maximum ausdehnen, das Ihre Augen zulassen.

Die meisten Teleprompter, die ich gesehen habe, schreiben den Text viel zu groß. Wie sollen Sie einen zusammenhängenden Satz sprechen, wenn in jeder Zeile nur zwei Wörter stehen. Sie versprechen sich wahrscheinlich nicht, aber Sie zerhacken den Text an den falschen Stellen (vergl. Abschn. 5.8, Der Zerhacker). Experimentieren Sie, bis Sie eine für Sie angenehme Einstellung gefunden haben. Es ist eine große Beruhigung, immer ganze Gedanken vor sich zu haben und nicht nur Satzbruchstücke.

Haben Sie keine Angst, es könnte zu schnell werden. Unter Umständen müssen Sie sich mit dem, der den Teleprompter bedient, erst arrangieren. Anfänger neigen dazu, beim Lesen immer schneller zu werden, weil sie Angst haben, nicht nachzukommen. Allgemein gilt jedoch, dass der Techniker dafür zu sorgen hat, dass das, was Sie lesen, immer zu sehen sein sollte.

Wenn Sie also einen Satz oder Satzteil nicht mehr lesen können, den Sie noch nicht gesagt haben, dann haben nicht Sie einen Fehler gemacht, sondern der Mann oder die Frau auf der anderen Seite. Das ist deswegen nicht weniger schlimm, aber am Anfang sollte man das Tempo ruhig einmal variieren, um sicher zu gehen, dass der Text wirklich nicht verschwindet, bevor man ihn gelesen hat. Neuerdings gibt es auch Teleprompter, die der Moderator mit dem Fuß bedienen kann.

Trotz Teleprompter müssen Sie üben. Der Text oder die Stichwörter werden Ihnen zwar eingespielt, aber Sie müssen die Sätze vorher kennen. Ähnlich wie ich das beim Lesen vom Papier empfehle, kann ich Ihnen nur raten, auch bei einem Teleprompter Zeichen einzufügen, also Unterstreichungen, Verdickungen usw., die Ihnen helfen, sich zurechtzufinden. Wenn der Satz geheimnisvoll gesprochen werden soll, müssen Sie vor dem ersten Wort daran erinnert werden. Sicher bedeutet das für den Techniker mehr Aufwand, aber Sie stehen im Rampenlicht und können nicht im Nachspann erklären, dass es an den Umständen lag, warum heute so viel danebengegangen ist.

Bei Außendrehs, besonders wenn kein Regisseur dabei ist, kommt dem Kameramann eine ganz besondere Bedeutung zu. Er ist dann unter Umständen Techniker und Regisseur zugleich. Er hat in diesem Augenblick eine große Macht über den Moderator, und die wird in vielen Fällen auch ausgenutzt. Alle stehen unter Zeitdruck. Aber auch wenn das Team noch so drängt, wenn Sie etwas wiederholen müssen, ist das weder eine Schande, noch zeugt es von Ihrer Unfähigkeit.

Alles unter zehn Wiederholungen ist auch im Studio im normalen Bereich, selbst wenn die Techniker noch so lange Gesichter ziehen, weil der Feierabend sich verzögert. Ihre Arbeit vor der Kamera braucht Zeit, und ein gutes Ergebnis bekommt man nur durch Übung (nicht nur im Laufe der Jahre, sondern durch mehrmalige Wiederholungen). Lassen Sie sich also nicht stressen. Es gibt sehr viele berühmte Schauspieler und Moderatoren, für die eine Szene sehr oft wiederholt wird. Und wenn es gar nicht geht, vereinfachen Sie. Malen Sie sich Schilder mit dem Text, lassen Sie einen Gang weg, machen Sie kürzere Sätze oder bitten Sie darum, die Szene später zu schneiden. Das ist besser, als wenn Sie nervös und unsicher wirken.

Wenn etwas danebengeht, fluchen Sie nicht lange. Suchen Sie nicht nach Erklärungen, sondern konzentrieren Sie sich weiter. Nach einem `Verdammter Mist, wie konnte ich nur!` kommen Sie viel schwerer wieder in die Situation. Ton und Kamera werden abgestellt, und Sie fangen von vorne an. Ein kurzes `Gleich noch mal` (ohne die Stimmlage großartig zu ändern oder ärgerlich zu sein) signalisiert den anderen, die Technik weiterlaufen zu lassen. Die Szene ist so viel schneller im Kasten. Profis ärgern sich nicht so viel, sondern wiederholen einfach.

Fachbegriffe gibt es in der Welt des Radios und Fernsehens viele. Hier eine kleine Auswahl: Sie können Beiträge und Sendungen *an-* und *abmoderieren*. Ein *Aircheck* ist beim Radio ein Sendemitschnitt ohne Musik, und ein *Aufsager* ein Begriff für einen gesprochenen Beitrag eines Reporters oder Korrespondenten. Beim Fernsehen ist der Reporter dabei zu sehen. Das Wort *briefen* erlebt in den Medien eine unglaubliche Popularität. Ständig wird gebrieft. Man ist nicht mehr in einer Besprechung, sondern im Moderatoren-Briefing. Es meint nichts anderes, als dass man jemanden instruiert, wie man sich die Sendung oder Moderation vorstellt. Es ist ungemein hilfreich, wenn man versteht, was die anderen meinen und bei der Arbeit mitreden kann.

In einem Selbstfahrerstudio beim Radio machen Sie alles selbst. Das heißt, man erwartet vom Moderator, dass er nicht nur moderiert. Er ist auch für den technischen Ablauf der Sendung zuständig. Er spielt zum Beispiel die *Jingles* ein, also kurze Elemente, meist mit Musik, die den Sender oder die Sendung in Erinnerung rufen. Er liest die *Live-Reader*, also vorformulierte Texte, meist zu Werbezwecken. Er legt die Anmoderation vorzugsweise auf das *Intro* oder den *Ramp* eines Musiktitels (also auf den Teil, in dem noch nicht gesungen wird). Er sorgt für das *Musikbett*, also die Musikuntermalung, z. B. bei Wetter und Verkehr. Und er kümmert sich um die *Promos*, also die Werbespots in eigener Sache. Außerdem spielt er die *O-Töne* (Originaltöne) ab. Radioleuten sei das »Radio-Lexikon« von Norbert Linke (1997) ans Herz gelegt, und das Lehrbuch »Radio-Journalismus.« (LaRoche und Buchholz 2009).

Im Fernsehstudio ist ein *Close-up* eine Nahaufnahme. Sie sollten also keine schnellen Bewegungen mit dem Kopf machen. Genauso bei einer Aufnahme *over shoulder*, bei der Ihre Schulter in dem Bildausschnitt zu sehen ist, der Ihr Gegenüber zeigt. Auch hier keine hastigen Bewegungen. *Freeze* ist ein eingefrorenes Standbild (zum Beispiel für den Nachspann), und *Take* ist grundsätzlich eine ununterbrochen gedrehte Bilder- oder Tonfolge. Sie kann zwei Sekunden, aber auch ein paar Minuten dauern.

Eine *heiße Probe* (im Gegensatz zu einer *kalten*) ist eine Probe, in der alles so ist, wie in der späteren Sendung. Beim Theater würde man das Generalprobe nennen. Und die Klappe zu Beginn einer Sendung oder eines Takes enthält die Informationen, die der Cutter später braucht, um die Sendung zu schneiden. *Vier, die sechste* heißt die vierte Szene oder Abfolge in der sechsten Wiederholung.

Die Testfolge einer Reihe oder Serie ist eine *Pilotsendung* oder *Null-Folge*. Hier wird das Konzept oder der Moderator ausprobiert. Heute kommt es verstärkt vor, dass Produzenten sich mit Pilotsendungen bei einem Sender um eine Serie oder Reihe bewerben. Es kann sein, dass so eine Pilotfolge nie gesendet wird.

Eine *Bauchbinde* ist ein Streifen am unteren Bildrand mit dem Namen oder Beruf der Person, die im Bild zu sehen ist. Ein *Insert* ist die grafische Darstellung von Infos und *unterschneiden* bedeutet Zwischenschnitte zu machen. Das heißt für den Moderator, dass er danach auch woanders stehen darf, da es keinen direkten Anschluss gibt. Wenn man eine Szene nachstellt oder so tut als ob, dann nennt man das *türken* oder *faken*. Ein *Dolly* ist ein Kamerawagen und ein *Galgen* ist ein beweglicher Mikrofonständer. Die *Bluebox* oder *Greenbox* beschreibt eine Technik, bei der der Moderator vor einen Hintergrund gestellt wird, der im Studio nicht zu sehen, also virtuell ist. Die Damen und Herren vom Wetter streichen oft mit ihren Händen auf Wetterkarten herum, die sie selber nicht sehen. Sie müssen sich merken, wo sich Berlin und München befinden, damit sie die Windströmungen richtig zeigen. Mehr dazu im Lehrbuch »Fernseh-Journalismus« (Schult und Buchholz 2011).

> **Zusammenfassung**
>
> 1. Lernen Sie die Technik kennen und lieben.
> 2. Es gibt technische Hilfsmittel. Sagen Sie, was Sie brauchen.
> 3. Lassen Sie sich beim Proben nicht drängen.
> 4. Üben Sie mit der Technik.

4.2 Die Entspannung

Ein entspannter Moderator ist ein guter Moderator. Der Theaterregisseur Max Reinhardt hat seine Assistenten mit den Schauspielern die Nacht vor der Premiere durchproben lassen, damit diese am nächsten Abend ganz »entspannt« waren, im wahrsten Sinne des Wortes. Niemand hatte mehr genug Kraft, sich zu verkrampfen, und Reinhardt war überzeugt, dass die schauspielerische Leistung dadurch besser wurde. Das ist eine nette Geschichte, die wir nicht nachahmen sollten, aber sie enthält einen wahren Kern: Entspannt sind Sie besser, nur sollten Sie es nicht übertreiben.

Sie dürfen nicht übermüdet sein. Denn dann nehmen Sie Ihre Umgebung nicht mehr richtig wahr. Wer trotz Lampenfieber schläfrig ist, hält eine schwarze Mamba für einen Ast. Es geht aber darum, dass Ihre Ausgangsspannung niedrig ist. Wenn jetzt die Nervosität vor dem Redeanlass dazu kommt, sind Sie in der richtigen Spannung.

Ein ausgeschlafener Moderator, frisch verliebt und nach dem Genuss von drei Tassen Kaffee so richtig aufgedreht, wird vor lauter Überspannung vieles um sich herum nicht sensibel genug wahrnehmen. Wir bewundern vielleicht seine Energie, Kompetenz aber sprechen wir so einem überdrehten Hans Dampf in jedem Fall ab.

Peter Kloeppel dagegen wirkt immer, als käme er gerade aus der Sauna. Man hat das Gefühl, er war gerade in New York, ist nach einem kleinen Abstecher in Moskau noch schnell nach Jerusalem geflogen und sitzt jetzt völlig entspannt da, um uns davon zu erzählen. Auch im Tierreich wirkt der ranghöchste Wolf am entspanntesten.

4.2 Die Entspannung

Entspannen ist nicht so einfach. Das wissen besonders die, die immer mit irgendetwas spielen, auf Blocks kritzeln und nicht eine Minute still sitzen können. Ich gebe ab und zu Seminare, in denen ein Großteil der Teilnehmer aus Nervosität in atemberaubendem Tempo mit den Füßen wippt. Machen Sie einmal einen Selbstversuch! Wippen Sie bewusst mit dem Fuß so schnell Sie können und versuchen Sie, weiter in diesem Buch zu lesen. Es wird Ihnen nur schwer gelingen. Entweder Sie wippen langsamer, oder Sie hören auf zu lesen. Wenn Sie das automatisch machen, weil Sie so unter Druck stehen, merken Sie nicht, wie viel Energie Sie das kostet. Jede Art von körperlicher Anspannung frisst Konzentration, nicht nur übertriebenes Geradestehen oder das Vorspielen von Bewegungen.

Was tun Sie vor der Sendung? In Versuchen hat man nachgewiesen, dass das Anschauen eines unerfreulichen Filmes die Urteilsfähigkeit von Versuchspersonen negativ beeinflusst hat (Goleman 1999, S. 85). Das heißt, dass die unerfreuliche Tätigkeit sich sofort auf die danach anstehenden Handlungen auswirkte. Wenn Sie sich also kurz vor der Sendung noch mit dem Chef herumstreiten und der Ehepartner endlich das klärende Gespräch einfordert, wird sich das auf die Sendung auswirken.

Es ist für mich sehr erstaunlich, in wie vielen Sendern der Moderator vor der Sendung nicht weitestgehend in Ruhe gelassen wird. Wobei es gar nicht darum geht, dass man Sie vorher in die Karibik schickt. Meist genügen Ruhe und Entspannung. Da Ihr Körper positive Gedanken und positive Erlebnisse nicht voneinander unterscheiden kann, reicht der Gedanke an eine malerische Bucht oder eine einsame Waldlichtung vollkommen. Dabei geht es immer um den Abbau von Überspannung und nicht um eine Tiefenentspannung im Sinne eines autogenen Trainings.

Sport ist eine gute Vorbereitung auf die Sendung. Wenn Sie am Abend vorher Sport getrieben haben und anschließend vielleicht noch in der Sauna waren, wirkt das noch am nächsten Tag nach. Ganz davon abgesehen, dass Sie sich in Ihrem Körper nach dem Sport mehr zu Hause fühlen. Sie sind viel ruhiger, können besser zuhören und sich vor allem besser konzentrieren.

Natürlich ist es nicht immer so einfach. Es gibt sehr viele Menschen, die eine große Spannung aufbauen, weil sie Wut und Aggressionen sammeln. Diese negativen Gefühle sollten idealerweise abgebaut werden, um zur Ruhe zu kommen. Es gibt ja nicht nur die Möglichkeit, herumzuschreien, um die Wut rauszulassen. Laut dem Psychologen Daniel Goleman (1999, S. 90) ist das sogar die schlechteste Art, Aggressionen abzubauen. Manchmal genügt ein Gespräch, ja vielleicht nur eine

Information. Wenn ich weiß, dass der Kollege, der mich heute so blöd angeredet hat, gerade sein Auto zu Schrott gefahren hat, kann ich das kleine Wortgefecht viel lockerer sehen. Schleppen Sie also ungelöste Probleme nicht mit in die Sendung.

Das Gleiche gilt für unterdrückte Trauer. Wenn meine verborgene Traurigkeit auf keinen Fall bemerkt werden soll, dann kostet mich das viel Kraft und Energie, die meiner Konzentration fehlt. Habe ich dagegen das Weinen mal zugelassen, fühle ich mich danach unter Umständen sofort entspannt.

Sie benötigen alle Ihre Kraft für die Sendung. Wie banal Ihnen das heutige Thema auch zunächst erscheinen mag. Es geht immer darum, möglichst keine Energien mit Dingen zu vergeuden, die nichts mit der Sendung zu tun haben. Ob Sie Angst um Ihre wackelnden Ohrläppchen haben, ständig überlegen, was Ihr Lebenspartner wohl zu Ihrer Bluse sagt oder zwischendurch darüber nachdenken, wie Sie dem Chef mal so richtig die Meinung sagen – all das lenkt ab. Und Sie sind nicht mehr zu hundert Prozent konzentriert.

Atemübungen brauchen Sie nur in ganz seltenen Fällen, es sei denn, das Thema *Atem* interessiert Sie persönlich, oder Sie müssen in großen Räumen ohne Mikrofon sprechen. Sie haben aber ein Mikrofon, und da sprechen Sie genauso wie privat auch. Schauspieler kommen um eine gute Atemausbildung nicht herum. Aber Atmen lernen fürs Moderieren halte ich für überflüssig, auch wenn das Wissen um den richtigen Atem hochinteressant ist.

Zusammenfassung

1. Entspannt sind Sie am besten.
2. Bauen Sie überschüssige Spannung ab, z. B. durch Bewegung.
3. Klären Sie am besten vorher alle akuten Probleme, auch private.
4. Sie brauchen vorher Ruhe, um sich zu konzentrieren.

4.3 Die Nervosität

Kurz vor der Sendung sind die Sterne im Kopf und die Vorbereitung ist abgeschlossen. Jetzt können Sie nichts mehr bewusst aufnehmen. Jetzt hilft es nicht mehr, die ganze Sendung noch einmal durchzugehen, Sie brauchen Ihre Energien jetzt für andere Dinge: für kurzfristige Änderungen, unerwartete Einschübe usw.

4.3 Die Nervosität

Nehmen Sie nach Möglichkeit eine Stunde vor der Sendung keine Korrekturen mehr vor. Diese erreichen nicht mehr die richtigen Stellen in Ihrem Gehirn. Üben Sie dann auch nicht mehr. Klappt es, fühlen Sie sich zu sicher, klappt es nicht, macht es Sie zusätzlich nervös. Ich kann perfekt vorbereitet sein, aber wenn mir der Veranstalter ein paar Minuten vor der Sendung einen Namen zuflüstert, ist das für mich die größte Hürde der ganzen Veranstaltung. Gute Regisseure und Redakteure wissen das und lassen den Moderator kurz vor der Sendung damit in Ruhe. Ansonsten hilft nur Aufschreiben und Ablesen der Neuerung.

Sprechen Sie sich ein, wenn das geht! Es ist hilfreich, die eigene Stimme im Studio oder im Vortragsraum mal gehört zu haben, nicht nur wegen der Stimme. Sie können nicht morgens aufstehen, mit niemandem reden und dann zwei Stunden moderieren. Auf dem Sportplatz wärmen Sie sich ja auch auf. Aber es geht auch darum, dass Ihre Stimme Ihnen vertrauter ist, wenn Sie sich vorher mal in der fremden Umgebung gehört haben.

Auch der Platz vor der Kamera und die Gänge, die Sie machen werden, sollten Ihnen so vertraut sein, als wären Sie in Ihrem Wohnzimmer. Spielen Sie jeden Gang, den Sie machen müssen und jede Handlung mindestens einmal vor der Sendung durch. Es gibt so viele Dinge, die Sie später durcheinanderbringen können, wie knarrende Dielen, versteckte Kabel, Reflektionen der Scheinwerfer, oder Ihr Blick fällt während der Sendung auf etwas, das Sie nicht identifizieren können.

Schauen Sie sich alles vorher genau an. Es ist Ihr Studio, Ihre Kamera, und kurz vor und während der Sendung arbeitet das ganze Team Ihnen zu. Ein schönes Gefühl, oder?

Sorgen Sie dafür, dass Sie sich wohlfühlen! Je mehr Sie sich in der ganzen Hektik zu Hause fühlen, je mehr Sie wissen, wo Ihr Platz ist, desto besser. Sie brauchen einen ruhigen Raum neben dem Studio, in den Sie sich zurückziehen können, Sie brauchen Menschen, die Ihnen vertraut sind (andernfalls müssen Sie sie so schnell wie möglich näher kennen lernen), und Sie brauchen vertraute Abläufe. Wir alle fühlen uns wohler, wenn wir unseren Platz haben.

Familienmitglieder lassen sich nur ungern von ihrem Lieblingsplatz vertreiben, und wenn ich Seminarteilnehmer bitte, am zweiten Tag die Plätze zu tauschen, tun die das ungern. Wenn ich mich auskenne, gibt mir das Sicherheit.

Besonders die letzten Minuten vor der Sendung sollten Sie nicht wie ein Kind vor dem geschlossenen Vorhang auf den Auftritt der Kasperlepuppen warten. In diesen Minuten steigt Ihr Adrenalinspiegel, Ihr Puls beschleunigt sich, und auch wenn Sie sich in den letzten Stunden geschickt abgelenkt haben, sind Sie jetzt schrecklich nervös.

Sprechen Sie lieber die letzten Minuten vor der Sendung. Unterhalten Sie sich mit der Technik, gehen Sie mal locker Ihr Revier ab. Aber warten Sie nicht! Schauen Sie nicht ständig auf eine rückwärts laufende Uhr.

Wenn Sie Studiogäste haben, sorgen Sie in dieser Zeit dafür, dass sie die Kameras vergessen und für sie der Anfang der Sendung vollkommen natürlich und selbstverständlich vor sich geht. Der erste Satz der Sendung ist der zwanzigste in Ihrem Vorgespräch. Die Chance, dass Ihre Gäste natürlich sind, ist dann ungleich größer (vgl. Kap. 6 Gäste). Wenn es nicht live ist, schaltet der Kameramann irgendwann auf Aufnahme.

Nervosität ist ganz natürlich. Dass ein Moderator oder überhaupt jeder, der vor Kamera, Gruppe oder Mikrofon tritt, dabei aufgeregt ist, ist selbstverständlich. Das wissen wir alle. Er entsteigt der Anonymität und begibt sich in eine exponierte Stellung, die ihn angreifbar macht.

Er kann verantwortlich gemacht werden für das, was er sagt, vorschlägt oder empfiehlt. Wenn er mit einem Studiogast plaudert, der in Wahrheit Aktivist einer radikalen Partei ist, wenn er ein Unternehmen präsentiert, das sich als Pleitefirma herausstellt oder wenn er Informationen weitergibt, die sich als falsch erweisen, immer ist er derjenige, der dafür die Verantwortung übernehmen muss. Er könnte nicht einmal mehr Brötchen kaufen gehen, ohne dass ihn jeder erkennt. Er ist angreifbar geworden.

Anonymität befreit. Wenn ich niemanden kenne oder mich niemand kennt, verhalte ich mich offener. Ich traue mich mehr, bin frecher, und die Angst zu kommunizieren wird geringer.

In einem Versuch haben Menschen, die man einzeln in einen dunklen Raum führte, sofort angefangen, miteinander zu kommunizieren. Sie haben sich unterhalten, gelacht, sich berührt und waren gleich sehr intim miteinander. Die Mitglieder einer Kontrollgruppe, die in einen hellen Raum geführt wurden, sich also sehen konnten, haben kaum miteinander kommuniziert. Es ergab sich eher eine Atmosphäre, wie wir sie aus dem Wartezimmer beim Zahnarzt kennen (Kelmer und Stein 1978, S. 84ff.).

Durch seine exponierte Stellung ist der Moderator viel anfälliger für schlechte Stimmung, Ärger, Auseinandersetzungen und ein möglicherweise chaotisches

4.3 Die Nervosität

Team. Der Moderator hat nach außen hin gute Laune, Kompetenz und Begeisterung zu vermitteln. Das fällt ihm umso schwerer, je weniger er die positive Grundstimmung in seiner Umgebung erlebt. Das kann man sogar auf biologische Ursachen zurückführen. Versuchspersonen, denen man Adrenalin gespritzt hatte und die man bat, auf den Beginn eines Versuches zu warten, übernahmen die Stimmung desjenigen, mit dem sie zusammengebracht wurden. Wurden die Personen mit dem Adrenalin mit einer albernen, gut gelaunten Testperson zusammengebracht, so wurden sie selbst albern und gerieten in ausnehmend gute Laune. Versuchspersonen, die mit Menschen zusammenkamen, die schlecht gelaunt waren, wurden wütend und ärgerlich (Kelmer und Stein 1978, S. 70ff.).

Der Moderator hat meist einen erhöhten Adrenalinspiegel und nimmt auch die Schwingungen um ihn herum auf. Ein aufmunterndes Wort, ein interessiertes Gesicht, ein lächelnder Kameramann können manchmal Wunder wirken. Ein Stirnrunzeln des Chefs (der vielleicht gerade an sein kaputtes Auto denkt), ein Streit der Techniker über den richtigen Bildaufbau oder ein leises Stöhnen der Maskenbildnerin beim Anblick seines Spiegelbildes können einen Moderator massiv verunsichern.

Vielleicht haben Sie ja das Glück, in einer Umgebung zu arbeiten, in der man um solche Zusammenhänge weiß. Sonst sollten Sie sofort artikulieren, wenn Sie etwas durcheinanderbringt, oder Sie ziehen sich bewusst zurück, um sich besser konzentrieren zu können. Ein gesundes Selbstbewusstsein hilft, auch mit diesen Schwierigkeiten fertig zu werden.

Die Nervosität verschwindet bald, das sagen alle, die schon moderiert haben. Schwierig sind nur die ersten Sätze. Wenn Sie erst mal angefangen haben, wenn Sie im Flow sind (vgl. Abschn. 2.5 Das Fließen), dann ist kein Platz mehr für Nervosität. Und ein bisschen Nervosität am Anfang wirkt sogar sehr gut. Es gibt nämlich noch diese andere Seite der Nervosität: Sie zeigen damit, dass Sie die Sache ernst nehmen, dass Ihre Zuschauer Ihnen wichtig sind. Und das wird jeden, der Ihnen zusieht, freuen. Wo die Zuschauer doch sowieso schon darunter leiden, in ihrem Leben zu wenig ernst genommen zu werden. Stellen Sie sich die Zuschauer also nicht nackt vor, wie es viele Hobbypsychologen empfehlen, sondern zeigen Sie, wie viel Ihnen Ihr Publikum bedeutet.

In dem Klassiker zur Redekunst von Maximilian Weller heißt es (1967, S. 189): »Ein übersteigertes Selbstbewusstsein oder die ölige Überlegenheitspose sind ungünstiger als eine leichte Befangenheit.« Er empfiehlt damit, authentisch zu sein.

Einen Menschen, von dem ich nur weiß, dass er nervös ist, beurteile ich überhaupt nicht negativ.

Nervosität allein ist noch kein Grund für eine negative Einschätzung. Vielleicht gibt es für diese Spannung einen Grund, der außerhalb dessen liegt, was der Zuschauer beurteilen kann. Ein Beinahe-Unfall vor der Sendung, der Defekt an einer Kamera oder die Absage des wichtigsten Studiogastes. Eine leichte Nervosität am Anfang werden Ihre Zuschauer also eher positiv bewerten.

Atmen Sie verstärkt aus, da Nervosität die Einatemfunktion verstärkt. Ausatmen beruhigt also. Kämpfen Sie nicht gegen die Nervosität, sondern lassen Sie sie zu. Sie können nicht daran denken, etwas zu vermeiden. Aber eigenartigerweise werden Sie ruhiger, wenn Sie so tun, als seien Sie ruhig. Ruhig spielen führt tatsächlich dazu, ruhig zu werden.

Lampenfieber ist relativ. Deswegen kann es ein grundsätzliches Überwinden des Lampenfiebers nicht geben. Der Starmoderator von Kenn-ich-nicht-TV wird bei einer Co-Moderation mit Günther Jauch wahrscheinlich so nervös sein wie vor seiner ersten Sendung oder wie der gewiefte Lokalreporter, wenn er ein Duell der Kanzlerkandidaten moderieren soll. Sitzt dann auch noch die angebetete Frau in der ersten Reihe, ist das Lampenfieber kaum auszuhalten.

Sie werden auch als Profi immer wieder in Situationen geraten, die Sie nervös machen. Gewöhnen Sie sich daran, dass die Nervosität immer dazu gehört. Rechnen Sie damit, dass es so ist. Dann bleibt Ihnen viel Gezänk mit sich selbst erspart.

Lampenfieber heißt volle Konzentration und erhöht die Wichtigkeit des Anlasses. Sie sind ganz persönlich und menschlich. Sie können doch nichts dafür. Würde König oder Königin sich für etwas entschuldigen, für das er oder sie nichts kann? Wenn Sie mir auf die Füße treten, dürfen Sie sich gerne entschuldigen. Aber doch nicht für Lampenfieber! Sollten Sie rot werden, noch besser. Das kann nicht gespielt sein. Außerdem erhöht es Ihre Leistung. Wenn Sie sich trauen zu sprechen oder zu moderieren, obwohl Sie so nervös sind, bekommen Sie die ersten Lorbeeren für Ihren Mut. Lampenfieber ist im Grunde etwas ganz Wunderbares...

Wenn Sie nicht ruhiger werden, behindert Sie die Nervosität so stark, dass Sie regelrechte Angstgefühle bekommen. Dann brauchen Sie in diesem Punkt professionelle Hilfe. Ein flaues Gefühl in der Magengrube und der Wunsch nach Hause zu gehen sind dagegen ganz normal.

In leichteren Fällen hilft es, sich immer wieder exponierten Situationen auszusetzen. Ziehen Sie sich zwei verschiedenfarbige Schuhe an oder laufen Sie laut singend durch die Fußgängerzone. Holen Sie sich im Kino noch Popcorn, obwohl alle schon sitzen, kommen Sie ein bisschen später auf die Party oder diskutieren Sie mit den Zeugen Jehovas über die Vorteile von Spielcasinos. Das trainiert.

Zusammenfassung

1. Eine Stunde vor dem Auftritt keine Korrekturen mehr.
2. Sprechen Sie sich ein und hören Sie sich an, wie Sie klingen.
3. Proben Sie Gänge und Abläufe.
4. Lieben Sie auch Ihre Nervosität.
5. Ihre Nervosität macht die Zuschauer und die Sendung wichtiger.
6. Ruhig spielen heißt ruhig werden.

Literatur

Goleman, Daniel. 1999. *Emotionale Intelligenz.* Jubiläums-Edition. München: Deutscher Taschenbuchverlag.

Kelmer, Otto., und Arnd Stein. 1978. *Mensch und Mitmensch im Experiment.* Münster.

La, Walther von., und Axel Buchholz. (Hrsg.) 2009. *Radio-Journalismus.* 9. Aufl. Berlin: Econ Journalistische Praxis.

Linke, Norbert Linke. 1997. *Radio-Lexikon. 1200 Stichwörter von A-cappella-Jingle bis Zwischenband.* Berlin: List Verlag.

Schult, Gerhard, und Axel Buchholz (Hrsg.). 2011. *Fernseh-Journalismus.* 8. Aufl. Berlin: Econ Journalistische Praxis.

Weller, Maximilian., und Grete Weller-Keienburg. 1967. *Das Buch der Redekunst.* 14. Aufl. München: Econ Verlag.

Es geht los 5

Zusammenfassung

Überstanden heißt noch nicht brillant. Sieht man kritisch hin, entdeckt man bei schlechten Rednern und Moderatoren ganz schnell ein paar Gesetzmäßigkeiten und immer wiederkehrende Fehler, sei es aus Unvermögen oder aufgrund einer falschen Technik oder weil die Zusammenarbeit mit dem Co-Moderator nicht klappt. Schon ein verpatzter Anfang oder ein abruptes Ende ärgern das Publikum. Nur wenn man die Schwierigkeiten kennt, kann man die Ursachen herausfinden und Fehler abstellen.

5.1 Der erste Eindruck

Bei der Begegnung mit einem fremden Menschen, und wenn ich Sie nur durch einen viereckigen Kasten im Wohnzimmer besuche oder mich nur stimmlich aus dem Radiolautsprecher in Ihr Frühstück einmische, kommt dem ersten Eindruck eine besondere Bedeutung zu. Im Lauf unserer Entwicklungsgeschichte waren wir gezwungen, in verhältnismäßig kurzer Zeit zu entscheiden, ob jemand Freund oder Feind ist, ob uns jemand sympathisch ist oder nicht.

Wir beurteilen einen Menschen also sehr schnell und ordnen ihn ein. Die Wissenschaftler streiten sich jetzt, ob es eine halbe Sekunde oder drei Minuten sind, aber das ist für uns unerheblich. Es geht sehr schnell, und ehe wir uns umschauen, sind wir in einer Schublade drin. Für den ersten Eindruck gibt es keinen zweiten Versuch.

Dabei machen wir viele Fehler. Es passiert sehr oft, dass wir Menschen falsch einschätzen oder falsch beurteilen. In Tests zum Beispiel wurden Personen mit eng anliegenden Ohren als verschlagen, mit abstehenden als witzig und mit halb abstehenden als sympathisch beurteilt. Diese Einschätzungen sind falsch. Genauso wie der Zusammenhang zwischen Persönlichkeit und Tierkreiszeichen. Es ließ sich nachweisen, dass es unmöglich ist, aufgrund eines Fotos auf die Intelligenz eines Menschen zu schließen (Lauster 1997, S. 31). An der Sprache kann man das schon besser beurteilen (Lauster 1997, S. 64ff.). Hier ergab sich eine gute Übereinstimmung. So fehlerhaft unsere Beurteilungen sein mögen, wir urteilen ständig.

Der erste Eindruck entscheidet oft darüber, ob wir bei einer Sendung hängen bleiben oder ob wir Lust haben, einem Redner länger zuzuhören. Deswegen legen Produzenten und Redakteure oft großen Wert darauf, dass der Typ des Moderators zum Sendeformat passt. Das führt häufig zu großem Ärger bei abgelehnten Kandidaten.

Wenn ich mich vorstelle, ziehe ich mich also beim Casting schon passend zum Sendeformat an und habe unter Umständen auch verschiedene Fotos von mir dabei, die meine verschiedenen Seiten zeigen.

Warum ist Ihnen jemand sympathisch? Denken Sie einmal darüber nach, warum Ihnen jemand sympathisch war, den Sie auf einer Party oder bei einem Geschäftsessen kennen gelernt haben. Im Grunde sind es drei Faktoren: Die non-verbale Botschaft, also was sagt jemand durch Kleidung, Körpersprache und Auftreten, die paraverbale Botschaft, also Stimme, Klang und Melodie des Gesagten und drittens die verbale Aussage, also das, was jemand sagt. Die averbalen Äußerungen, also die Äußerungen von Lauten können wir hier vernachlässigen.

Auch wenn die Zahlen dazu teilweise veraltet oder widersprüchlich sind, kommt den non-verbalen und den paraverbalen Faktoren eine deutlich größere Bedeutung zu, als dem, was jemand sagt. Ein muffliger Verkäufer kann sehr wohlklingende Worte benutzen, wir glauben ihm nicht und ein Politiker, der sich mit monotoner Stimme aufregt, bleibt unglaubwürdig. Außerdem beschäftigen sich heute sehr viele Menschen mit der Körpersprache und entdecken erst Ihre verschränkten Arme, anstatt Ihnen zuzuhören.

Ein Gehörloser ist angeklagt. Die Gebärdendolmetscherin erklärt dem Gericht, was der Angeklagte in Gebärdensprache gesagt hat. Anschließend bezichtigt der Angeklagte sie der Lüge. Er behauptet, das an ihren sprachbegleitenden Bewegungen gesehen zu haben. Und tatsächlich hat ihm die Dolmetscherin nicht geglaubt. Deswegen waren auch ihre Bewegungen unglaubwürdig.

Was Sie sagen ist am Anfang völlig unerheblich für Ihre Sympathiekurve. Das ändert sich natürlich im Laufe des Abends oder der Sendung, aber zunächst mal ist

5.1 Der erste Eindruck

es so. Und trotzdem benutzen Sie einen Großteil Ihrer Energie für die Inhalte Ihrer Moderation und kümmern sich weniger um Tonfall und Körpersprache.

Sympathisch sind mir in erster Linie Menschen. Und wenn mir Sendungen oder Firmen sympathisch sind, dann, weil ich sie mit bestimmten Menschen verbinde. Begriffe wie »Mr. Tagesschau« oder die »Vorzeigefrau der Grünen« machen das klar. Und wenn ich in meinem Seminar ein Vorstandsmitglied der Firma Geberit coache und der Mensch mir sympathisch ist, dann freue ich mich über jede Toilettenspülung dieser Marke, die ich sehe. Deswegen braucht man für so viele Formate die jeweils passenden Moderatoren. Sie sollen der Sendung ein Gesicht geben und die Sendung persönlicher machen.

Die fünf psychologischen Gesetze des ersten Eindrucks habe ich in dem lesenswerten Buch von Altmann (1999) gefunden, der uns damit einen guten Einblick in die Mechanismen gibt, die beim ersten Eindruck eine Rolle spielen. Das erste Gesetz ist also die relativ kurze Zeit, die der andere sich nimmt, um uns einzuordnen. Bei Altmann sind das drei Minuten. Bei neueren Tests genügte Testpersonen eine Zehntelsekunde pro Bild, um aus einer Reihe von Porträts den Sympathieträger herauszufinden.

Das zweite psychologische Gesetz besagt, dass wir anschließend am liebsten solche Eindrücke wahrnehmen, die den ersten Eindruck bestätigen. Wir lieben alle den Satz `Siehst du, das habe ich gleich gesagt` oder `Wusste ich's doch`. Wir wollen alle Recht behalten und bilden uns etwas auf unsere Menschenkenntnis ein. Wenn jemand an den ersten beiden Arbeitstagen zu spät kommt, kann er von da an jeden Tag eine halbe Stunde zu früh kommen. Er bleibt der Unpünktliche.

Wir verallgemeinern sehr oft, ohne dass es dafür eine Grundlage gäbe. Das ist das dritte psychologische Gesetz des ersten Eindrucks. Wir suchen nach einem auffälligen Merkmal und hängen da eine ganze Reihe von Eigenschaften an. `Manager mit ungeputzten Schuhen sind ledig` oder `Blondinen sind doof`, `Professoren zerstreut` und `Studenten stehen politisch links`. Wir interpretieren volle Lippen als sinnlich und eine hohe Stirn verbinden wir mit Intelligenz. Immer unter dem Motto: `Wer lügt, der stiehlt` bzw. `Wer fettige Haare hat, hat auch eine unaufgeräumte Wohnung`. Dabei ist es unerheblich, ob wir damit Recht haben. Natürlich gibt mir die Art, wie sich jemand kleidet, einen Anhaltspunkt für die Art, wie er seine Arbeit machen wird. Aber eben nur einen Anhaltspunkt.

In einem Versuch (Kelmer und Stein 1978, S. 56f.) legte man einer Reihe von Versuchspersonen Bilder verschiedener weiblicher Ohren vor. Anschließend wurden die Versuchspersonen gebeten, die zu den Ohren gehörenden Personen vergleichend einzuschätzen.

Aufgabe
Stellen Sie sich das Bild eines weiblichen Ohres vor! Einmal mit einem Ohrring und einmal ohne. Welche Frau ist erfolgreicher? Welche Frau würden Sie lieber zur Freundin haben?

In meinen Seminaren sind die Ansichten immer ganz klar. Mit Ohrring ist erfolgreicher und auch als Freundin beliebter. In dem oben genannten Versuch waren von 80 männlichen und weiblichen Versuchspersonen 68 Prozent der Meinung, dass die Frau mit dem Ohrring erfolgreicher sei, 72 Prozent fanden sie gepflegter, 54 Prozent fanden sie angenehmer und 63 Prozent würden sie lieber zur Freundin haben.

Interessant sind aber nicht die genauen Zahlen. Interessant ist, dass die meisten Versuchspersonen werteten, obwohl sie ausdrücklich die Möglichkeit hatten, beide Bildpaare gleich einzuschätzen. Nur 6 Prozent der Versuchspersonen waren der Meinung, dass sie einen Menschen doch nicht aufgrund eines Ohrrings einschätzen könnten.

Den Versuch wiederholte man mit dem Vergleich männlicher Hälse, einmal mit Fliege und einmal mit Krawatte, oder einer Hand mit Zigarette bzw. mit Zigarre. Es ergab sich immer ein ähnliches Ergebnis. Die Menschen entschieden sich aufgrund solcher Nichtigkeiten.

Der Mensch ist negativ gepolt, das heißt, er nimmt etwas Negatives immer stärker wahr als etwas Positives, sagt das vierte psychologische Gesetz. Was ist der erste Satz, wenn wir abends nach Hause kommen? `Stell Dir vor, was mir heute wieder Furchtbares passiert ist!` oder so ähnlich. Und das nur, weil mir jemand nach einem erfüllten, erfolgreichen Arbeitstag die Vorfahrt genommen hat. Etwas Neues oder Ungewohntes wird in der Regel zunächst einmal negativ gesehen. Dass ein Ehepaar seit 20 Jahren glücklich ist, wollen wir nicht lesen. Aber wenn sie sich scheiden lassen, kaufen wir die Zeitung, die darüber berichtet.

Der Mensch ist ein Augentier, sagt Leonardo da Vinci und formuliert damit gleich das fünfte psychologische Gesetz des ersten Eindrucks. Wir nehmen die Umwelt zu ca. 85 Prozent durch unsere Augen wahr und nur zu einem Bruchteil

5.1 Der erste Eindruck

mit den übrigen Sinnen. Je nach Autor verschieben sich die Zahlen etwas, aber es sind in etwa immer ca.

- 85 Prozent Sehen
- 10 Prozent Hören
- 3 Prozent Riechen
- 1 Prozent Tasten
- 1 Prozent Schmecken

Als mein Sohn zwölf war und mir nach der Schule von der neuen Lehrerin erzählte, sagte er `Papa, als die Neue reinkam, wusste ich gleich Bescheid`. Genauso meinte er das. Er war sich mit seinen zwölf Jahren ganz sicher, dass er wusste, wie diese Lehrerin war, nur weil er gesehen hatte, wie die Lehrerin in das Klassenzimmer hereingekommen war. Danach entschied er dann, ob er sich gerade hinsetzen sollte oder weiter lümmeln konnte. So bedeutsam ist dieser erste Eindruck. Das Bild, das man sich von Ihnen macht, ist also nicht nur im Fernsehen Ihre wichtigste Visitenkarte.

Störfaktoren, warum wir oft nicht so wahrgenommen werden, wie wir wirklich sind, gibt es eine ganze Menge. Wir übertragen zum Beispiel frühere Erlebnisse auf die Menschen, denen wir begegnen. Und wenn einer so aussieht wie jemand, den wir geliebt oder gehasst haben, wird das unser Verhältnis beeinflussen. Wir übertragen eigene Fehler und Einschätzungen auf andere, wir katalogisieren nach Sternzeichen, nach Körperbau, sowie nach Berufen.

Wir beurteilen Menschen anders, je nachdem in welcher Umgebung wir ihnen begegnen. Ein Polizist auf einer Party ist etwas anderes als nachts in dem blinkenden Polizeiauto, das vor uns her fährt. Und denen, die uns sympathisch sind, ordnen wir viel mehr positive Eigenschaften zu. Leute, die wir mögen, können immer mehr als Leute, die wir nicht mögen. Wenn wir selber glauben, intelligent zu sein, schätzen wir auch die Intelligenz von anderen höher ein.

Weitere Gesetzmäßigkeiten haben sich im Laufe der Jahre in meiner Arbeit noch ergeben. Es ist zum Beispiel ganz entscheidend, was ich über jemand weiß oder gehört habe. Wenn zwei Portraits mit *Offizier* und *Arbeitsloser* beschriftet werden, richtet sich unsere Sympathiekurve nach der Bildunterschrift und nicht nach dem Bild. Außerdem sind Beurteilungen relativ. Nach einer sehr hübschen Vorgängerin oder einem vor der Kamera sehr unbegabten Kollegen werde ich von den Zuschauern anders bewertet.

Zu sein, wie man ist, ist besonders in den Medien ziemlich schwierig. Ständig spielen wir irgendwelche Rollen, um uns abzusetzen und aufzufallen, anzupassen und einzufügen. Und manchmal sind wir uns dessen nicht einmal bewusst. Wenn wir uns also mit diesen Spielregeln des menschlichen Miteinanders beschäftigen, tun wir uns leichter, die Rolle desjenigen zu übernehmen, der einer großen Anzahl von Menschen Vergnügen bereiten soll.

Bereiten Sie sich auf die Rolle vor, die Sie spielen wollen. Denken Sie sich in die hinein, die Ihnen Arbeit anbieten. Und wenn es nicht klappen sollte, wenn eine Sendung floppt oder eine Veranstaltung daneben geht, dann denken Sie nicht nur darüber nach, was Sie vielleicht falsch gemacht haben. Untersuchen Sie einmal die ganzen Störfaktoren, die unsere Kommunikation beeinflussen. Vielleicht hat Ihrer Zielgruppe auch nur einfach »Ihre Nase nicht gepasst«. Auch beim Moderieren gehört eben ein ganz kleines bisschen Glück dazu.

Zusammenfassung

1. Körpersprache und Tonfall entscheiden über die Sympathie.
2. Menschen stehen für Sendungen, Firmen oder Produkte.
3. Der erste Eindruck ist sehr kurz, aber entscheidend.
4. Wir wollen beim ersten Eindruck Recht behalten.
5. Wir verallgemeinern unzulässig.
6. Negatives fällt stärker auf als Positives.
7. Wir nehmen die Umwelt zu 85 Prozent mit den Augen wahr.
8. Was andere über mich wissen, beeinflusst ihre Beurteilung.
9. Urteile sind relativ.

5.2 Die Begrüßung

Womit fängt jede Rede oder Moderation an? Nein, nicht mit der Begrüßung, da kommt noch etwas davor! Jede Rede oder Moderation beginnt mit einer Pause. Geben Sie dem Zuschauer die Möglichkeit, Sie einen Moment wahrzunehmen, wenn Sie in sein Wohnzimmer platzen. Sie erzählen damit, dass Sie erst nachdenken, dass Sie sich genau überlegen, was Sie Ihrem Publikum sagen, dass Sie sich auf die Situation einstellen. Und das ist eine sehr wichtige Botschaft.

5.2 Die Begrüßung

Es wirkt angestrengt und atemlos, wenn Sie sofort und womöglich mit viel Energie loslegen (besonders Cutter und Regisseure sollten darüber nachdenken, ob man wirklich alle Einatmer wegschneidet!). Souveräner wirken Sie mit einer Pause. Aber natürlich nicht zu lange. Ein kurzer Augenblick der Sammlung, und dann geht es los mit der Begrüßung. Beide Versionen online zum Vergleich:

 9

Wenn Sie normalerweise mit »so« oder »also« oder »ja« beginnen, tun Sie das jetzt stumm. Nur Moderatoren, denen ihr Publikum egal ist, reden einfach wild drauflos. Vor anderen Menschen zu sprechen, ist ein Zeichen von Macht. Wie viel größer ist die Macht, wenn man sich traut, vor anderen zu schweigen! Noch dazu, wenn man die Pause dazu benutzt, sich auf die Zuhörer einzustellen.

Heißen Sie Ihre Hörer willkommen! Der Anfang einer Moderation hat eine besondere Bedeutung. Sie sollten Ihre Zuschauer so begrüßen, wie Sie selbst begrüßt werden wollen. Nicht mit irgendwelchen Floskeln, dahergesagt und ohne Unterton, sondern die Zuschauer sollten das Gefühl haben, gemeint zu sein.

Viele Sendungen beginnen immer mit demselben Satz. Das kann ein wirksames Mittel sein, die Sendung unverwechselbar zu machen und hat einen hohen Wiedererkennungswert. Aber nur, wenn man sich für die Begrüßung etwas einfallen lässt. Schon bei der Formulierung dass Sie alle so zahlreich erschienen sind oder dass Sie wieder eingeschaltet haben entweicht uns ein Seufzer der Ungeduld. Besser ist es, man lässt sich da etwas Individuelles einfallen.

Die Begrüßung ist zackig wie beim Militär. Wenn man sich ansieht, mit welchem grimmigen Unterton mancher Moderator Herzlich willkommen zu Info-TV! sagt, beschleicht den unbefangenen Betrachter das Gefühl, etwas ausgefressen zu haben. Der Gedanke dahinter ist wohl, dass man versucht, dem Zuschauer zu vermitteln, wie unwichtig die Begrüßung ist, im Vergleich zu den tollen Beiträgen, die gleich kommen.

Die Begrüßung ist geleiert, als sei sie unwichtig. Der Moderator ist der Meinung, dass es bei der Begrüßung noch nicht richtig losgeht und spricht sie nebenbei. Erst danach setzt er zu dem tiefen Einatmer an, der den Beginn der Sendung signalisiert. Hören Sie sich bei den Tonbeispielen im Internet mal ein paar solcher schlechter Beispiele an.

10

Jetzt folgen ein paar Begrüßungen mit einem positiven Unterton und ich erkläre Ihnen in dem Satz, den ich anschließe, welcher Unterton gemeint war. Die Begrüßungen haben also alle den selben Wortlaut, aber den Unterton des jeweils folgenden Satzes.

 11

Das klingt jetzt nett und persönlich. So könnten Anfänge für verschiedene Sendeformate klingen. Egal ob `Herzlich willkommen`, `Hallöchen, hier sind wir wieder` oder `Radio Wellenberg - Hits für Kids`, die Anzahl der Töne ist unbegrenzt, ich muss sie nur anwenden. Mit einem Unterton kann ich so auch Banales zum Leben erwecken.

Aber auch den Text kann ich ändern! Dann habe ich es viel leichter. Wie oft höre ich das Argument, man müsse die Zuschauer oder Zuhörer ja schließlich begrüßen. Und da gebe es zu `Herzlich willkommen bei Info-TV` oder `Guten Abend, meine Damen und Herren` keine Alternative. Auf den ersten Blick sieht das so aus. Doch denken Sie einmal darüber nach, ob Sie nicht Alternativen finden.

Aufgabe
Überlegen Sie sich Variationen zu der Formulierung `Herzlich willkommen bei Info-TV`?

Die Anzahl der Alternativen wird größer, je weiter Sie sich von der Vorlage entfernen, aber ich will Ihnen nur zeigen, wie viel Spielraum Sie auch in der engsten Struktur haben. Hier ein paar Möglichkeiten:

```
Info-TV, herzlich willkommen!
Willkommen bei Info-TV.
Ich begrüße Sie herzlich zu Info-TV.
Ihr Info-TV heißt Sie herzlich willkommen.
Hier sind wir wieder: Info TV. Willkommen!
Sie wissen was kommt, Info-TV, guten Abend!
Willkommen, schön, dass Sie wieder dabei sind.
```

5.2 Die Begrüßung

```
Donnerstag, achtzehn Uhr, Info-TV, guten Abend.
Da sind wir wieder! Sie sehen Info TV auf xyz.
Mit Info-TV wird es achtzehn Uhr, herzlich willkommen.
```

Wir könnten die Reihe unendlich fortsetzen. Ich bin überzeugt, jeder Praktikant im Sender brächte es in einer halben Stunde auf weit über 50 Formulierungen. Unbedingt nötig ist das nicht, aber es würde Sie vor dem Leiern bewahren und den falschen Untertönen, wenn Sie sich jedes Mal Gedanken machen müssen.

Wenn Sie also die freie Auswahl haben, wirkt die Begrüßung frischer, dynamischer und authentischer. Denn Sie wissen ja ein paar Sekunden vor der Sendung noch nicht, welche Formulierung Sie heute wählen werden. Sie sind also gezwungen, beim Sprechen zu denken. Und das werden Ihre Zuschauer positiv bemerken. Machen Sie sich einen Stern mit vier oder fünf Strahlen, üben Sie ein paar Mal, und jetzt fangen Sie jedesmal anders an.

Warum ist der Morgen immer wunderschön? Wie viele Menschen wünschen einem einen wunderschönen guten Morgen. Da ist ja auch nichts dagegen zu sagen. Aber als ob es keine anderen Adjektive gäbe. Experimentieren Sie mal. Ich habe mich mal eine halbe Stunde hingesetzt und folgende Varianten gefunden:

```
einen gut gelaunten Morgen
einen leisen guten Morgen
einen gemütlichen guten Morgen
einen überraschungslosen guten Morgen
einen freundlichen guten Morgen
einen gnädigen guten Morgen
einen spannenden Morgen
einen stressfreien Morgen
einen kurzweiligen Morgen
einen entspannten Morgen
einen ausgedehnten guten Morgen
einen lächelnden guten Morgen
einen genüsslichen guten Morgen
einen angefüllten Morgen
einen langen guten Morgen
```

einen gut zu nutzenden Morgen
einen Morgen, der Sie mag
einen Morgen, der Ihnen gut tut
einen hilfreichen Morgen
einen behaglichen Morgen
einen ansteckenden guten Morgen
einen himmelblauen Morgen
einen frischen Morgen
einen gut duftenden Morgen
einen erfolgreichen Morgen
einen entscheidungsfreudigen Morgen
einen energiegeladenen Morgen
einen sprudelnden Morgen
einen Morgen, der sich gewaschen hat

Und wenn Sie jetzt noch einmal laut Ich wünsche einen wunderschönen guten Morgen sagen, lebt auch die alte Floskel wieder. Merken Sie, wie schön sie jetzt klingt? Doch eben nur, wenn Sie sie nicht dauernd verwenden.

Mal ganz anders anfangen? Natürlich können Sie erst begrüßen und dann loslegen. Aber es geht auch anders. Sie können mit dem Wichtigsten anfangen, bevor Sie begrüßen. Mein Gott, war das ein Kampf gestern. 2:0 gewonnen. Deutschland ist im Siegestaumel. Herzlich willkommen zu... oder Auf diesen Moment habe ich lange gewartet. Jetzt ist er da, und ich weiß nicht, wie ich anfangen soll. Am besten sage ich einfach erstmal: Danke! Ich begrüße Sie zu... Ich persönlich habe noch keine meiner Reden und vielen, vielen Vorträge mit der Begrüßung begonnen. Ganz davon abgesehen, dass ich meist nicht der erste bin, der begrüßt. Und ich könnte ja nur sagen: Auch von mir nochmal ein ganz herzliches... Ich darf Sie auch ganz herzlich... Nein, das macht der König nicht.

Die Fernsehmoderatorin Alexandra Polzin hat noch einen sehr guten Tipp: Fange auf der Bühne erst mit der Moderation an, wenn Du im Publikum das erste Lächeln gesehen hast. Sie machen sozusagen Ihr eigenes Warm-up. Das ist sehr wirkungsvoll!

5.2 Die Begrüßung

Wen als ersten begrüßen? Sie können mit dem wichtigsten Gast anfangen. So ist das richtig. Auch in einem Filmvorspann kommen die wichtigsten Schauspieler zuerst. Eine Alternative ist es, den wichtigsten Gast zum Schluss zu nennen. Der Schluss ist immer eine besondere Stelle, zumal wenn Sie anschließend mit dem wichtigsten Gast das Gespräch anfangen.

Die protokollarische Reihenfolge sieht so aus (Pabst-Weinschenk 1999, S. 143): Erst gewählte Repräsentanten (Bürgermeister) vor Verwaltungsbeamten (Stadtdirektor); Bund vor Land, Land- oder Stadtstaat vor Kreis vor Stadt; die Präsidenten oberster Gremien (Bundestag, Bundesbank) kommen vor den Abgeordneten der Parlamente; Hohe Generäle nennen wir nach Fraktionsvorsitzenden, aber vor Abgeordneten; Kirchliche Würdenträger vor weltlichen, also Pastor, Pfarrer vor Präsident der Handelskammer, Vorsitzenden einer Gewerkschaft oder einem Kreis-Innungsmeister.

Damen kommen vor Herren, aber wenn es sich um Ehefrauen der Repräsentanten handelt, werden erst die Amts- und Würdenträger und jeweils gleich hinter den Männern ihre Frauen begrüßt.

Von zwei Titeln nimmt man nur den ersten. Also bei Dr.Dr. genügt der erste Dr., bei Prof.Dr. genügt der Prof. Titel sind nur maskulin, also keine Professorin oder Doktorin. Das Herr vor dem Wort Doktor bitte nur bei einem Arzt und vor allem den Titel nicht auch beim Ehegatten benutzen. Es sei denn, Sie leben in Österreich...

Ehepartner nicht beim Vornamen nennen. Da hört man manchmal eine seltsame Formulierung. Wer ist in Berlin angekommen? Präsident Maier und seine Frau Sieglinde oder Botschafter Gruber und seine Frau Martha. Das kommt uns sehr vertraut vor.

Aber haben Sie schon mal gehört Senatorin Giehl und ihr Mann Jens oder die Fraktionsvorsitzende Römer und ihr Mann Gerhard? Das klingt ein bisschen komisch. Bemühen wir uns also um sprachliche Emanzipation und lassen den Vornamen des Ehepartners in beiden Fällen einfach weg.

Namen sind sehr wichtig, und sie müssen richtig ausgesprochen sein. Geben Sie sich damit große Mühe. Der Name ist das wichtigste Wort im Leben eines Menschen, und den hört er gerne oft, und vor allem richtig gesprochen. Auch schwierige Namen müssen Ihnen so mühelos von den Lippen gehen, als würden Sie sie täglich benutzen. Wie Sie einen Namen aufschreiben, hat niemanden zu interessieren, Sie müssen ihn nur richtig aussprechen. Trainieren Sie das am besten mit den sinnentleerten Übungen, die ich in meinem Buch »Sprechertraining« vorgestellt habe. Wenn Sie einen Studiogast haben, lassen Sie sich gleich eine Visitenkarte geben und den Namen vorsprechen, so können Sie sich Namen und Aussprache leichter merken.

Bedanken Sie sich nur in Ausnahmefällen fürs Einschalten, fürs Kommen, fürs Zuhören. Das sind Allerweltsfloskeln, die wir nicht mehr hören wollen, denn sie sind fast nie ernst gemeint. Wenn sich einer bei mir bedankt, dass ich den Weg hierher gefunden habe hält er mich doch für einen Deppen, der nicht mit seinem Navigationssystem umgehen kann, oder?

Sollten Sie aber wirklich überrascht, verwundert, begeistert, erfreut sein, wer da alles gekommen ist, dann dürfen Sie das selbstverständlich auch sagen.

Zusammenfassung

1. Beginnen Sie mit einer Pause.
2. Variieren Sie die Begrüßung in Text oder Unterton.
3. Beginnen Sie mal ungewöhnlich!
4. Beachten Sie beim Begrüßen die protokollarische Reihenfolge.
5. Geben Sie sich Mühe mit der Aussprache der Eigennamen.

5.3 Der Einstieg

Was ist denn nun der Einstieg? Doch die Begrüßung? Nein! Bei vielen Gelegenheiten kann es sinnvoll sein, zwischen Begrüßung und Anfang noch einen Gedanken dazwischen zu schieben. Dieser Gedanke soll die Situation der Zuhörer im Moment der Rede aufgreifen, und dann zum Thema führen. Ein überhitzter Raum vielleicht, ein Satz zum Tagesgeschehen oder zum Wetter (bitte nur, wenn es wirklich außergewöhnlich ist), eine Bemerkung zu einem Zeitungsbericht über die Veranstaltung oder etwas Ähnliches.

Holen Sie Ihre Hörer ab! Ein Quiz, bei dem der Kandidat heute vor der Millionenfrage steht, beginne ich nicht damit, dass ich auf die Zuschauermails eingehe. Ein Magazin, in dem ein gefälschter Beitrag lief, beginne ich nicht mit ein paar Witzen, und eine Sendung mit einem Exklusiv-Interview von Mister Oberwichtig

5.3 Der Einstieg

beginne ich nicht mit der Erklärung eines Gewinnspiels in der nächsten Woche. Erst Herr Oberwichtig, dann kann ich das Gewinnspiel erklären, um die Spannung zu steigern, und dann kommt er wirklich.

Ein guter Einstieg ist ein sehr wirksames Mittel, Kontakt zum Zuschauer aufzunehmen. Er wirkt locker, persönlich, und er ist vor allen Dingen spontan.

Der beste Einstieg ist die größte Gemeinsamkeit zwischen mir und meinen Zuschauern. Manchmal ist es etwas ganz Banales, wie die Tatsache, dass wir alle keinen Parkplatz gefunden haben, es draußen stürmt oder Deutschland vor einer Stunde Fußballweltmeister geworden ist.

In der Verkaufspsychologie hat man festgestellt, dass ein Verkaufserfolg um so wahrscheinlicher ist, je ähnlicher der Verkäufer dem Kunden ist (Altmann 1999, S. 16f.). Die gleiche Körpergröße bringt einen Vorteil von 4 Prozent, die gleiche Ausbildung 12 Prozent und das gleiche Einkommen sogar ein Plus von 13 Prozent. Je mehr Sie also die Gemeinsamkeiten betonen, desto besser kommen Sie an.

Greifen Sie auf, was alle denken, die da sitzen, und Sie sind sofort einer von ihnen. Die Pressekonferenz einer Firma, die in die Schlagzeilen geraten ist, beginne ich damit, dass ich die Bereitschaft erkläre, die strittigen Punkte anzusprechen. Und ich tue nicht so, als habe ich von der Aufregung nichts gehört. In einer Sendung mit einem von allen erwarteten Studiogast, kann ich mit der Bestätigung anfangen, dass er wirklich da ist.

Unvergessen ist Bernhard Grzimek, der seine Tiersendung, nachdem er von Loriot am Vortag in einer Kabarettsendung glänzend imitiert wurde, mit den Worten begann: Heute bin ich es wieder selber! Er hat das ausgesprochen, was seine Zuhörer gerade gedacht haben.

Besonders in schwierigen Situationen sollten Sie gleich zur Sache kommen. Fehler zugeben, Schwierigkeiten ansprechen und die eigene Unzulänglichkeit zur Diskussion stellen ist nicht sehr populär, aber wirkungsvoll. Ein Fehler, den man zugibt, bietet kaum noch Angriffsfläche.

Ich habe das mal einer jungen Moderatorin vorgeschlagen, die mich danach angiftete: Du hast ja keine Ahnung, wie es beim Sender x zugeht! Da hat sie Recht. Ich kenne den Sender nur durch seine Sendungen, und sie muss entscheiden, ob sie meine Tipps befolgt. Schließlich würde ja auch sie entlassen werden, wenn man mit ihr nicht zufrieden ist, und nicht ich. Aber in vielen, vielen Beispielen in der Praxis siegt Ehrlichkeit.

Ein Beispiel für Ehrlichkeit: Jahrestreffen eines großen Lehrerverbandes, der sich zu dieser Zeit sehr mit dem Kultusministerium herumstritt. Die Kultusministerin war als Begrüßungsrednerin geladen. Am Morgen des Veranstaltungstages fragten sich 650 Lehrer, ob sie wirklich kommen werde. Sie kam. Und nachdem sie ihre Begrüßungen gemacht hatte, fing sie folgendermaßen an:

Als meine Freunde mich fragten, wo ich denn heute hingehe, sagte ich, auf den Lehrertag nach xy. Was, sagten meine Freunde, da traust du dich hin? Du gehst nach xy? Ja, sagte ich, da traue ich mich hin. Wir sind anderer Meinung. Wir sind sogar ganz anderer Meinung, aber wenn wir nicht miteinander im Gespräch bleiben, werden wir die anstehenden Probleme nie lösen.

Ich bin heute noch begeistert, wie sie das gemacht hat. Die Spannung löste sich, weil sie genau das ausgesprochen hatte, was alle gedacht haben. Niemand war deswegen ihrer Meinung, aber das Eis war gebrochen.

Das Hier und Jetzt ist ebenfalls ein guter Einstieg. Sagen Sie, was Sie fühlen, wo Sie sich befinden und wie Sie dahin gekommen sind. Sprechen Sie die Situation an, in der Sie sich gerade befinden. Nehmen Sie die Zuschauer mit auf den Weg zu Ihrem Thema, den Sie jetzt gehen werden. Und wenn Sie dabei noch eine Idee haben, um so besser:

Den Dialog mit dem Hausmeister, der die Stühle aufgebaut hat, kann ich vielleicht als Aufhänger für ein Seminar zum Thema Kommunikation verwenden. Sachliche Fehler in der Ankündigung meines Vortrages bieten vielleicht die Gelegenheit, ein weit verbreitetes Missverständnis auszuräumen. Und ein Fernsehereignis auf dem anderen Kanal kann möglicherweise eine Einleitung für das Alternativprogramm sein. Weitere 99 Ideen finden Sie in meinem Buch „Wie fange ich meine Rede an?" (Rossié 2016).

Fangen Sie nicht mit einer Entschuldigung an! Natürlich können Sie sagen, dass Sie erkältet sind, dass Sie heute jemanden vertreten, dass Sie noch am Nachmittag nicht wussten, dass Sie hier stehen würden. Aber entschuldigen Sie sich nicht dafür. Zu sagen, dass man nervös ist, das ist das eine. Das kann sympathisch, und wenn es ehrlich ist, sogar souverän wirken. Aber sich für die Nervosität zu entschuldigen, ist etwas anderes. Dann schalte ich doch lieber zu einer Sendung, wo alles stimmt, oder?

Leiten Sie nur dann mit Ihrem schlechten Befinden ein, wenn sich dadurch für den Hörer oder Zuschauer Konsequenzen ergeben, zum Beispiel, dass Sie zu leise sind oder husten müssen. Wenn Sie sich dadurch aber nicht aus dem Konzept bringen lassen, wird es dem Hörer kaum unangenehm auffallen.

Den Zuschauer stört nur das, von dem Sie zeigen, dass es auch Sie stört. Wenn alle merken, wie sehr Sie sich über Ihre blöde Erkältung ärgern, ärgern sich alle gleich mit Ihnen. Und diesen Ärger können Sie vermeiden.

Zusammenfassung

1. Holen Sie die Zuhörer ab, erraten Sie ihre Gedanken.
2. Betonen Sie die Gemeinsamkeiten.
3. Gibt es Spannungen, sprechen Sie sie gleich an.
4. Geben Sie Fehler zu.
5. Stimmen Sie Ihre Zuschauer auf das Thema ein.
6. Entschuldigen Sie sich nicht, wenn Sie nichts dafür können.

5.4 Der Anfang

Jetzt geht es endlich los. Jetzt können Sie anfangen! Aber bitte nicht mit dem Anfang. Wir bekamen in der Schule alle beigebracht, vorne anzufangen. Was haben Sie denn in der Schule über den Aufbau einer Rede gelernt? Richtig. Eine Rede besteht aus drei Teilen.

Die Einteilung in Einleitung, Hauptteil und Schluss ist selbstverständlich. Natürlich müssen Sie anfangen und wieder aufhören. Im Hauptteil sollen wir dann vorne anfangen. Wir arbeiten uns von der Gründung der Firma bis in die Gegenwart, oder wir berichten von der Vielzahl missglückter Versuche, bis wir heute angekommen sind. In der Überzeugungsrede sollen wir damit beginnen, wie es war, dann sagen, wie es ist, um dann zu entwickeln, wie es sein könnte.

Das machen unzählige Redner und Moderatoren nach, obwohl die Zuhörer bei einem solchen Redeaufbau mit großer Wahrscheinlichkeit langsam damit beginnen werden, die Nackenhaare ihrer Nachbarin zu zählen. `Werfen wir einen Blick in die Geschichte!` Sie ahnen, dass es lange dauern wird, bis der Redner zum Kern kommt. Konsequenz:

Fangen Sie nie vorne an! Das tun Sie beim privaten Gespräch auch nicht. Für den Fall, dass Sie jetzt nachdenklich die Stirn runzeln, weil Sie natürlich der Meinung sind, dass Sie immer vorne anfangen, denken Sie wieder einmal über die von mir schon mehrmals strapazierte Erzählung von Ihrem letzten Urlaub nach.

Aufgabe
Womit beginnen Sie bei einer Urlaubserzählung?

Sie fangen nicht damit an, wie Sie die S-Bahn zum Flughafen genommen haben, bei der blonden Dame von der Lufthansa eingecheckt haben, wie Sie durch die Passkontrolle gingen und sich am Kiosk eine Zeitung und einen Müsliriegel gekauft haben. Sie fangen da an, wo es spannend wird, wo es losgeht. Bei dem Ereignis in Ihrem Urlaub, das Sie am meisten beeindruckt hat.

Sie wollen ja, dass der andere Ihnen weiter zuhört. Und erst wenn Sie sich dessen sicher sind, liefern Sie die ergänzenden Informationen. Und da könnte dann die blonde Dame von der Lufthansa durchaus berichtenswert sein.

Das Wichtigste gehört an den Anfang. Stellen wir uns einmal vor, jemand erzählt uns von einem neuen Supercomputer. Er beschreibt die Möglichkeiten des Computers, seine Daten und die Ausstattung in allen Einzelheiten. Dann macht er eine kurze Spannungspause und erzählt, dass der komplette Computer 99 € kostet. Jetzt muss er alles noch mal erzählen. Wenn wir das gewusst hätten, hätten wir anders zugehört. Der käme ja für uns in Frage! Das wäre ja super! Aber was kann der noch mal alles?

Das Gleiche gilt natürlich auch, wenn der Computer 120.000 € kostet. Wenn ich das vorher weiß, höre ich voller Bewunderung zu, was man mit einem solchen Computer alles machen kann, aber ich überlege nicht, ihn zu kaufen.

Anschließend kann der Griff in die Geschichte durchaus interessant sein, aber nicht zu Beginn. Stellen Sie sich einmal vor, wie lächerlich es wäre, wenn ein Gesprächspartner bei einer Party auf die Frage nach seiner beruflichen Ausbildung, so beginnen würde: Lassen Sie mich vorne beginnen. Im Jahre 1988...

Im Schriftlichen fangen Sie vorne an, also bei Prospekten, Bedienungsanleitungen, bei den meisten Romanen und Erzählungen usw. Aufsätze in Schülerzeitungen beginnen immer mit dem Satz Um acht Uhr stiegen wir in den Bus. Aber nicht im Mündlichen. Hier sollte es deutlich schneller losgehen.

Sagen Sie nicht, was Sie gleich sagen werden. Natürlich dürfen Sie im Fernsehen oder Radio die Themen der Sendung ankündigen, das macht es unter Umständen spannender. Aber bei einer Rede gibt es manchmal nichts Langweiligeres, als die Struktur dessen anzukündigen, was Sie gleich machen werden. Das ist

5.4 Der Anfang

eigentlich nur bei sehr komplexen und schwierigen Sachverhalten sinnvoll. Und natürlich, wenn Ihr Publikum etwas lernen soll, also im Unterricht oder in Universitätsvorlesungen. Hier ermöglicht es die Agenda den Zuhörern leichter anzuknüpfen und einzuordnen. Aber bei einer Festtagsrede? Einer Mitarbeiterversammlung? Bei einer Rede, die ein Publikum motivieren soll? Im Alltag machen wir das auch nicht. Stellen Sie sich vor, Sie würden eine Urlaubserzählung auf einer Party so ankündigen:

```
Ich werde jetzt kurz über das Hotel sprechen, dann kom-
me ich auf die Sportmöglichkeiten und zum Schluss wer-
de ich die Kosten des Urlaubs beleuchten.
```

Jeder würde sich totlachen. Aber genauso beginnt fast jede Rede.

- Bevor ich beginne...
- Werfen wir erst einen Blick in die Vergangenheit...
- Zunächst möchte ich...
- Der Aufbau meines Vortrages ist folgender...
- Beginnen würde ich mit...
- Lassen Sie mich am Anfang...

Ich werde den Verdacht nicht los, dass der Redner diese Struktur für sich wiederholt, und nicht für seine Hörer. Für die wäre eine Zusammenfassung am Ende eine echte Hilfe, aber am Anfang?

Eine Rede ist kein privates Gespräch, da haben Sie sicher Recht. Doch warum soll es für die Rede andere Gesetzmäßigkeiten geben? Nur weil die Gruppe größer ist? Nur weil mir dabei normalerweise niemand antwortet? Wenn ich einen Einzelnen im Gespräch von einer Sache auf eine bestimmte Art überzeugen will, warum ist dieselbe Art keine gute Methode, wenn ich eine ganze Gruppe von etwas überzeugen will?

Ganz abgesehen davon, dass es bei der Inflation von Rednern, Moderatoren und Ansagern für den Zuhörer ja gar keine Überraschungen mehr gibt, wenn alle gleich strukturieren. Der Zuhörer will immer wieder neu aufmerksam gemacht werden.

Der Anfang hängt auch vom Zuhörer ab. In einer Reisesendung muss ich nicht erklären, wie viele Menschen in ein Charterflugzeug passen, in einer Sendung über Thrombosen kann das zu Anfang wichtig sein. Nehmen Sie den Anfang, der Ihre Zuschauer am meisten interessieren könnte. Moderatoren fangen in den meisten Fällen vorne an, so als seien sie überzeugt, dass ihre Hörer nichts anderes tun wollen, als ihnen zuzuhören.

Zuschauer oder Zuhörer schalten um, wenn es sie nicht interessiert. Selbst bei Veranstaltungen kann ihr Publikum jederzeit aufstehen und gehen. Fangen Sie deshalb zum Beispiel mit dem an, was Sie selbst bei der Recherche zum Thema am meisten beeindruckt hat.

Gehört das Wichtigste nicht an den Schluss? Es kann Themen geben, bei denen das Wichtigste zum Schluss kommen muss, weil Ihre Rede darauf aufbaut oder weil Sie wollen, dass die Zuschauer bis zum Interview mit dem Papst eingeschaltet bleiben. Auch dafür gibt es eine Lösung. Sagen Sie erst, dass am Ende der Sendung der Papst interviewt wird. Dann können Sie getrost den Beitrag über Wasserflöhe ankündigen. Wenn Sie ankündigen, dass am Ende etwas wirklich Verblüffendes kommt, dann können Sie vorne anfangen.

Wenn Sie zum Beispiel auf Ihrem Balkon stolpern, ist das nicht erzählenswert. Tun Sie das aber bei einer Audienz der englischen Königin, ist das etwas anderes. Hier müssen Sie also erst die peinlichste Geschichte ihres Lebens ankündigen, dann die vornehme Atmosphäre der Audienz beschreiben, und dann kommt das peinliche Stolpern. Erzählen Sie immer so, dass die Leute ihr Fernsehgerät eingeschaltet lassen oder im Vortragsraum sitzen bleiben. Darauf kommt es Ihnen ja doch wohl an.

Eine kleine Einschränkung gibt es. Sagen Sie das Wichtigste nicht schon im ersten Satz. Wir brauchen kurze Zeit, um uns an einen neuen Redner zu gewöhnen, und in diesen wenigen Sekunden hören wir nicht genau zu. Sagen Sie hier nichts wirklich Bedeutsames. Deswegen schlage ich Ihnen ja eine Begrüßung und einen Einstieg vor. Im Radio setzt man deswegen oft einen so genannten »Three-Element-Break« (Wetter, Zeit, Stationsname) vor die nächste Anmoderation. Der Moderator meldet sich damit vor dem Beitrag wieder zurück.

In der Antike war ein klassischer Redeaufbau sinnvoll. Denn eine Rede war damals etwas ganz anderes. Wir würden es heute ein Ein-Personen-Theaterstück nennen. Der Rhetor bereitete sich wochenlang vor, lernte jede Bewegung und Betonung auswendig und führte das Ganze dann auf. So ein Theaterstück hat genauso wie ein Roman oder eine Ballade einen kunstvollen Aufbau, der nicht durchbrochen werden sollte. Wenn Sie Ihre Rede als eine Performance verstehen, also als etwas, das entworfen, geprobt, gefeilt und dann aufgeführt wird, dann machen Sie es so, die klassischen Regeln für diesen Fall haben nichts von ihrer Gültigkeit verloren. Aber eben nur dann. Freie Rede war ja ursprünglich nicht das Gegenteil von ablesen oder auswendig lernen, sondern jemand war stolz, frei reden, also alles sagen zu dürfen.

5.4 Der Anfang

Benutzen Sie rhetorische Figuren, wie *Übertreibung* oder *wörtliche Rede*, wenn Sie das wollen. Da können wir aus der Antike eine Menge lernen, und das kann sehr gut wirken, wenn Sie es können. Aber bitte nicht `die Bretter, die die Welt bedeuten`, weil Sie in einem Buch gelesen haben, dass diese rhetorische Figur Periphrase (bildhafte Umschreibung) heißt und sich sehr gut eignet. Es geht nicht darum, rhetorische Figuren bewusst oder geplant einzusetzen. Durchforsten Sie die einschlägige Literatur, wenn Sie das Gefühl haben, Ihre sprachlichen Mittel sind eingeschränkt. Und dann vergessen Sie das Gelesene wieder. Trotzdem wird es in Ihre nächste Vorbereitung mit einfließen. Ganz davon abgesehen, dass wir ohnehin dauernd rhetorische Figuren benutzen, ohne uns dessen bewusst zu sein.

Machen Sie einen Witz zu Beginn, entdecken Sie einen Widerspruch, bringen Sie einen Gegenstand mit, schütten Sie eine Kiste vor Ihren Zuschauern aus, übertreiben Sie, ironisieren Sie, provozieren Sie, schockieren Sie, machen Sie neugierig, aber holen Sie nicht kilometerweit aus. Machen Sie sich Gedanken über einen guten Anfang und fangen Sie da an, wo es spannend wird. Es gibt viele Zauberwörter, mit denen man die Zuschauer gewinnt: `spannend, ungewöhnlich, erstaunlich, geheimnisvoll, lustig` etc. Ein Anfang wie `Bei meiner letzten Bergtour wäre ich fast gestorben` oder `Ich kann heute noch nicht fassen, was mir in der Tiefgarage passiert ist` weckt sicher das Interesse der Zuhörer.

Ein Manager, der uns im Seminar davon erzählen wollte, dass sein Chef in Prag nackt auf der Bühne eines Nachtclubs gestanden habe, kündigte uns `die verrückteste Geschichte seines Lebens` an. Bis dahin war alles in Ordnung. Dann fing er aber bei der Planung der Pragreise an, also zwei Jahre vor diesem Abend im Nachtclub. Dann kam die Vorbereitung, die Abfahrt, die Besichtigung der Skoda-Werke, das Abendessen... Und natürlich hat er bei der gesamten Einführung die Satzenden nach oben gezogen. Schließlich ist diese Einführung für die Geschichte ja nicht so wichtig. Aber warum erzählt er sie dann? Nach seiner Einleitung, die uns neugierig macht, und ein paar Infos, wer da warum wo hingefahren ist, die er mit Spannung erklärt, hätte er mit uns den Nachtclub betreten müssen.

Überraschen Sie! Das Ungewohnte fällt auf. Jemand, der von der Stadt aufs Land zieht, wacht nachts auf, weil es so ruhig ist. Überraschendes prägt sich schneller ein, genauso wie Emotionales. Seien Sie mit Ihrem Zuschauer gespannt, aber: »Suche keine Effekte zu erzielen, die nicht in deinem Wesen liegen. Ein Podium ist eine unbarmherzige Sache – da steht der Mensch nackter als im Sonnenbad«

(Tucholsky 1975, S. 290). Es hat einen Sinn, dass der eine Moderator eine Spielshow moderiert und der andere eine politische Sendung.

> **Zusammenfassung**
>
> 1. Fangen Sie nicht vorne an.
> 2. Fangen Sie mit dem Wichtigsten an, auch wenn Sie es nur ankündigen.
> 3. Überraschen Sie, machen Sie etwas Unerwartetes!
> 4. Sagen Sie nicht grundsätzlich, was Sie gleich sagen werden
> 5. Benutzen Sie rhetorische Mittel, aber nur wenn sie Teil Ihrer natürlichen Sprechweise sind.

5.5 Der gute Moderator

Seien Sie authentisch! Dann stimmen Ihre Sätze, Ihre Untertöne und Ihr Auftreten. Dazu müssen Sie nichts lernen, was Sie nicht schon können. Sie brauchen nur den Mut, vor der Kamera oder dem Mikrofon genauso locker, charmant und überzeugend zu sein, wie im Privatleben. Und wenn Sie sich das im Privatleben auch nicht trauen, dann ist Moderator der falsche Beruf für Sie.

Sie müssen nicht alles sagen, was in Ihnen vorgeht, aber das, was Sie sagen, sollte echt sein. Das raten uns auch Fernsehmoderatoren, wie Petra Schürmann (»... ganz man selber sein«), (Ruge und Wachtel 1997, S. 277), Max Schautzer (»Wer mit dem Publikum ehrlich umgeht, hat gewonnen«), (ebenda, S. 254), Dénes Törzs (»Du musst immer mit offenen Karten spielen, was auch passiert«), (ebenda, S. 295). Es ist ein wirklich großartiger Tipp, einfach die Wahrheit zu sagen.

Der Platz vor der Kamera muss Ihnen gefallen. Wenn in meinen Moderationsseminaren Teilnehmer über die seelenlose Kamera jammern, über das Lampenfieber und den furchtbaren Stress, dann nehme ich sie an der Hand und führe sie nach draußen. Ich schlage ihnen vor, einen Kaffee trinken zu gehen und darüber nachzudenken, ob sie nicht vielleicht doch Kameramann werden sollten oder Redakteurin... Da wollen alle dann ganz schnell wieder zurück ins Studio. Ich finde, dass der Platz vor der Kamera der schönste Platz ist, den Sie im Studio finden können. Und nur, wenn Sie da mit mir einer Meinung sind, sollten Sie Moderator werden. Das gleiche gilt für die Bühne. Der König will mit allen Mitteln oben in der Mitte auf der Bühne stehen.

5.5 Der gute Moderator

Seien Sie persönlich! Ihre persönlichen Erfahrungen und Beispiele sind für die Zuschauer viel interessanter als trockene Argumente und logische Schlussfolgerungen. »Argumente erklären, aber nur Gefühle überzeugen.« (Altmann 1999, S. 46). Sogar Korrespondenten wie Gerd Ruge (Ruge und Wachtel 1997, S. 231). legen Wert darauf, dass es persönlich ist, was sie machen: »So ist jede Fernsehreportage, jeder Korrespondentenbericht ganz stark an die Person von Reporter oder Korrespondent gebunden.« In den meisten Reden oder Moderationen sollen Sie Lust auf etwas machen. Und spielt Ihre persönliche Beziehung zum Thema eine große Rolle. Das gilt auch, wenn Sie etwas nicht wissen, wenn Sie zugeben müssen, keine Ahnung zu haben. Der Satz Ich weiß es nicht! klingt gar nicht so schlecht, wenn man ihm kein negatives Image verpasst.

Seien Sie emotional! Ein Kunde, der etwas kauft, entscheidet zu 95 Prozent mit dem Gefühl und zu 5 Prozent mit dem Verstand. Ihre Sendung wird zwar nicht gekauft, aber eingeschaltet. Das Prinzip ist dasselbe. Die meisten Moderatoren erzählen vom Zuwachs der Übernachtungszahlen, um so für den Urlaub in Oberbayern zu werben, anstatt den Wind über die Sommerwiese wehen zu lassen.

Sprechen Sie nicht zu Millionen Menschen, sondern zu einem einzigen. Einem Menschen, den Sie mögen, an dem Ihnen etwas liegt. Machen Sie Ihre Sendung für ihn, und die Wahrscheinlichkeit ist groß, dass die Sendung den Millionen auch gefällt. Jeder soll das Gefühl haben, dass er gemeint ist. Ja, genau Sie meine ich. Und wenn Sie mit vielen Menschen zu tun haben, weil Sie live moderieren oder bei einer Spielshow mit Kandidaten arbeiten oder eine Festhalle in Ihren Bann zu ziehen, dann versuchen Sie, die Menschen gern zu haben. Ich halte das für die wichtigste Vorraussetzung, ein wirklich guter Moderator oder Redner zu werden.

Sie müssen die Menschen lieben. Die, die bei Ihnen anrufen. Die, die viel Geld gewinnen können. Die, für die Sie berichten, und manchmal sogar die, über die Sie berichten. Auch ein Gespräch mit einem schwierigen Menschen wird besser, wenn Sie auch nach seiner liebenswerten Seite suchen. Das Wichtigste ist das Interesse an den Menschen, das Bedürfnis, etwas über sie zu erfahren und sie kennen zu lernen. Wenn Sie Menschen reinlegen, belügen, vorführen oder der Lächerlichkeit preisgeben wollen, dann werden Sie nie ein guter Moderator. Lieben Sie Ihre Sendung, lieben Sie Ihr Thema und vor allem Ihre Zuschauer. Jeden einzelnen. Was nicht heißt, dass Sie einen Betrüger nicht vor laufender Kamera entlarven könnten.

Lügen macht klein. Wenn Sie Tipps verinnerlichen, wie Sie sich herauswinden, mogeln, Fehler kaschieren, Löcher überbrücken, manipulieren usw. werden Sie immer kleiner. Der König betrügt nicht. Warum sollte er? Sendungen, die von Königen und Königinnen moderiert werden, sehe ich persönlich am liebsten. Werden Sie lieber der König als ein neunmalkluger Hofmarschall!

Sie sollten begeistert sein von dem, was Sie tun. Wenn ich höre, das ist ja »nur« die Nachtsendung, oder wir senden ja »nur« für Senioren (als Ausrede für eine mangelnde Vorbereitung), denke ich an den Sechzigjährigen, der neben mir im Fitnessstudio mit einer wesentlich höheren Drehzahl auf dem Fahrrad trainiert als ich. Warum sollte der im Radio oder Fernsehen Schonkost wollen, warum sollte man sich für den weniger Mühe geben?

Behandeln Sie Ihre Gäste und Mitspieler gut, behandeln Sie sie königlich, aber bleiben Sie selbst der König. Von einem Außendienstler stammt der herrliche Satz: »Wenn der Kunde König ist, bin ich der Kaiser!« (Sprenger 1999, S. 150). Biedern Sie sich nicht an, machen Sie sich nicht klein. Tragen Sie Ihren Kopf gerade auf den Schultern. Strengen Sie sich nicht an, Ihren Zuhörern zu gefallen! Vermitteln Sie das Gefühl, dass Sie die beste Sendung der Welt moderieren und dass Ihr Zuhörer bei Ihnen in den besten Händen sind. Um alles Übrige werden Sie sich kümmern, Ihr »Kunde« muss nur eingeschaltet bleiben.

Ein Markenzeichen wie ein markanter Satz, ein besonderer Ausdruck, ein Wortspiel oder eine ausgefallene Verabschiedung sind Möglichkeiten, im Gedächtnis zu bleiben. Man verbindet den Satz mit Ihnen, ähnlich wie bei einer Werbung. `Ich bin Andreas Menzel, und der bleibe ich auch!` Solche Formeln sind sehr sinnvoll, weil sie dem Hörer nach kurzer Zeit vertraut werden. Aber lassen Sie sich was Neues einfallen. Der Spruch von Herrn Menzel ist ja jetzt schon vergeben.

Konzentrieren Sie sich auf Ihr Publikum! Lernen Sie vorher alles, was Sie lernen können, über Rhetorik, über Kommunikation und über Präsentation. Das wird Ihnen nützlich sein. Aber wenn Sie dann da vorne stehen, gibt es nur noch eins: Ihr Publikum. Und das hat hundert Prozent Ihrer Aufmerksamkeit verdient und kein Prozent weniger. Leider nützt es nichts, nur so zu tun, als seien Sie aufmerksam.

Arbeiten Sie an sich! Ich könnte Ihnen viele Beispiele nennen, wie Moderatoren etwa zur gleichen Zeit mit ihrem Job anfingen. Der eine fand sich toll, der andere arbeitete an sich. Der eine ist irgendwo in der Versenkung verschwunden, den anderen sehen Sie ständig im Fernsehen. Der Zuschauer entscheidet jeden Moment, ob es sich jetzt für ihn lohnt, dass Sie jetzt die Musik oder die Beiträge unterbrechen.

Wenn Sie von zehn Zahlen einer Telefonnummer eine falsch haben, so können Sie stolz auf sich sein. Immerhin sind 90 Prozent richtig. Aber wenn Sie versuchen, die Person anzurufen, erreichen Sie niemanden. Sie scheitern zu hundert Prozent. Hören Sie also nie auf, sich weiter zu entwickeln. Die Besten glauben nie, dass sie die Besten sind.

> **Zusammenfassung**
>
> 1. Seien Sie authentisch, persönlich und emotional.
> 2. Tun Sie alles, damit Sie lieben können, was Sie tun.
> 3. Strengen Sie sich nicht an, dem Zuhörer zu gefallen.
> 4. Sie sind unverwechselbar.

5.6 Die gute Moderation oder Rede

Es gibt eine Menge subjektiver Kriterien für die Qualität einer Moderation oder Rede. Wichtig ist in erster Linie, ob das Ziel erreicht wurde. Konnte ich mein Publikum überzeugen, unterhalten, habe ich sie zum weitersehen ermuntert, hören sie mir weiter zu oder ist der Preisträger glücklich, auf den ich gerade eine Laudatio gehalten habe. In den meisten Fällen lässt sich das gut beurteilen. In der Nachbereitung stelle ich darüber hinaus vor allem drei Fragen, um der Qualität des Vortrages auf die Spur zu kommen.

War es unterhaltsam? Haben die Zuschauer gelacht oder sich die Fingernägel abgekaut, weil es so spannend war? Hat das Zuhören Spaß gemacht und habe ich mich gut unterhalten gefühlt?

War etwas Neues dabei? Hat der Redner mir etwas gesagt, was ich nicht wusste? Hat der Moderator mich auf Dinge aufmerksam gemacht, die mich wirklich interessiert haben? Ist meine Neugier geweckt und auch befriedigt worden?

War ich betroffen? Habe ich mindestens einmal gesagt, dass ich von jetzt an etwas ändern will? Fühlte ich mich ertappt? Ist mir etwas wieder eingefallen, was ich vergessen hatte? Bin ich emotional berührt?

Im Training bitte ich den Moderator oder Redner immer, als erstes sich selbst zu beurteilen. Ich fordere ihn auf, zu diesen drei Fragen Prozentzahlen abzugeben. Wieviel Prozent der Zeit haben die Zuschauer gelacht, wie oft haben sie etwas gelernt und wie oft fühlten sie sich ertappt? Wenn die drei Zahlen 100 Prozent ergeben, war das ein toller Vortrag. Es kann 100 Prozent witzig gewesen sein oder 90 Prozent neue Informationen und 10 Prozent Betroffenheit. Aber wenn jemand dreimal 20 Prozent vergibt, ist meine Frage natürlich: Kannst Du mir sagen, was Du während der übrigen 40 Prozent Deiner Zeit gemacht hast? Auch in der klassischen Rhetorik unterscheidet man zwischen delectare (erfreuen), docere (lehren) und movere (bewegen).

Zusammenfassung

1. Seien Sie unterhaltsam!
2. Sagen Sie etwas Neues!
3. Berühren Sie mich!

5.7 Der Blackout

Da sind sich alle, die vor der Kamera arbeiten einig: Das Schlimmste, was Ihnen passieren kann, ist ein Blackout. Das bedeutet, dass Sie vor Kamera oder Mikrofon den Faden verlieren, ja unter Umständen nicht einmal mehr wissen, wo Sie sich befinden.

Ein bekannter Witz erzählt von einem Schauspieler des Wiener Burgtheaters, der einen Blackout hatte. Er wusste seinen Text nicht mehr. Hilflos blickte er Richtung Souffleurkasten, wo die Souffleuse geduldig und einigermaßen lautstark immer wieder denselben Satz wiederholte, den der Schauspieler jetzt zu sagen hatte. Bis es dem Schauspieler zu bunt wurde. Er schrie in den Souffleurkasten: »Keine Einzelheiten! Welches Stück?«

Ein Blackout entsteht durch übergroße Spannung. Die Evolution hat dafür gesorgt, dass im Augenblick großer Gefahr unser Denkzentrum abgeschaltet wird. Hätten wir nämlich beim Anblick eines Säbelzahntigers angefangen darüber nachzudenken, in welche Richtung wir flüchten, wären wir gefressen worden. Also

5.7 Der Blackout

wurde unser Überleben dadurch gesichert, dass wir im Augenblick großer Gefahr instinktiv reagieren.

Auch in der Situation vor der Kamera wird uns im Moment vor dem Blackout eine Situation großer Gefahr signalisiert. Je weniger angespannt mein Körper ist, je weniger ich unter Druck stehe, desto unwahrscheinlicher ist das Auftreten eines Blackouts. Es gibt aber eine Menge Faktoren, die zur natürlichen Spannung, die ein Auftritt vor Publikum mit sich bringt, hinzukommen.

- Stress,
- zu viel Kaffee,
- ein Streit,
- Zu-spät-sein,
- ungenügende Vorbereitung,
- neue Technik,
- ein fremdes Studio.

Irgendwann ist die Spannung zu groß, und alles ist weg.

Gute Moderatoren oder Sprecher wirken locker. Sie sind ganz entspannt, reden und gehen auch so. Viele meiner Seminarteilnehmer fangen an dieser Stelle an, über das Temperament zu diskutieren. Wenn einer so obercool und locker daherredet, wie kann er dann Temperament und Energie ausstrahlen?

Temperament und Lockerheit sind keine Gegensätze. Erst wenn ich locker bin, kommt mein Temperament (wenn ich denn welches besitze) zur Geltung. Jedes gemachte, gedrückte, künstlich energiegeladenes Herauspressen von aufmunternden Sätzen hat mit Moderation nichts zu tun. Also brüllen Sie die Einschaltquote nicht an, sondern flirten Sie mit ihr. Das ist für die Zuschauer viel angenehmer, die die Verkrampfung sonst auf ihrem Sofa zu Hause im Wohnzimmer körperlich spüren.

Was aber, wenn es doch einmal passiert? Sie stehen vor der Kamera, und Sie wissen nicht mehr weiter. Keine Hilfe weit und breit und die Sendung ist live.

Aufgabe
Versetzen Sie sich in eine Situation in einem Fernsehstudio, Sie sind in einer Live-Sendung, gerade ist der Scheinwerfer links vor Ihnen kaputt gegangen, und das hat Sie so durcheinander gebracht, dass Sie jetzt keine Ahnung mehr haben, wie es weiter geht. Was tun Sie? Worüber reden Sie?

Wenn ich selbst Bewerber caste, die sich um einen Moderatorenjob bewerben, gehört diese Aufgabe zu meinem Standardprogramm. Ich gebe dem Kandidaten ein paar kurze Stichwörter für eine Anmoderation und bitte ihn mit dem Satz: Und nun der Beitrag aus Norwegen! zu schließen. Jetzt simuliere ich einen solchen Blackout, indem ich einen technischen Defekt vortäusche und rufe: Der Beitrag aus Norwegen verzögert sich um dreißig Sekunden. Wie reagiert der zukünftige Moderator. Wie würden Sie reagieren?

Die meisten sind stolz, dass ihnen etwas einfällt. Sie erzählen jetzt etwas über Norwegen (wovon sie keinerlei Ahnung haben, außer dass es dort Fjorde mit Lachsen gibt), manche erzählen Witze, wieder andere verlosen Reisen (die keiner bezahlen wird) oder machen irgendwelche Kunststücke. Aber darum geht es eben nicht.

Auf die naheliegendste Möglichkeit kommen die wenigsten. Wir wollten doch authentisch sein! In dieser Situation kann ich nur über das reden, was mir pausenlos durch den Kopf geht: Über die Schwierigkeit, jetzt 30 Sekunden überbrücken zu müssen. Sprechen Sie über die Situation, Ihr Gefühl dabei und vielleicht die Angst, die Sie genau davor immer hatten. Das ist echt und authentisch. Wo es Sie dann hinträgt, wissen Sie vorher nicht. Vielleicht wirklich nach Norwegen. Aber sprechen Sie nicht über etwas, obwohl man Ihnen ansieht, dass Sie über etwas ganz anderes nachdenken.

Blackout-Techniken existieren nicht. Sollten Sie einen Blackout haben, dann sieht das jeder Ihrer Zuschauer in derselben Sekunde. Und da nutzt es nichts, wenn Sie jetzt einen Antrag zur Geschäftsordnung stellen, den letzten Satz wiederholen, einen Schwank aus Ihrem Leben erzählen oder einfach nur tief durchatmen. Der Zuschauer bemerkt Ihre Notsituation.

Wenn Sie wirklich nicht mehr weiter wissen, dann sagen Sie das. Alle Sympathien sind Ihnen sicher. »Sag einfach, was mit dir ist, das ist ein ungeheurer Trick.« (Ruth Cohn, zit. nach Heckel 1997, S. 105). Jemand der seine Schwächen ungeschickt geschickt überspielt, mag sich wie ein gewiefter Profi vorkommen, einen Hörerbezug oder gar Sympathie stellt er nicht her. Was ist das auch für eine Botschaft? Da mogelt einer? Da trickst einer? Ein König würde das nicht tun!

Es muss nicht jede Panne erklärt werden. Aber wenn es keinen anderen Ausweg gibt, weil Sie sonst wirklich nicht weiter kommen, ist das die beste aller Möglichkeiten. Eine Selbstoffenbarung, die nicht zur Masche wird, wirkt positiv. Aber spielen Sie nicht den Hilflosen, wenn Sie es nicht sind. Je lockerer und entspannter Sie mit der Selbstverständlichkeit *Blackout* oder *unerwarteter Zwischenfall* umgehen, desto eher finden Sie den Faden wieder.

Zusammenfassung

1. Geben Sie einen Blackout zu. Das macht Sie stark.
2. Je entspannter Sie sind, desto besser.
3. Temperament und Entspannung sind keine Gegensätze.

5.8 Fast gekonnt

Nun folgen ein paar Beispiele von denen, die glauben, am Ziel zu sein. Einige Moderatoren oder Redner wenden bestimmte Techniken an, die es ihnen leichter machen zu moderieren. Der Ungeübte kommt so schneller zu passablen Ergebnissen, also weniger Versprecher, keine Blackouts, keine nicht zu Ende gesprochenen Gedanken, kein Kauderwelsch. Aber es wirkt eben nicht wirklich souverän. Der Moderator macht Dinge, die ihm beim privaten Sprechen einfach lächerlich vorkämen, die ihm im Studio oder am Rednerpult aber helfen. Die verschiedenen Typen kommen in der Wirklichkeit kaum in Reinform vor, aber alle Eigenheiten, die ich Ihnen zeigen werde, gibt es.

1. *Der Zerhacker* unterteilt den Gedanken in kurze Einheiten, die die Gefahr von Versprechern minimieren. Das ist für ihn sehr praktisch. Er macht die Pausen nicht, wenn es der Sinn verlangt, sondern wenn er eine bestimmte Menge von Wörtern gesprochen und eine bestimmte Menge Atem verbraucht hat. Die Länge – seiner gedanklichen Einheiten – hängt von seiner Routine - ab. Je länger er - das schon macht – desto weniger Pausen – braucht er.

 12

Bei Politikern, aber auch bei Korrespondenten, die bei der Live-Berichterstattung aus einem Krisengebiet ja unmöglich einen Teleprompter aufbauen können, finden wir diese Sprechweise sehr häufig. Sie rufen das vorher Gelernte oder Geprobte scheibchenweise ab. Der Sprecher stürzt sich mit Begeisterung auf jedes Komma, das ihm einen Vorwand liefert, eine Pause zu machen. Natürlich gibt er vor, das alles im Dienste der Verständlichkeit zu tun.

Möglicherweise sprechen diese Moderatoren in Blöcken von mehreren Wörtern, weil wir in Blöcken lesen! Nur denken wir leider nicht in Gruppen von Wörtern, sondern einen Gedanken nach dem anderen. Pausen an den falschen Stellen behindern also die Kommunikation, wie bei dem Beispiel online sofort deutlich wird. Wenn jemand in einer Kneipe so mit Ihnen sprechen würde, würden Sie ihn für verrückt halten.

Ein falsch eingestellter Teleprompter kann aber auch die Ursache für das Aufsagen von Satzbruchstücken sein. Wenn der Moderator immer nur zwei Worte in einer Zeile lesen kann, weil er kurzsichtig ist und die Schriftgröße am Teleprompter zu groß eingestellt hat, verliert er den Gesamtzusammenhang aus dem Auge und macht nach jedem vierten Wort eine Pause.

Viele Pausen erhöhen nicht das Verständnis, auch wenn meine Seminarteilnehmer immer wieder versuchen, mir das Gegenteil zu beweisen. Der Hörer bleibt in einer Spannung, bis nach einer Vielzahl kleinerer Einheiten der Gedanke endlich zu Ende ist. Erst dann kann er entspannen und sich auf den nächsten Gedanken konzentrieren. Pausen führen also nur dann zu einem besseren Verständnis beim Hörer, wenn sie verschiedene Gedanken trennen.

2. *Der Unbeteiligte* macht keine falschen Pausen, sondern setzt falsche Betonungen. Damit meine ich nicht, dass er sich in einem bestimmten Satz für eine Betonung entschieden hat, die ich persönlich so nicht machen würde, sondern er betont grundsätzlich Wörter, die kein Mensch in einem sinnvollen Zusammenhang je betonen würde. Und da das nicht vereinzelt vorkommt, kann man durchaus von Methode reden. Vor allem Verhältniswörtern und Bindewörtern gilt seine Vorliebe.

 13

Warum jemand so spricht, erkläre ich mir mit folgender Vermutung: Er benutzt die Präpositionen, weil sie einsilbig sind, er sich also nicht mit einer bestimmten Wortbetonung herumschlagen muss. Außerdem kommen in jedem Satz genügend Präpositionen vor, und das ungefähr in gleichen Abständen. So kann er den Gedanken leicht unterteilen und sich in einem schaukelnden Rhythmus von Betonung zu Betonung vorarbeiten. Das geht leichter, als immer ganze Gedanken zu sprechen. Anregungen DAZU finden Sie im INTERNET. Es ist unsinnig, hier dazu zu betonen, und trotzdem hat eine bekannte Fernsehmoderatorin jede ihrer Senun-

gen so beendet. Besonders im Sport kommt die Betonung der Präpositionen häufig vor. IN Köln GEGEN Bayern MIT Sturmspitze.
Sehr häufig finden wir eine solche Sprechweise bei Anfängern. Die Präpositionen im Satz benutzen sie wie Bojen, um sich daran festzuhalten. Da liefert jemand Wortgruppen ab, anstatt mich für seine Gedanken und Neuigkeiten zu interessieren. Nicht der Inhalt spielt die Hauptrolle, sondern die Hülle, die man artig und ohne Versprecher präsentiert. Dabei sind die Worte ja nicht Selbstzweck, sondern nur das Transportmittel für Gedanken.

3. *Der Nachdrückliche* hat die Anzahl der betonten Wörter pro Gedanke drastisch erhöht. In dem unbedingten Bedürfnis, richtig verstanden zu werden, tut er des Guten zu viel und betont alles, was ihm auch nur annähernd beachtenswert erscheint. Dazu betont er es so stark, als wollte er uns das, was er sagt, in den Kopf hämmern.

 14

Lehrer, Dozenten und Moderatoren von Magazinen, besonders die der Abteilung Wissenschaft, sprechen häufig so. Umgangssprachlich nennt man das den *Oberlehrerton*, und der geht einem auch privat ziemlich auf die Nerven. Ein Lehrer, der gewohnt ist, den ganzen Tag zu erklären, kommt nach Hause und gibt seiner Frau Anweisungen für den nächsten Einkauf.

 15

Das war jetzt ein erfundenes Beispiel, zugegeben. Aber achten Sie mal darauf, was sich in Ihnen abspielt, wenn jemand so mit Ihnen redet. Sie bekommen Aggressionen, wenn der andere so viel betont, obwohl er es doch so gut mit Ihnen meint. Auch Manager, die oft schwierige Sachverhalte erklären müssen, reden so. Sie erzeugen bei manchem Journalisten durch ihre penetranten Überbetonungen Aggressionen. Das wirkt immer wie ein erhobener Zeigefinger, obwohl die Hände ganz ruhig bleiben.

Schwierige Sachverhalte verlangen mehr Betonungen. Doch der Zuhörer darf auch nicht unterfordert werden. Er muss das Gefühl bekommen, ernst genommen zu werden. Sollten Sie den Duden zitieren müssen, so können Sie zum Beispiel ganz richtig erklären

Auch SUBSTANTIVIERTE ADJEKTIVE und PARTIZIPIEN werden STARK GEBEUGT, wenn sie ALLEIN stehen oder wenn der BESTIMMTE ARTIKEL, ein PRONOMEN oder ein ZAHLWORT OHNE starke Endung VORANGEHT.

Hier sind viele Betonungen sinnvoll. Einen so mit Fachwörtern überladenen Satz bekommt man nur mit, wenn Sie langsam und deutlich sprechen und viel betonen. Aber wenn Sie sagen MITTAGESSEN gibt es HEUTE von DREIZEHN bis VIERZEHN UHR in einem RAUM, DIREKT neben dem EINGANG... werden die, die das hören, ärgerlich. Der Sprecher liefert uns eine Version, die auch noch der letzte Depp verstehen muss. Das löst das Gefühl aus, wir seien wirklich schwer von Begriff. Im Zweifelsfall überfordern Sie Ihre Hörer lieber ein ganz kleines bisschen, als sie zu unterfordern.

Einen leicht ungeduldigen oder genervten Unterton glaubt man immer herauszuhören. Betonen heißt eine Vorauswahl treffen dessen, was wichtig ist. Was betont wird, darauf wird besonders hingewiesen, weil sich der Hörer zum Beispiel etwas merken soll. Wenn sich der Hörer dann aber etwas merkt, und der Sprecher kommt nie wieder darauf zurück, dann fühlt er sich an der Nase herumgeführt. Nach dem Satz Wir haben GESTERN einen Beitrag gesendet muss anschließend von dem Beitrag HEUTE die Rede sein. Sonst wäre die Betonung völlig sinnlos.

Menschen, die einen Sachverhalt oft erklärt haben, sprechen mit sehr vielen Betonungen. Bei Rednern, die ihre Zuhörer nicht ernst nehmen und bei Vertretern, die vor Laien sprechen, finden wir diese Art zu sprechen ebenfalls. Die Aggression gegenüber den Zuhörern ist da also unter Umständen sogar ganz real vorhanden. Es gibt aber noch einen weiteren Grund für eine erhöhte Anzahl von Betonungen.

 16

Die Sprechweise wird dadurch langsamer und provoziert bei diesem Radiomoderator zusätzliche Pausen. Das freut den Sprecher. Die gewonnene Zeit kann er nutzen, um über den Fortgang des Satzes nachzudenken. Wie kann der ärgerliche Zuhörer ahnen, dass diese Überbetonungen lediglich dazu dienen sollen, dem Moderator Zeit zum Nachdenken zu geben? Ich kann auf diese Weise fast ohne Vorbereitung reden, ich kann sozusagen mitten im Satz darüber nachdenken, was ich als Nächstes sagen will. Da wird Kleist (»Über die allmähliche Verfertigung der Gedanken beim Reden«) gründlich missverstanden. Versuchen Sie einmal, auf diese Art zehn Minuten Unsinn zu reden. Es wird Ihnen ganz leicht gelingen.

Bei Kindersendungen empfinde ich die geschilderte Sprechweise als besonders störend. Kinder werden sehr oft für dumm verkauft. Sie spüren, dass sie nicht ernst genommen werden, und es verstärkt sich ihr Wunsch, eine Sendung für Erwachsene zu sehen. Überprüfen Sie online mal selbst, wie Ihnen das gefällt!

 17

Da hören oder sehen Sie lieber eine Sendung für Große, oder? Wenn jemand jedes zweite Wort betont, kommen wir uns automatisch klein vor.

Der Schlussakkordeonist ist eine besondere Variante des Nachdrücklichen. Er betont grundsätzlich das letzte Wort. Normalerweise fällt das gar nicht so AUF, weil in vielen Sätzen die Endbetonung richtig IST. Aber in vielen ist sie eben einfach FALSCH. Ein weiterer Nachteil ist eine gewisse MONOTONIE, die sich unweigerlich EINSTELLT.

 18

Diese Endbetonungen sind deswegen so beliebt, weil eine starke Betonung am Ende ebenfalls eine Verlangsamung nach sich zieht, die dabei hilft, den nächsten Satz vorzubereiten. Die deutsche Sprache fördert die Endbetonung, weil meist erst im letzten Wort klar wird, was der Sprecher sagen will.

    Bei den Bürgermeisterwahlen in Hessen am letzten Wochenende haben die Freien Wählergruppen vor allem in Frankfurt und Umgebung, wo sie traditionell stark sind... große Verluste hinnehmen müssen oder große Zuwächse verzeichnen können.

Ein Chinese in einem meiner Seminare fand es wunderbar, dass man im Deutschen bei einem Satz die Absicht noch während des Sprechens ändern kann, wenn man am Gesicht des Gesprächspartners sieht, dass ihn etwas ärgert. Man fügt einfach kurz vor Schluss des Satzes ein nicht ein. Das ist ein Grund, warum Deutsch als Konferenzsprache ungeeignet ist. Während man in vielen Sprachen schon an zweiter Stelle sagen muss, worum es geht, muss der Übersetzer aus dem Deutschen bis zum Schluss des Satzes warten.

Eine besondere Form der Endbetonung, die dieselbe Ursache hat, ist das Abtrennen des letzten Wortes. Es gibt Sprecher, die sich das regelrecht angewöhnt haben. Von mir darauf angesprochen, geben sie an, am Schluss des Satzes ein Zeichen setzen zu – wollen. Wofür, können sie aber nicht – sagen.

19

Es geht wieder um den nächsten Satz. Merken Sie, wie unsinnig das ist? Um nur ja den nächsten Satz vorbereiten zu können, bin ich mit den Gedanken immer einen Satz weiter. Das ist der wahre Grund für diese Endbetonung. Und den Satz, den ich spreche, denke ich nicht mehr, weil ich in meinem Kopf damit schon längst fertig bin.

Wie soll so eine Sprechweise meine Zuhörer fesseln oder mich souverän und authentisch wirken lassen? Und wie viele Fehler passieren besonders Politikern dadurch? Es kommt zu den schönsten Versprechern, weil der Redner in Gedanken einen Satz weiter ist. Wenn also ein Politiker den Gastgeber einer Talkshow mit dem Namen seiner Fraktionskollegin anspricht, dann stammt der Name der Kollegin aus dem gedachten, aber noch nicht gesagten Satz.

4. *Der Wörter-Zieher* gehört ebenfalls zur Gruppe derjenigen, die mehr Zeit brauchen, den nächsten Satz vorzubereiten. Also zieht er einzelne Wöööörter so in die Läääänge, bis er weiiiiß, was er saaaagen will.

 20

Die Radiosprecher, die ich betreue, sind immer sehr verwundert, dass ich höre, wenn sie etwas im Studio nicht sofort gefunden haben oder auf andere Art abgelenkt waren. Ich höre, wenn im Nachrichtentext ein Druckfehler war oder wenn sie ein schwer zu sprechendes Wort vorher (zu wenig oder mit der falschen Technik) geübt haben. Ich bemerke es an ihrer Sprechweise. In besonderen Fällen kann man die suchende Bewegung, die sie beim Sprechen machen, direkt hören. So genau hören die meisten Radiohörer nicht hin, aber ihr Unterbewusstsein bekommt das alles mit.

 21

Erst habe ich das Wetter nicht gefunden und dann den Knopf für den nächsten Titel, dann wurde ein Regler hochgeschoben. Außerdem hat mir das Wort Szenario beim Üben Schwierigkeiten gemacht. Haben Sie bemerkt, wie man das hören konnte? Sobald ich zusätzlich zum Sprechen noch etwas anderes tue, leidet das Sprechen.

Ein Flugzeugkapitän, der mir ein paar Infos zum Flug gibt und plötzlich ganz langsam spricht, bekommt gleichzeitig über den Kopfhörer eine Anweisung. Und

5.8 Fast gekonnt

da er nicht gleichzeitig sprechen und zuhören kann, wird das Sprechen langsamer. Auch Fernsehmoderatoren, die mit einem Ohrstöpsel arbeiten (müssen), sehen wir oft an, wenn sie eine Anweisung bekommen. Reden können wir nur dann wirklich gut, wenn wir uns darauf konzentrieren.

Gute Moderatoren geben Ablenkungen zu, die ihnen unvorhergesehen passieren. Dann weiß der Hörer oder Zuschauer, warum sie sich so unnatürlich benehmen, und das Problem ist gelöst.

Der Anläufer ist eine Sonderform des Wörter-Ziehers. Er zieht nicht ein Wort am Ende des Satzes in die Länge, sondern vor allen Dingen das erste Wort.

 22

Lediglich der letzte Satz geht schnell, weil danach ja keiner mehr kommt, über den man nachdenken könnte. Nur ja keine Pause aufkommen lassen. Lieber ein Wort dehnen und dabei nachdenken. Warum so etwas gut wirken soll, und wie es verschleiern soll, dass jemand noch nicht weiß, was er sagen wird, ist mir völlig unklar. Es merkt doch jeder, dass es nur um den Zeitgewinn geht.

5. *Der Langsame*, der in der Regel auch ein Deutlich-Artikulierer ist, lässt sich Zeit. Die Gefahr sich zu versprechen wird deutlich geringer und somit die Angst vor dem Mikrofon. Gilt doch unter Anfängern der Versprecher als der Supergau. Lieber zu langsam, als zu schnell und zu nuschlig.

Ich bin da gegenteiliger Ansicht. Kein Hörer möchte einem Sprecher oder Moderator beim Üben zuhören. Lieber ein paar verschluckte Silben, lieber ein bisschen nachlässig, als so übergenau, als käme man gerade aus dem Sprechunterricht.

Natürlich soll Undeutlichkeit auf keinen Fall das Ziel sein, es geht hier nur um Prioritäten. Der Hörer darf meiner Meinung nach auf keinen Fall das Gefühl bekommen, als gebe sich da jemand Mühe. Stellen Sie sich vor, Sie gehen mit jemandem aus, der sich anstrengt, Ihnen zu gefallen. Das werden Sie sicher nicht genießen, sondern ganz furchtbar finden. Die Anstrengung anderer strengt uns selber an.

 23

Das spricht jemand überdeutlich und so bedacht und langsam wie die Karikatur eines schlechten Pfarrers. Das nervt sehr.

Auch die Ängstlichen, die während des Sprechens dem nachhorchen, was sie gerade gesagt haben, neigen dazu, zu langsam zu werden. Hier werden die Sätze nicht vorgedacht, sondern über gesagte Sätze wird anschließend nachgedacht. Sie können aber nicht normal reden und gleichzeitig über den Satz nachdenken, den Sie gesagt haben. Also werden Sie langsamer. Erst wenn Ihnen völlig egal ist, was Sie gesagt haben, sprechen Sie frei. Denken Sie über die Sätze, die Sie gesagt haben, erst nach, wenn Sie sich Ihre Sendung später ansehen oder anhören. Wenn Sie über einen Versprecher nachdenken, folgt unweigerlich der nächste.

6. *Der Monotonist* spricht in einem immer gleichen Sprechtempo, macht kaum Pausen und ist innerlich nicht beteiligt. Den Sätzen fehlt der Unterton, die Musik. Der Sprecher ist der Auffassung, dass es genüge, den Worten Laut zu geben und unterschlägt die wesentlich wichtigere Funktion unserer Sprache, dass ein Satz nicht nur etwas sagt, sondern auch etwas meint.

 24

Referenten und Dozenten sprechen so, wenn sie etwas auswendig Gelerntes vortragen, zu dem sie nicht die geringste Lust haben. Oder Moderatoren, die gelangweilt die fünfzigste Sendung hinter sich bringen. Die Sachinformation zu geben, genügt ihnen. Sehr oft will der Sprecher ganz bewusst jeden Unterton vermeiden. Das gesprochene Wort soll nicht verfälscht oder beeinflusst werden. In meinen Augen ist das ein Missverständnis, weil doch das Mindeste, was ich bei meinen Zuhörern wecken will, Interesse ist. Wie kann ich das, wenn ich so leiere, dass meine Zuhörer ihren Stuhl schon nach vier Sätzen als unbequem empfinden?

Reden ist kein Selbstzweck. Es geht nicht darum, gehört zu werden, sondern es geht darum, verstanden zu werden. Deswegen folgen Sie trotzdem jetzt bitte nicht den Empfehlungen mancher Lehrbücher, einfach bunter, abwechslungsreicher, dynamischer und ausdrucksstärker zu reden. Das ist ja grundsätzlich richtig. Aber gestalterische Mittel müssen sich immer aus dem Inhalt dessen ergeben, was Sie sagen. Weder unmotivierte Lautstärkeänderungen noch wildes Gezappel oder zufällige Pausen tragen zum Verständnis bei.

7. *Der Äh-Sager* fügt Füllwörter ein, um eine Pause zu überbrücken und zu kaschieren, dass er einen Moment nachdenken muss. Neben `äh` können auch `ja`, `also`, `nun`, `tja` etc. oder ein Schnalzen mit der Zunge solche Füllsel sein, die womöglich in schlimmen Fällen noch gedehnt werden. Das sprecherische Unvermögen, das sich in diesen »Ähs« ausdrückt, ist für den Laien am leichtesten zu erkennen, und wird in Rhetorikkursen als erstes kritisiert.

5.8 Fast gekonnt

 25

Dabei verschwinden diese Ähs nach meiner Erfahrung, ohne dass man das jemals trainieren müsste. Sobald der Sprecher denkt, was er sagt und eine Sterndramaturgie benutzt, sind diese Füllwörter mit einem Mal weg. Wenn er aber einen Teil seiner Gedanken darauf verwendet, bitte nicht Äh zu sagen, dann wird sich zwangsläufig die Zahl der Ähs erhöhen.

Er habe sich gezwungen, die Ähs wegzulassen, behauptete einer meiner Seminarteilnehmer, und zwar entgegen meiner Empfehlung, nicht mit negativen Anweisungen zu arbeiten. Seine Frau habe ihn darauf aufmerksam gemacht, und die Ähs seien auf wunderbare Weise verschwunden. Anschließend kamen allerdings zwei seiner Kollegen und bedankten sich bei mir, weil sie jetzt wussten, warum ihnen der ehemalige Äh-Sager so auf die Nerven ging: Er macht heute anstatt der Ähs völlig unsinnige Pausen...

8. **Der Stöhner** ächzt vor allem beim ersten Satz und das Einatmen ist deutlich zu hören. Er sendet uns das Signal, dass er sich zusammenreißt. Sein Unterton bedeutet: Mein Gott ist das anstrengend. Sie müssten mich jetzt eigentlich sehen, aber ich versuche es für die akustische Version stark zu verdeutlichen. Also stellen Sie sich vor, ich ziehe zu Beginn jeweils die Schultern hoch (womöglich noch die Augenbrauen) und mache mit den Händen Bewegungen, als wollte ich gleich einen Spaten in die Hand nehmen.

 26

Sehr viele Moderationen werden mit diesem hörbaren Einatmer begonnen, mit diesem Signal, dass sich der Moderator jetzt zusammennehmen wird, dass er vorhat, die Sendung bis zum Ende durchzustehen, egal, wie viel Kraft es ihn kostet. Auch hier erzählt das Unterbewusstsein mal wieder die Wahrheit.

Der Zuschauer will von Ihrer Unlust nichts wissen. Im Idealfall glaubt er, dass Sie Ihre Arbeit auch tun würden, wenn Ihnen niemand etwas dafür bezahlen würde. Wie unangenehm ist es, jemandem zuzuschauen oder zuzuhören, der dafür bezahlt wird, mich zu unterhalten. Das Gefühl verdrängt der Zuschauer. So eine Show ist doch für Sie das Schönste, was Sie sich vorstellen können, oder nicht? Verstärken wir diesen Gedanken. So ein bisschen Selbstbetrug beim Zuschauer darf schon sein. Das geht aber nur, wenn Sie als Moderator mir nicht deutlich zeigen, dass

Sie diese Sendung ja schon lange für völlig überflüssig halten. Sollten Sie so denken, haben Sie noch ein bisschen Arbeit vor sich, sich selbst Ihre eigene Sendung schmackhaft zu machen.

In Ferienclubs, in denen die Animateure dafür bezahlt werden, die Gäste zu unterhalten, hat sich ein Animateur um zwölf Uhr nachts mal mit dem kleinen Scherz verabschiedet, er müsse sich jetzt nicht mehr mit den Gästen unterhalten. Das gab einen Riesenärger am nächsten Tag, weil die Urlauber in dem Moment nicht mehr verdrängen konnten, dass der Animateur nicht freiwillig mit ihnen den ganzen Abend langweilige Geschichten austauscht.

Zusammenfassung

1. Machen Sie Pausen nur zwischen den Gedanken.
2. Zu viele Betonungen verdummen den Zuschauer oder Zuhörer.
3. Die Worte sind nicht entscheidend, sondern die Gedanken.
4. Finden Sie die Gründe für häufige Füllwörter heraus.
5. Wir wollen von Ihrer Unlust nichts wissen. Gute Moderatoren moderieren gerne!

5.9 Gut gemeint

Nach den Moderatoren, die es schlecht können, wendet eine zweite Gruppe bewusst eine bestimmte Technik an, von der sie glaubt, dass sie beim Zuschauer oder Hörer besser ankommt. Ob ihr das gelingt, können Sie anhand der online-Beispiele selbst feststellen. Um besser zu werden, sucht sich der Moderator aus der täglichen Dosis Fernsehen oder Radio das heraus, was er anwenden möchte. Meist ist er dabei auf sich allein gestellt. Man sagt ihm höchstens, wenn er zu viel fuchtelt, warnt ihn, nicht ans Mikrofon zu stoßen und zeigt ihm die Kamera mit dem roten Licht. Aber das ist es meist schon. So macht er einfach das, was er bei den anderen gesehen hat. Möglicherweise ohne es zu reflektieren.

9. *Der Sänger* benutzt eine regelmäßig auf- und absteigende Melodielinie, völlig unabhängig von den Sätzen, die er artikuliert. Etwas einfach zu sagen, ist ihm viel zu wenig. Er schmückt die Sätze, er macht sie schöner, er macht um jeden Satz ein Schleifchen, obwohl er keinen Satz denkt.

5.9 Gut gemeint

 27

Die Melodie ist etwas sehr Gutes. Aber nur, wenn sie eine Beziehung zum Inhalt hat. Fast jedes Rhetorikbuch empfiehlt Ihnen, dynamisch und abwechslungsreich zu sprechen, als wenn das ein Selbstzweck sei. Satzmelodien, die nur in einem gleichmäßigen Auf und Ab bestehen, sind seelenlose Schönmalerei, die zeigen, wie viel Abstand der Sprecher zum Gesagten hat. Eine gute Satzmelodie unterstreicht das Gesagte.

Bei Stewardessen zum Beispiel, die mehrmals am Tag dieselben Texte sprechen, ist diese eintönige Auf- und Abbewegung besonders auffallend. Das Sprechen verläuft automatisch, und theoretisch könnten sie dabei Brötchen schmieren oder Kaffee kochen, weil sie keinen Satz denken. Genauso sprechen aber auch der Zugschaffner, ein schlechter Fremdenführer, eine auf freundlich getrimmte Telefonistin oder ein Losverkäufer auf dem Jahrmarkt.

 28

Im Fernsehen kommt diese Sprechweise verstärkt bei der Arbeit mit dem Teleprompter vor. Ich denke nicht, was ich sage, sondern ich lese es einfach ab. Und um zu zeigen, wie gut ich bin, sogar mit Melodie. Ich singe die Sätze.

Der Raufzieher ist eine spezielle Form des Sängers. Er singt nicht ständig, sondern hauptsächlich am Satzanfang.

 29

Besonders Orts- und Zeitbestimmungen werden so gesprochen. Der Sprecher hat den ersten Satz in einer mittleren Stimmlage beendet, und um ein bisschen Farbe reinzubringen, beginnt er den zweiten Satz einfach tiefer. Das klingt doch viel schöner, oder? Nein, wir wollen verstehen und nicht den Einfallsreichtum des Sprechers in Bezug auf die Melodiebögen bewundern. Es geht um die Botschaft und nicht um deren Verpackung.

10. **Der Schnellsprecher** rast durch seine Moderation, als gäbe es einen Preis dafür, möglichst schnell fertig zu sein. Im Gegensatz zum Langsamsprecher, der es tut, weil er es nicht schneller kann, ist der Schnellsprecher ganz stolz darauf, wie schnell er sein kann, ohne sich zu versprechen. Hier wird Moderieren

zur Kunstform. Egal, was beim Hörer ankommt, die Hauptsache ist, dass er mich toll findet. Hurra, ich bin der Schnellste. Über die Gründe dafür ist schon viel geschrieben worden. Derjenige, der so spricht, hat offenbar Angst, nicht zu Ende reden zu dürfen. Die Sorge, der Zuhörer könnte ganz plötzlich aufstehen und gehen, treibt ihn an.

 30

Ich habe schon erlebt, dass Menschen, die in kinderreichen Familien aufgewachsen sind, zum schnellen Sprechen neigen. Die Eltern hatten für das einzelne Kind nicht so viel Zeit.

Eine zu hohe Körperspannung ist aber weit häufiger die Ursache für ein übersteigertes Redetempo. Wie Kinder, die bei Angst im Wald anfangen zu laufen, setzen diese Moderatoren ihre Angst in ein zu hohes Sprechtempo um. Das kann manchmal angebracht sein. Bei einem Aufsager am Zieleinlauf eines Autorennens spreche ich schneller, da sich die Spannung ja auch auf mich übertragen sollte. In den meisten Fällen stört aber zu viel Druck.

Eine anderer Fall ist die Erhöhung der Sprechgeschwindigkeit, sobald ich den Eindruck habe, dass mir niemand mehr zuhört. Ich habe das Gefühl, das Publikum könnte durch mich oder den Beitrag vor mir gelangweilt sein. Also erhöhe ich unterbewusst das Tempo, um den Hörer wieder zu interessieren – und langweile ihn nur noch mehr. Wenn ich dem Hörer suggeriere, dass es langweilig ist, dann wird es erst recht so empfunden.

Bei den Blitzer- oder Verkehrsmeldungen zum Beispiel neigen viele Moderatoren dazu, mit einem tiefen Einatmer zu beginnen, und dann die Meldungen so schnell wie möglich herunterzurattern. Für den Hörer, der nicht Auto fährt, sollen sie so schnell wie möglich vorbei sein, damit er nur ja nicht umschaltet. Und doch erreicht der Moderator den gegenteiligen Effekt. Anstatt dem Hörer zu suggerieren, wie wenig Meldungen er hat, die ja sofort vorbei sind, stößt er ihn mit der Nase darauf, wie lange diese dusseligen Verkehrsmeldungen heute dauern und fordert ihn indirekt auf, den Sender zu wechseln. Ich habe Ihnen dieselben Verkehrsmeldungen online mal in zwei Variationen gesprochen. Zuerst das zu schnelle Negativbeispiel.

 31

Dann dieselben Meldungen ein bisschen langsamer. Der Unterton sagt, dass es gleich vorbei ist, und dass heute wirklich wenig los ist.

 32

Jemand, der die Verkehrsmeldungen hören will, ist dankbar, wenn er sie genau mitkommt. Und jemand der gerade im Krankenbett liegt, wird sich an den Verkehrsmeldungen nicht wirklich stören, wenn auch der Moderator im Radio sich nicht daran stört.

11. **Der Vollständige** zieht das Ende jedes einzelnen Satzes, ja manchmal jedes Satzteiles nach oben und macht erst dann einen Punkt, wenn er ganz fertig ist. Im Grunde ist jede Rede oder Moderation von ihm ein einziger Satz.

 33

Der Redner glaubt daran, dass das Wichtigste der Inhalt ist. Das macht jeder von uns, wenn wir uns bewerben. Wir werden zum Beispiel in einem Vorstellungsgespräch beim neuen Chef nach unserem Lebenslauf oder unseren Hobbys gefragt. Wir zählen alles auf, was auch nur andeutungsweise von Bedeutung ist.

 34

Jemand, der die Satzenden nach oben zieht, ist ganz bei sich, und nicht bei mir. Er horcht in sich hinein, um nur ja alles zu erzählen und damit eine vermeintlich gute Wirkung zu erzielen. Wenn wir das aufzeichnen, erhalten wir Abb. 5.1.

Ich nenne das eine Flussdramaturgie, im Gegensatz zu einer Sterndramaturgie, die ich in Abschn. 2.2 beschrieben habe. Der Sprecher reiht seine Informationen wie an einer Kette hintereinander auf. Aber die Schule ist vorbei. Da ging es um Vollständigkeit. Sechs Hobbys sind sechs Hobbys. Ein Gespräch oder eine gute Moderation hat aber nichts mit der vollständigen Wiedergabe von Sachinformationen zu tun.

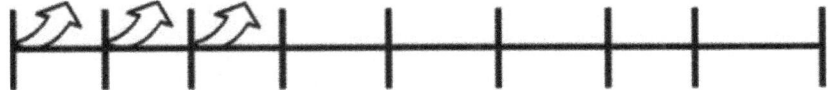

Abb. 5.1 Diagramm zur Flussdramaturgie

Und warum zieht er jeden Teil nach oben? Ganz einfach. Er gewinnt wieder Zeit, um über das nächste Kettenglied nachzudenken. Im Grunde ist er also nie bei dem, was er sagt, sondern immer einen Gedanken weiter. Eine schlechte Voraussetzung für echte, authentische Sätze. Politiker machen das sogar beim Händeschütteln. Sie geben Ihnen die Hand und schauen schon den nächsten an.

Wenn jemand nicht sehr geübt ist, dann tauchen an den senkrechten Strichen die ähs auf, die Augen wandern zur Decke oder auf den Fußboden. Und wenn jemand steht, macht er noch eine passende Bewegung dazu. Meistens sieht das aus wie das Streuen von Hühnerfutter. Das Wichtigste ist, dass der Faden nicht reißt. Die ähs sind eine direkte Folge dieser Flussdramaturgie. Auf dem Weg zur Sterndramaturgie verschwinden die ähs zu 95 Prozent. Versprochen.

Die Fülle von Information soll ja in der richtigen Reihenfolge abgeliefert werden. Das kostet den Sprecher den größten Teil seiner Energie. Und auch hier kann der gesagte Satz nicht mitreißend sein, weil derjenige, der so redet, in Gedanken ja schon weiter ist.

Der Sprecher will möglichst vollständig sein. Würde bei einem Abendessen jemand die Frage nach seinen Hobbys so beantworten, würde jeder von uns sich bald nach Hause sehnen.

Aufgabe
Stellen Sie sich vor, Sie sitzen mit einem interessanten Gesprächspartner bei einem Candle-Light-Dinner. Sie haben gerade beim Kellner die Bestellung aufgegeben, und Ihr Gegenüber fragt Sie nach Ihren Hobbys. Wie antworten Sie?

Wenn Sie jetzt nachgedacht haben und sind auf mehr als ein Hobby gekommen, dann bitte ich Sie, noch einmal zu überlegen. Würden Sie wirklich aufzählen? Würden Sie nicht vielmehr das erste und wichtigste Hobby nehmen und anfangen, darüber zu erzählen? Und zwar so lange, bis das Thema erschöpft ist. Auch dann, wenn Sie von ihrem Gesprächspartner ausdrücklich nach den Hobbys in der Mehrzahl gefragt worden sind?

Nun bin ich nicht dabei, wenn Sie flirten, und vielleicht zählen Sie ja wirklich auf, aber die Wahrscheinlichkeit ist groß, dass Sie die Frage nur als Vorwand nehmen, um miteinander ins Gespräch zu kommen. Sie nehmen die Frage als Stichwort, um über ein für Sie interessantes Thema zu reden. Erst wenn dieses Thema erschöpft ist, würden Sie sich einem neuen Thema zuwenden. Es geht ja hier nicht in erster Linie um die Übermittlung von Information, sondern um Kommunikation.

5.9 Gut gemeint

Genauigkeit und Vollständigkeit sind keine Kennzeichen von guter Kommunikation. Darauf kommt es erst in zweiter Linie an. Der Streit des befreundeten Ehepaars über das genaue Datum eines Schnappschusses, den sie Ihnen zeigen, fällt in diese Kategorie (»Das war am Zwölften, ich weiß es genau!« - »Nein, das muss der dreizehnte gewesen sein!« - »Quatsch, es war Montag! Oder war es Dienstag?«).
Für die beiden ist die Frage elementar, wann genau es war. Für Sie als Zuhörer ist es völlig uninteressant. Im privaten Gespräch sind Fragen oder Sätze Angebote, miteinander zu kommunizieren. Der Austausch von Informationen, wie das genaue Datum des Fotos, spielt eigentlich eine untergeordnete Rolle, auch wenn das genannte Ehepaar das nicht wahrhaben will. Die Suche nach dem richtigen Datum fördert die Kommunikation nicht, sondern unterbricht sie. Und auch eine Moderation ist Kommunikation, wenn auch meist eine einseitige.

Besonders das Wörtchen »und« wird mit Begeisterung nach oben gezogen. Ich vergleiche das mit einem Tritt in den eigenen Hintern. Denn nach dem nach oben gezogenen und muss ich etwas sagen, ob ich will oder nicht. Sehr oft will ich im Grunde nicht. In den Fällen zum Beispiel, in denen jemand drei Adjektive hintereinander benutzt, ist das dritte in der Regel vollkommen überflüssig. Die Party war super und toll und (nach oben gezogen) äh... richtig super. Werden die Satzenden nach unten gezogen, können Sie immer entscheiden, wenn Ihnen noch etwas einfällt. Die Party war super. Ich fand es richtig klasse. Und die Musik war so gut. Vor allen Dingen waren die Leute nett. Ich habe mich gut amüsiert. etc.
Sinngemäß gilt das natürlich auch für das oder oder jedes andere nach oben gezogen Wort: Sei es Ehe, Partnerschaft oder (nach oben gezogen) was auch immer. Wenn Sie nach oben ziehen, haben Sie keine andere Wahl, als weiter zu reden.

 35

Häufig finden wir das nach oben gezogene und auch bei den Schlagzeilen im Radio und Fernsehen. Parteienstreit in Magdeburg, Regierungserklärung in Berlin und (nach oben gezogen) Neues von der Börse. Eigentlich gehört das und zur Börse und nicht zur Regierungserklärung. Auch auf Pressekonferenzen, bei der Erklärung von Spielen in Shows oder bei der Vorstellung von Studiogästen finden wir ganz häufig diesen eigenartig nach oben gezogenen dritten Teil der Aufzählung.

36

Die wichtigsten Infos über den Studiogast haben Sie jetzt. Aber spannend oder interessant war es nicht. Wie gehen wir jetzt damit um? Sollen wir das auf jeden Fall vermeiden oder ist es gar nicht so schlimm, wenn wir eine Zeit lang gezielt darauf achten, eine bestimmte Information abzuliefern. Dass es die Zuhörer nicht gerade begeistert, weil es völlig emotionslos ist, dürfte unstrittig sein. Aber wenn wir genauer hinhören, erzählt dieses Ziehen unter Umständen noch mehr.

Aufgabe
Hören Sie sich einmal das folgende Beispiel an. Warum zieht der Sprecher hier in bestimmten Teilen seines Urlaubsberichtes die Satzenden nach oben?

 37

Die Stellen mit den nach oben gezogenen Satzenden sind in diesem Fall immer die, von denen der Sprecher glaubt, dass sie nicht so wichtig sind. Er glaubt, die Informationen aus Verständnisgründen geben zu müssen, aber er glaubt nicht daran, dass das wirklich jemanden interessieren könnte.

Zunächst hält er für nicht erzählenswert, dass es der Freundin an diesem Tag schlecht ging und sie woanders hin in Urlaub wollte. Aber auch die Stelle, als der Bekannte vom Kamel fiel und man zu dem befreundeten Ehepaar auf Distanz ging, hält der Ich-Erzähler für nicht wichtig. Der Sprecher macht uns klar, dass die Geschichte gleich weitergeht. Er muss vorher nur noch kurz etwas einschieben.

Der Radiosprecher, der vor einem Beitrag über Mr. Supersportler meint, ein paar nach oben gezogene Sätze mit dem nötigen Hintergrundwissen über Mr. Supersportler liefern zu müssen, kann das genauso sein lassen. Denn in Wahrheit geht es ja erst mit dem Satz los, dessen Ende er nach unten zieht.

 38

Sagen Sie, was nötig ist (dann aber spannend und mit den Satzenden nach unten). Lassen Sie einfach weg, was Ihrer Meinung nach den Hörer langweilt. Und alles andere erzählen Sie so interessant, dass er gerne zuhört. Freuen Sie sich, wenn jemand ankündigt, Ihnen einen saudummen Witz erzählen zu wollen? Nein, entweder er erzählt den Witz, weil er gut ist, oder Sie nutzen die Zeit für etwas Wichtigeres.

12. *Der Märchenonkel/die Märchentante* benutzt nicht nur eine singende Melodiebewegung, sondern spricht womöglich sogar noch mit verstellter Stimme. Im Bestreben, dem Zuhörer alles möglichst einfach darzustellen, suggeriert er, dass alles kinderleicht ist. Zu dem Zweck behandelt er auch gleich die Zuhörer wie Kinder.

 39

Neben Kindersendungen im deutschen Fernsehen und bei Spielnachmittagen für besonders alte Senioren finden wir diese Art zu sprechen in schlechten Sendungen für den Schulfunk und in der Weiterbildung für Erwachsene. Die Botschaft lautet: Wenn Kinder das verstehen, dann verstehen Sie das auch. Außerdem glaubt der Sprecher, das, was er sagt, dadurch spannender zu machen. Aber er achtet gleichzeitig immer darauf, dass er der Klügere bleibt. Es soll nur ja keiner denken, er selbst wüsste die Lösung nicht. Mit ein bisschen Pech finden wir die Märchentanten aber auch in einem ganz normalen Boulevard-Magazin im Fernsehen am frühen Abend.

 40

Der Sprecher bleibt immer allwissend. Den blöden Zuschauern allerdings muss ein bisschen geholfen werden, damit sie begreifen. Wenn Moderatoren Schnuten machen und mit den Augen rollen, dann ist immer Vorsicht angesagt. Gesichtschneiderei kann das Denken nicht ersetzen.

13. *Der Wortgestalter* hat die richtige Idee. Er möchte seine Sätze zum Leben erwecken, er möchte malen und den Inhalt der Sätze gestalten. Er möchte mit Unterton sprechen. Leider weiß er nicht, wie das geht und macht es so, wie er denkt, dass es sein müsste.

 41

So reden Erzähler, die es nicht können und Sprecher, die Zweifel haben, ob das, was sie sagen, auch ankommt. Ein Unterton ist ein wunderbares Mittel, meine Zuhörer zu fesseln (Rossié 2013, S. 112ff.). Aber es wird immer der ganze Gedanke gestaltet und nie ein einzelnes Wort. Ein Gedanke kann immer nur einen Unterton haben, und nicht zwei. Und wenn wir die Intention im Laufe des Satzes ändern, weil uns da beim Sprechen etwas einfällt, dann sind wir schon mitten in der Schauspielerei, und die muss man schon gut können, damit sie glaubwürdig wird. Im privaten Sprechen weiß ich ja vor jedem Satz, warum ich ihn sage. Mir fällt doch nur in ganz seltenen Fällen mitten im Satz etwas ganz Neues ein. Warum sollte das bei einem Moderator anders sein?

Beim Abfassen von Texten fürs Sprechen zum Beispiel hat dieser Grundsatz weitreichende Konsequenzen. Wir vereinfachen jetzt mal ganz stark. Wenn ein großes Autohaus auf einem Sommerfest eine Hüpfburg aufstellt und zu Probefahrten mit dem neuen Automodell einlädt, und Sie beide Gedanken in einen Satz packen, müssen Sie sich entscheiden. Entweder der Unterton für die Hüpfburg (kindliche Begeisterung, hurra, wie toll) oder für das Auto (verheißungsvolle Spannung auf das wundervolle Fahrzeug). Hören Sie diese beiden Möglichkeiten. Als drittes trenne ich beide Gedanken und damit auch die beiden Untertöne.

 42

Sprechen Sie beide Elemente der Veranstaltung als einen eigenen Gedanken, dann können Sie jedem Highlight den passenden Unterton unterlegen.

Der Lügner als besondere Form des Wortgestalters ist ebenso leicht zu erkennen. Allerdings ist hier nicht Lügen im Sinne des Verbreitens von Unwahrheit zu verstehen. Im strengen Sinne sind die meisten schlechten Moderationen gelogen, weil der Sprecher nicht das sagt, was er gerade empfindet, sondern »lügt«. In Radio und Fernsehen haben wir es da besonders mit den positiven Lügen zu tun. Das heißt, eine Sache wird besser größer, schöner gemacht, als sie eigentlich ist. Das begegnet uns auch im Privatleben recht häufig. Die Wörter `Super` und `Wahnsinn` eignen sich sehr gut zur Demonstration. Wenn jemand sich darauf beschränkt, eine Party `super` zu finden, eine gute Party `suuper` und eine wirklich tolle Party `suuuuuper`, dann lügt er meist.

 43

Er hat dasselbe Problem wie der schlechte Moderator: Er will lügen, weiß aber nicht wie. Also dehnt er das Wort, das seine Begeisterung ausdrücken soll. Da ist alles `gaaaaanz toll` oder `einfach schreeeeecklich`. Käme die Begeisterung aus dem Bauch, würde er wirklich so empfinden, bekäme der ganze Gedanke den begeisterten Unterton ab.

 44

5.9 Gut gemeint

Hören Sie also genau hin, wenn Menschen ihre Begeisterung (oder ihre Abscheu) durch das Dehnen von Vokalen ausdrücken. Möglicherweise hat Ihren Gästen das dreigängige Menu, das Sie gekocht haben, trotz gegenteiliger Aussage ja gar nicht geschmeckt.

Der einfachste Ton schafft den stärksten Ausdruck. Auch das ist ein sehr interessanter Grundsatz, den Schauspieler lernen. Die größte Begeisterung drückt der einfachste Satz aus. Wenn ich meine Schüler bitte, ihre Begeisterung in dem Satz Ich fand es wunderschön! auszudrücken, sprechen sie den Satz mit strahlendem Gesicht und viel Emphase. Wenn ich sie jetzt wiederholt bitte, es noch wunderschöner zu finden, brüllen sie den Satz irgendwann begeistert und sehen sich außerstande ihn noch zu steigern. Dann spreche ich ihnen den Satz ganz leise und einfach vor, und es ist in jedem Falle stärker als die ganze aufgesetzte Energie.

 45

Wenn Sie also ein wirklich großes Gewinnspiel haben, wenn die Bundeskanzlerin wirklich in Ihre Sendung kommt oder wenn Sie das Bernsteinzimmer wirklich gefunden haben, dann werden Sie leise. Das Ereignis wird dadurch noch viel bedeutender.

14. *Der Textakrobat* hat sich viel Mühe gemacht, einen ausgefeilten Text zu schreiben, den er anschließend auswendig lernt. Das scheint auf den ersten Blick ein toller Trick zu sein, um allen Schwierigkeiten zu entgehen: Sie lernen auswendig oder lesen vom Teleprompter ab. Leider merkt man auch hier, dass Sie mogeln.

 46

Neben falschen Betonungen, falschen Pausen, gelesenen Satzzeichen und zu kurzen Melodiebögen erkennen wir den Auswendiglerner vor allem daran: Die Sätze sind in der Regel viel zu lang und kompliziert. Solche Satzungetüme kann nur sprechen, wer ihre Konstruktion vorher komplett im Kopf oder auf dem Teleprompter hat. Der bekannte, aber wegen seiner zweideutigen Aussagen ins Zwielicht geratene Autor XY ist so ein Satz, den man nur schreibt, aber nie spricht. Genauso wie das von weiten Teilen der Belegschaft und übrigens auch vom alten Vorstand getragene und bis dato leider nicht finanzierbare Projekt.

So ein Satz gehört unter Umständen in die Zeitung, aber nicht in eine Moderation. Wolf Schneider nennt das Stopfstil, wenn die Sätze wie eine Weihnachtsgans mit Informationen vollgestopft werden. Warum zwei Sätze nehmen, wenn ich es auch mit einem sagen kann? Das geht aber nur, wenn ich den Satz lerne oder lese. Frei formulieren kann ich so etwas nicht. Und nicht nur der Moderator tut sich schwer mit dem Sprechen solcher Sätze, sondern auch das Publikum mit dem Hören und Verstehen.

Die Anzahl der Informationen in einem gesprochenen Satz ist beschränkt. In der Zeitung könnte stehen Am 4. Juli findet um 18 Uhr in Köln im Super-Hotel ein einstündiger Vortrag mit Michael Rossié zum Thema »Frei sprechen« statt. Dieser Satz enthält zwei Fehler, wenn er gesprochen werden soll. Erstens muss »Frei sprechen« nach vorne. In der Zeitung kann ich nachlesen, wann und wo und wer, im Radio nicht. Und zweitens enthält der Satz acht Informationen, das sind deutlich zuviele. Das Maximum für einen gesprochenen Satz liegt bei zwei. Wir müssen also vier Sätze daraus machen. Interessant ist wieder, dass es völlig egal ist, welche Information ich mit welcher kombiniere. Es klappt immer Am 4. Juli geht es ums freie Sprechen. Und zwar in Köln im Super-Hotel. Michael Rossié wird den Vortrag halten. Er dauert eine Stunde und beginnt genau um 18 Uhr.

Professionelle Moderatoren benutzen oft nicht mehr als eine Information pro Satz. Interessieren Sie sich für Moderation? Dann habe ich einen tollen Vortrag für Sie. Und zwar am 4. Juli. Michael Rossié wird ihn halten. Sie müssen allerdings nach Köln kommen. Es geht pünktlich um 18 Uhr los. Das Ganze findet im Super-Hotel statt. Bringen Sie ungefähr eine Stunde Zeit mit. Und Sie ahnen, wie ich diese Moderation aufschreiben würde? Als einen achtstrahligen Stern (vgl. Abschn. 2.2)

15. ***Die Stimmungskanone*** versucht, ihre Zuhörer so mit guter Laune zu erschlagen, dass sie gar nicht anders können als sich zu amüsieren. Leider erreicht sie sehr oft das Gegenteil. Niemand will gezwungen werden, gut gelaunt zu sein. Gute Laune kann immer nur ein Angebot sein, ein Vorschlag. Überlegen Sie mal, wie es Ihrer Laune geht, wenn Sie das folgende, zugegeben ein bisschen extreme Beispiel hören:

🔘 47

5.9 Gut gemeint

Würden Sie so jemanden einladen? Echt ist diese Art von guter Laune nicht. Da tut ja jemand nur so, als habe er Energie, sei gut drauf und finde alles wahnsinnig witzig. Ein schlechter Schauspieler, der hofft, wir gehen ihm auf den Leim. Mit Sicherheit kein Weg zu Authentizität und Sympathie.

Wenn es den Moderatoren, die ich betreue, besonders schlecht geht, weil sie zum Beispiel private Probleme haben, sprechen sie nicht etwa langsamer oder haben einen besonders traurigen Unterton, sondern ich merke es an der vor Energie strotzenden Moderation. Damit nur keiner merkt, dass es ihnen schlecht geht, tun sie des Guten zu viel. Gute Laune ist nur ansteckend, wenn sie echt ist.

Der Selbstverliebte ist eine besondere Form der Stimmungskanone. Die Energiemenge mag variieren. Das Problem ist dasselbe. Er findet seine eigenen Pointen klasse und kündigt sie entsprechend an. Er äußert keine Meinung und macht kein Angebot, sondern schreibt dem Hörer oder Zuschauer vor, wie er das Gesagte finden soll. Und sich selbst findet er einfach wahnsinnig komisch.

 48

Wenn es Ihnen so geht wie mir, friert Ihr freundliches Lächeln ein, mit dem Sie dem Sprecher vielleicht am Anfang noch Wohlwollen entgegengebracht haben, und Sie warten etwas verbissen auf die Pointe der Geschichte. Sie haben als Zuhörer keine Wahl, wie Sie die Geschichte finden wollen, und das ärgert Sie. Aber ein Lächeln kann ich Ihnen vielleicht entlocken, wenn ich Ihnen die Geschichte einfach nur anbiete, um darüber zu lachen.

Kurze Pausen vor der Pointe, die nichts anderes heißen als »Bin ich nicht toll?«, sind auch ein beliebtes Mittel, sich unbeliebt zu machen.

 49

Begeisterung für den eigenen Witz hat nichts Ansteckendes. Komiker sind ganz ernsthafte Menschen. Und während sie verzweifelt von einer Katastrophe in die andere schlittern, lachen wir. Nur der Zuschauer, der die Wahl hat, zu entscheiden, ob er das witzig findet oder nicht, lacht möglicherweise. Auch wenn Mario Barth das anders macht, halt ich es für die komischere Variante, wenn der Comedian nicht lacht.

Das Gleiche gilt für alle anderen Gefühle. Dass ich jemandem dauernd erkläre, wie spannend meine Ausführungen sind, wird ihn eher davon abhalten, genauso zu empfinden. Alles, was uns aufgedrängt wird, nervt. Denken Sie nur an die Verkäuferin, die Ihnen jetzt zum dritten Mal sagt, wie gut Ihnen die Hose steht. Die

Verkäuferin aber, die nur kurz an Ihnen vorbeigeht, die Augenbrauen hochzieht und ein `Sitzt klasse!` murmelt, beschleunigt unter Umständen Ihre Kaufentscheidung ungemein.

Für große Gefühle und tiefe Emotionen gilt übrigens das Gleiche. Wenn Ihre Moderation vor Sentimentalität trieft, wird Ihrem Publikum nicht warm ums Herz, sondern es wird ärgerlich. Ebenso wenn Kommissare ihren eigenen Fall spannend finden. Das langweilt Sie mit Ihren Chips auf dem Sofa. Je einfacher, desto besser. Und nicht je emotionaler. Emotionen hervorrufen zu wollen ist etwas Anderes, als sie vorzuspielen.

16. *Der Aufgeblasene* kommt heute hauptsächlich auf Veranstaltungen vor. Aber in der Anfangszeit des deutschen Fernsehens glaubte man, auf diese Art großen Ereignissen die nötige Würde zu verleihen. Schließlich war es Fernsehen, und das war doch etwas Besonderes. Dieter Thomas Heck war für diese Art der Moderation ein sehr gutes Beispiel. Etwas Großes muss auch GROSS gesprochen werden. Dieser Rednertypus ist ganz leicht zu karikieren. Man atmet einfach ein – und dann nicht wieder aus.

 50

Die dadurch entstehende Spannung benutzt er gleich für die Moderation der Sendung. Immerhin entsteht dadurch auch beim Zuschauer ein gespannter Eindruck, und der kann bis zur Kurzatmigkeit führen. Angenehm ist das nicht. Während sich der Moderator durch das Einziehen der Luft dazu bringt, gerade zu stehen und glaubt, ein höheres Energieniveau zu erreichen, muss ich mich als Zuschauer bei so viel Anstrengung selber anstrengen.

17. *Der Wichtige* lässt sich nicht vom Gesprächspartner unterbrechen. Ihm scheint es, als hinge seine Sympathiekurve direkt von der Anzahl der geäußerten Argumente ab.

 51

Die Technik ist ganz einfach. Er macht Pausen nicht zwischen den Gedanken, sondern mitten im Satz, wobei er den Melodiebogen nach oben zieht, um anzudeuten, dass er noch nicht fertig ist. An Stellen, an denen er Pausen machen könnte, spricht er aber durch. Korrespondenten haben das früher häufig gemacht oder Politiker, damit ihr Beitrag nicht geschnitten werden kann. Das funktioniert aber zunehmend schlechter. Immer mehr Redakteure schneiden O-Töne eiskalt ab. Letzten Endes gewinnt den Machtkampf immer der am Schneidetisch.

Wer macht es denn richtig? Sie werden jetzt denken, da gibt es ja kaum jemanden, der das wirklich gut macht. Doch, es gibt auch ganz viele positive Beispiele. Das sind schon noch ein paar mehr als Günther Jauch. Es gibt viele gute Gastgeber von Talkshows, Moderatoren von Spielen und glänzende Sportreporter. Vielleicht ist es eine Frage der Priorität. Wenn alles schnell, schnell gehen muss, man fünf Shows am Tag produziert und Moderatoren ein paar Stunden vor der Sendung noch keine Ahnung haben, worum es geht und sich auf ihren Teleprompter verlassen, kann es nicht wirklich gut werden. Vielleicht geben wir uns oft mit zu wenig zufrieden.

Zusammenfassung

1. Die Sprechmelodie muss zum Inhalt passen.
2. Denken Sie Ihre Sätze und schmücken Sie sie nicht.
3. Schnell heißt nicht besser. Wer unterhalten will, ist selbst ruhig.
4. Nach oben gezogene Satzenden treiben Sie an.
5. Ein guter Text ist noch keine gute Rede.
6. Gute Laune steckt an, aber nur, wenn sie echt ist.
7. Machen Sie sich nicht wichtiger als Sie sind.

5.10 Die Doppelmoderation

Daran ist nichts besonders oder schwierig. Im Gegenteil. Wenn zwei eine Sendung gemeinsam moderieren, können sie sich helfen, anregen, ergänzen usw. Meist nimmt man einen Mann und eine Frau, oder zumindest zwei Moderatoren mit deutlich unterschiedlichen Stimmen. Wenn das aber der einzige Grund für eine Doppelmoderation ist, vergibt man ein paar gute Möglichkeiten. »Sprecherwechsel hat nur dann einen Sinn, wenn ihm ein Funktionswechsel entspricht.« (Häusermann und Käppeli 1986, S. 168).

Bei manchen Pärchen beginnt der eine die Sätze, der andere beendet sie. Da beten beide einen Text herunter, den sie auswendig gelernt haben. Das sollen Moderatoren sein?

Der Sinn einer Doppelmoderation ist eine Aufgabenverteilung zwischen beiden Moderatoren. Die findet aber bei den meisten Doppelmoderationen nicht statt. Zwei Moderatoren, nur weil das hübscher anzusehen ist? Nur damit man die Zielgruppe vergrößert? Da kann sich ein Sender oder eine Redaktion nicht entscheiden und nimmt einfach einen Mann und eine Frau, schon ist das Problem gelöst. Dann macht man vielleicht eine Umfrage, wer besser ankommt, und schmeißt den anderen raus.

Bei einer echten Doppelmoderation, die ihren Charme aus den Wortwechseln und Wortspielen der beiden Moderatoren bezieht, ist es unerlässlich, den beiden Aufgaben zuzuweisen, zum Beispiel nach dem Prinzip Protagonist – Antagonist: Der weiße Clown hat immer den dummen August bei sich, Dick seinen Doof. Die Rollen sind klar, und die Dialoge ergeben sich von selbst, wenn jeder seine Aufgabe kennt.

Je unterschiedlicher die Charaktere der Moderatoren sind, desto einfacher ist die Moderation. Der eine will eine Sendung machen, der andere will sie boykottieren, der eine macht den technischen Ablauf, der andere unterhält sich am liebsten mit den Studiogästen, der eine ist stets neugierig, und der andere ist allem Neuen gegenüber skeptisch.

Das wird dem Zuschauer komischerweise auch nie langweilig, im Gegenteil. Er ist froh, wenn er weiß, woran er ist und amüsiert sich, weil ihm alles so vertraut ist. Pointen ergeben sich so von selbst. Fehler des einen Moderators, die auch der Zuschauer merkt, korrigiert der andere. Und zwar ohne Häme und ohne großen Aufwand. Sonst wird der Fehler auch ihm angelastet. Er korrigiert, und der andere macht weiter. Nur bei Fehlern, die der Zuschauer nicht bemerken würde, lässt man den anderen gleich weiterreden.

Beide reden durcheinander. Ein besonders interessantes Phänomen ist die mangelnde Abstimmung von zwei Moderatoren, die zusammen eine Sendung machen. Das meiste, was wir da im Fernsehen vorgesetzt bekommen, ist getürkt. Die beiden haben vorher genau ausgemacht, wer was sagt, und sprechen das auch so in die Kamera, ohne einander anzugucken. Wunderbarerweise spürt der Partner, wann der andere aufhört und wann er selber dran ist. Das ist wie Zaubern. Es sieht ein bisschen seltsam aus, aber wir haben uns alle daran gewöhnt. Wir wissen ja, dass wir betrogen werden.

Im Radio ist das anders. Hier begegnen uns immer wieder Moderatorenpaare, die einander nicht ausreden lassen, sich gegenseitig unterbrechen und Kommuni-

5.10 Die Doppelmoderation

kationsprobleme haben, die im privaten Gespräch kaum vorkommen. Das liegt am Medium. Eine Pause im Radio ist eben etwas anderes als im Fernsehen oder im privaten Gespräch. Eine Pause ist für die meisten Moderatoren Leere, Stillstand, nichts. Um dieses »nichts« zu vermeiden, reden die Moderatoren im Radio lieber beide durcheinander. Außerdem hat zumindest jeweils einer unter Umständen das Gefühl, dem anderen beweisen zu müssen, dass ihm auch an dieser Stelle etwas einfällt. Manche Moderatoren glauben ja, sie würden nach Textmenge bezahlt.

Dabei sind Pausen sehr hilfreich. Für mich ist das Fehlen von Pausen immer ein Zeichen für mangelndes Vertrauen zwischen den beiden Sprechern. Sie glauben einfach nicht daran, dass der andere weiterspricht. Entweder, weil sie schlechte Erfahrungen gemacht haben oder weil beide unterschiedliche Vorstellungen von der richtigen Länge einer Pause haben. Hier helfen keine Verabredungen (die können kurzfristig eine Lösung sein), sondern es wäre wichtig, ein Vertrauensverhältnis aufzubauen. Nur dann wird eine Doppelmoderation auch für den Zuschauer amüsant und angenehm.

Im besten Falle stehen die beiden Moderatoren so, dass sie sich sehen können und sprechen nicht nebeneinander in ihre Mikrofone. Wenn ich den anderen im Blickfeld habe, weiß ich sofort, ob er noch etwas sagen will oder nicht. Dass Unterbrechungen auch eine Machtfrage sind (wer bedient den Regler), darauf werde ich noch eingehen (vgl. Abschn. 6.1).

Gute Moderatoren kämpfen nie gegeneinander. Obwohl auch das leider zum Alltag gehört. Regisseure hetzen Moderatoren gegeneinander auf (`Wenn er lauter wird, dann wehre dich` oder `Lass dich nicht unterbuttern`). Besonders Anfänger neigen dann dazu, sich dauernd zu produzieren, weil sie das Gefühl haben, sie bekommen ihr Gehalt dafür, möglichst viel zu allem zu sagen. Gerade ein Moderator, der zum richtigen Zeitpunkt auch mal schweigen kann, ist ein guter Moderator. Wobei ich auch weiß, dass manche Regisseure das deutlich anders sehen.

Zusammenfassung

1. Für zwei Moderatoren zwei Aufgaben, nicht zwei Texthälften.
2. Je unterschiedlicher beide sind, desto besser.
3. Vertrauen ist die beste Voraussetzung für eine Doppelmoderation.

5.11 Das Ende

Der letzte Satz sollte geplant sein. Nicht nur, damit Sie einen schönen Ausstieg haben (der letzte Satz bleibt dem Zuschauer oder Zuhörer im Gedächtnis), sondern auch, damit Ihnen jederzeit ein Notanker zur Verfügung steht, wenn Sie mit ihrem letzten Stern durcheinandergekommen sind. Wenn Ihnen nichts mehr einfällt, kommt der letzte Satz, und Sie sind gerettet.

Das gilt natürlich nur für längere Moderationen. Bei drei Sätzen zur Anmoderation eines Beitrages können Sie nicht einen vorbereiteten Einleitungs- und einen vorbereiteten Schlusssatz haben.

Auch in einer größeren Sendung, gibt es vor bestimmten Elementen der Sendung wie Spielen, Beiträgen, Einspielern usw. die Möglichkeit, jeweils mit einem festgelegten Statement zum nächsten Thema zu kommen. Es gibt Moderatoren, die üben in den Wochen vor der ersten Sendung im Wohnzimmer besonders die immer wiederkehrenden Elemente und die Übergänge dazwischen. Diese vorbereiteten Versatzstücke können Ihnen sehr helfen. Und wenn man sie laut geübt hat, dann muss man sie nicht etwa suchen oder aufschreiben, sondern sie fallen einem komischerweise immer genau dann ein, wenn man sie braucht. Meistens jedenfalls.

Ich habe Sendestaffeln erlebt, in denen der Moderator erst nach knapp 20 Aufzeichnungen das Spiel am Anfang der Sendung fehlerfrei erklären konnte. Das liegt natürlich an mangelnder Vorbereitung. Hätte der Moderator das für sich ein paar Mal laut durchgesprochen, also sich am besten einen Stern gemacht, dann wäre das Problem nicht aufgetreten, und er hätte nicht 50 Menschen von der Arbeit abgehalten.

Der Schlusssatz soll auf Wiedersehen sagen, auch wenn er es nicht mit Worten ausdrückt. Und deswegen enthält der keine Informationen mehr. Wenn der letzte Satz wichtige Informationen enthält, fühlt der Zuschauer sich rausgeschmissen, wie bei einem Gastgeber, der mich nach dem letzten Dia seines Vortrages vor die Tür setzt.

Zum Schluss also ein redundanter Satz, der ausdrückt, dass es das jetzt war (ohne es so zu formulieren). Er wird vielleicht langsamer gesprochen, ist vielleicht besonders betont oder der Redner macht nach dem letzten Satz eine längere Pause, bevor er die Bühne verlässt. Vielleicht sagt er auch einfach nur: `Auf Wiedersehen!` oder `Danke!` Der Schluss muss jedenfalls erkennbar sein. Er wird nicht angekündigt, schon gar nicht mehrmals, und wird auch nicht verlängert, wenn Ihnen noch etwas einfällt. Wenn Schluss ist, ist Schluss.

Und wenn Sie ein Publikum haben, dann nehmen Sie einen Moment den Applaus bewusst wahr. Sonst ärgert sich Ihr Publikum. Applaus soll man spenden, wenn es gefallen hat, aber es ist auch wichtig, ihn zu nehmen. Was würden Sie sagen, wenn nach dem Theaterstück der Vorhang zu bliebe? Möglichkeiten, Applaus herauszukitzeln gibt es viele, aber davon rate ich Ihnen ausdrücklich ab.

Zusammenfassung

1. Bereiten Sie den letzten Satz vor.
2. Sprechen Sie wiederkehrende Passagen durch.
3. Nach dem Schluss kommt nichts mehr.
4. Der Schlusssatz sagt auf Wiedersehen.
5. Nehmen Sie Applaus an.

Literatur

Altmann, Hans Christian. 1999. *Wie man frei spricht und seine Zuhörer fesselt.* Kissing: Weka-Verlag.

Häusermann, Jürg, und Käppeli, Heiner. 1986. *Rhetorik für Radio und Fernsehen. Regeln und Beispiele für mediengerechtes Schreiben, Sprechen, Informieren, Kommentieren, Interviewen, Moderieren.* Aarau und Frankfurt: Verlag Sauerländer.

Heckel, Jürgen. 1997. *Frei sprechen lernen. Ein Leitfaden zur Selbsthilfe.* 4. Aufl. München: A-1-Verlag.

Kelmer, Otto, und Stein, Arnd. 1978. *Mensch und Mitmensch im Experiment.* Münster.

Lauster, Peter. 1997. *Menschenkenntnis. Körpersprache, Mimik und Verhalten.* Berlin: Ullstein Taschenbuch.

Rossié, Michael. 2013. *Sprechertraining, Texte präsentieren in Radio, Fernsehen und vor Publikum.* 7. Aufl. Wiesbaden: Springer VS.

Rossié, Michael. 2016. *Wie fange ich meine Rede an? 100 Ideen für 1000 eigene Anfänge.* München: C.H. Beck Verlag.

Ruge, Nina und Wachtel, Stefan (Hrsg.). 1997. *Achtung Aufnahme. Erfolgsgeheimnisse prominenter Fernsehmoderatoren.* Düsseldorf: Econ Verlag.

Sprenger, Reinhard, K. 1999. *Mythos Motivation.* 19. Aufl. Frankfurt, New York: Campus Verlag.

Pabst-Weinschenk, Marita. 1999. *Reden im Studium.* 5. Aufl. Frankfurt.

Tucholsky, Kurt. 1975. *Ratschläge für einen schlechten Redner. Aus: Gesammelte Werke* Bd. 8. Reinbek.

Gäste 6

Zusammenfassung

Kompliziert wird es oft erst, wenn man nicht mehr alleine ist. Auf Antworten oder Zwischenrufe von Gästen kann man sich nämlich nicht zu hundert Prozent vorbereiten, noch dazu wenn die Gäste vielleicht gerade darauf aus sind, dass es eine heftige Diskussion gibt. Andererseits hebt eine Kontroverse die Einschaltquote, solange der Moderator stellvertretend für den Zuschauer die Oberhand behält.

Welche neuen Probleme können entstehen, wenn Sie Gäste in Ihrer Sendung haben? Nun will ich hier nicht auf die verschiedenen Typen von Gesprächen eingehen, sondern erklären, was es beim Umgang mit Gästen im Studio oder auf der Bühne zu beachten gilt. Die journalistischen Erfordernisse zum Thema Interview und Diskussion in Radio und Fernsehen behandeln Axel Buchholz in »Radio-Journalismus« (La Roche und Buchholz 2009) und Manfred Buchwald in »Fernseh-Journalismus« (Schult und Buchholz 2011).

6.1 Das Gespräch, das Interview

Jede Moderation kann Gespräche oder Interviews enthalten. Zwei Menschen unterhalten sich, wobei der eine über den anderen etwas erfahren möchte.

Sie sollen jemanden interviewen. Im günstigsten Fall haben Sie Zeit, sich vorzubereiten und etwas über Ihren Gesprächspartner zu recherchieren. Wenn ich Interviewtrainings für Sportler, Politiker oder Schauspieler gebe, ist deren mit Abstand häufigster Kritikpunkt, dass die Moderatoren nur ungenügend vorbereitet waren. Ein Judo-Kämpfer, der seine Erfolge kommentieren soll, ärgert sich, wenn der Reporter von der Materie keinerlei Ahnung hat.

Nach der inhaltlichen Vorbereitung sind Sie so in der Materie zu Hause, dass Sie gleich loslegen können. Oder Sie machen sich ein paar Moderationskarten und skizzieren den groben Verlauf des Gesprächs. Dann gehen Sie vor Kamera oder Mikrofon und unterhalten sich. Was kann daran schwierig sein? Schwierig ist daran gar nichts, wenn man von einem völlig stummen oder einem ununterbrochen quasselnden Gesprächspartner mal absieht (auch streitsüchtige oder schüchterne Gesprächspartner stellen einen erhöhten Schwierigkeitsgrad dar). Trotzdem gibt es zwischen einem sehr guten und einem völlig belanglosen Interview erhebliche Unterschiede.

Der Gastgeber bestimmt die Sitzordnung. Ob Sie die Technik als Vorwand benutzen, ob Sie einfach bestimmen, dass es so ist, oder ob Ihr Regisseur aus ganz bestimmten Gründen eine Sitzordnung vorschlägt, Ihr Gast darf sich seinen Platz nicht aussuchen. Sie wissen, wo Sie sitzen, da fühlen Sie sich wohl, und von da aus führen Sie Ihr Gespräch. Auch zu Hause würde Sie ein Gast nicht von Ihrem Lieblingsplatz vertreiben.

Machen Sie von Anfang an klar, wer im Studio das Sagen hat. Erlauben Sie Ihren Studiogästen nicht, mit den Stühlen herumzurutschen. Das macht nicht nur der Technik Probleme, sondern Sie nervös. Manche Gäste halten es für ein lustiges Spiel, den Moderator aus dem Konzept zu bringen.

Im Fernsehen sitzt oder steht man zu nah. Das Bild ist schöner, wenn die beiden Gesprächspartner nicht so weit auseinander stehen. Kameraleute und Regisseure wollen deshalb meist, dass man noch ein bisschen zusammenrückt. Das kann manchmal unangenehm sein, besonders wenn der Studiogast einem nicht sympathisch ist. Sehr oft reagiert der Gast mit verschränkten Armen oder weicht während des Gespräches wieder zurück. Hier geht es darum, in Absprache mit dem Regisseur einen Abstand zu finden, der ein gutes Bild ergibt, aber den Gast offen bleiben lässt. Sie können ja nicht nachrücken, sonst laufen langsam beide aus dem Bild.

Berühren Sie Ihre Studiogäste nur aus Sympathie. Menschen werden nicht gern herumgeschoben, auch wenn das für Sie die einfachere Methode sein sollte, jemandem zu zeigen, was er zu machen hat. Ganz davon abgesehen, dass Sie damit die Intimsphäre mancher Menschen verletzen. Es ist in jedem Fall ein Zeichen von Macht (was das Gefühl von Ohnmacht herausfordert), wenn ich jemanden mit

6.1 Das Gespräch, das Interview

sanftem Druck durchs Studio bewege. Selbstverständlich dürfen Sie Sieger umarmen oder Verlierer trösten, wenn es Ihrem Naturell und dem Format der Sendung entspricht.

Machen Sie ein Warm-up mit Ihrem Gesprächspartner. Unterhalten Sie sich vorher mit dem Studiogast, aber am besten nicht über die Themen der Sendung. Alles, was er zum zweiten Mal sagt, klingt nur noch halb so gut. Er ist ja in der Regel kein Schauspieler. Wie oft sagt er dann in der Sendung `Wie ich Ihnen ja schon erzählt habe...` Bei Aufzeichnungen ist es für den Laien manchmal schwer zu ordnen, was bereits aufgezeichnet ist und was nicht. Haben Sie also Studiogäste, besteht Ihre Aufgabe auch darin, Ihrem Gast zu helfen, sich nicht zu wiederholen und Dinge noch einmal mit der gleichen Frische zu sagen, wenn etwas wiederholt werden muss. Stellen Sie die Frage nochmals, aber in anderem Wortlaut, bitten Sie ihn um eine Zusammenfassung, oder holen Sie ihn noch einmal ein Stück vor der neu zu drehenden Passage ab.

Lassen Sie Ihren Gast nicht nervös werden oder Spannungen aufbauen. Sie unterhalten sich im günstigsten Falle bis zur Sendung, lenken ab und verwickeln Ihren Studiogast in ein lockeres Gespräch über die Börsenkurse oder die Wahl des nächsten Urlaubsortes. Er soll vergessen, dass er in einem Studio ist. Irgendwann bekommen Sie das Zeichen, dass alles so weit ist, und Sie fangen an. Ein nahtloser Übergang vom privaten Gespräch zur Aufnahme.

Nichts ist schlechter, als dem Gast das Gefühl zu geben, dass mit Beginn der Sendung etwas ganz Außergewöhnliches passiert (`Noch zwei Minuten, Achtung, noch eine Minute. Konzentrieren Sie sich, gleich geht es los`). Die Sendung ist nichts Besonderes, und man muss auch keine Angst haben. Wenn Sie das Ihrem Gast vermitteln können, werden Sie am meisten aus ihm herausholen.

Der Körpersprache Ihres Gegenüber sollten Sie im Zweifelsfalle mehr Aufmerksamkeit widmen als Ihrer eigenen. Die dadurch erhaltenen Informationen sind unter Umständen wichtig. Sehen Sie einfach nur hin: Nimmt er die Hand vor den Mund, wenn Sie ein schwieriges Thema ansprechen, stützt er die Hände auf, als wollte er gleich gehen, oder werden Sie mit dem Finger angepiekst, weil sich Ihr Interviewpartner in die Ecke gedrängt fühlt?

Menschen, die sich verstehen, bewegen sich synchron. Dazu schreibt Flora Davis (1975, S.110f.), die sich mit diesem Thema ausführlich beschäftigt hat: »Selbst wenn ein Zuhörer völlig still zu sitzen scheint, zeigt die Mikroanalyse, dass sein

Augenblinzeln oder das Ziehen an seiner Pfeife synchron mit den Worten verläuft, die er hört...« Sie sollten deswegen aber auf keinen Fall Ihre Bewegungen den Bewegungen Ihres Gegenübers ständig anpassen. Das kostet Sie zu viel Konzentration, und die Gefahr, dass der andere Ihre Manipulation bemerkt, ist zu groß. Aber wenn Sie den Gedanken ernst nehmen, werden Sie vielleicht von Anfang an die Sitzmöglichkeiten ein wenig angleichen und die Voraussetzungen für einen Gleichklang schaffen.

Fangen Sie langsam und eher leise an, das nimmt Ihrem Gast die Angst. Jemand, der von einem energiegeladenen Moderator angebrüllt wird, zieht sich erst einmal zurück. Wie wäre es, mit etwas Nettem anzufangen, einem Lob, einem Kompliment. Ich habe das oft an mir selbst getestet. Es funktioniert auch dann, mich in gute Laune zu versetzen, wenn ich ganz genau weiß, warum der andere es jetzt macht.

Fragen Sie ihn nicht allgemein, sondern konkret. Also nicht Wie war denn das so? sondern Wollten Sie in diesem Augenblick wirklich nicht? Lassen Sie ihn zunächst über seine Gefühle sprechen und fragen Sie keine Fakten ab. Das ist für ihn am Anfang viel leichter und für uns ungleich interessanter. Vor allem Meinungsfragen sind offen und nicht suggestiv, das heißt, der Gast kann nicht mit Ja oder Nein antworten. Sie wollen ihn ja zum Reden bringen. Die Frage Geht es Ihnen gut kann Ihr Gesprächspartner nur mit Ja oder Nein beantworten, und Sie als Moderator sind schon wieder an der Reihe, sich etwas auszudenken.

Alle Fragen haben bestimmte Grundmuster, die ich Ihnen hier zusammengestellt habe.

- Offen: Was kann man tun?
- Geschlossen: Haben Sie etwas getan?
- Direkt: Wer hat das getan?
- Indirekt: Ich überlege, ob Sie das getan haben.
- Rhetorisch: Muss ich fragen, ob Sie das getan haben?
- Suggestiv: Soll ich im Ernst fragen, ob Sie es getan haben?
- Alternativ: Haben Sie das getan oder das?
- Doppelt: Nennen Sie zwei Gründe, warum Sie das getan haben!
- Interpretierend: Was bedeutet es, dass Sie das getan haben?
- Feststellend: Sie haben das also getan.
- Provozierend: Sie wollen das im Ernst getan haben?

6.1 Das Gespräch, das Interview

Die erste Frage ist geplant und am besten persönlich. Zunächst geht es darum, ein angenehmes Klima zu schaffen. Überfallen Sie niemanden. Sie haben ein paar Zahlen, Daten, Fakten, Zitate etc. vorbereitet, die Sie eventuell einsetzen können, wenn sich das Gespräch in einer Sackgasse befindet. Dazu vielleicht ein oder zwei Themenkreise, die Sie eventuell noch berühren wollen, wenn das Gespräch zu unergiebig wird. Das genügt völlig. Alles weitere ergibt sich im Gespräch. Sie gehen ganz unbefangen heran und stellen die Frage, die wahrscheinlich auch der Zuschauer stellen würde.

Je besser die Fragen, desto besser die Antworten. Einen Rennfahrer zu fragen `Was fühlten Sie bei dem Unfall?` oder einen Verlierer `Warum haben Sie nicht gewonnen?` wird nicht zu interessanten Antworten führen. Die Frage an einen Musiker `Was für Musik machen Sie denn nun?` wird ihn ärgern und erzählt von Ihrer schlechten Vorbereitung. Beschränken Sie sich im Zweifelsfall lieber auf einen Teilaspekt des Gesprächsthemas. Alles kurz anzusprechen ist weniger interessant, als bei einem Aspekt in die Tiefe zu gehen.

Besonders ärgerlich sind Fragen, die mit `Wie` beginnen, und dann folgt ein Adjektiv: `Wie nervös waren Sie?` oder `Wie groß ist ihre Freude?` oder `Wie schwierig war der Parcours?` Was soll man darauf anderes antworten als `sehr nervös`, `sehr groß` und `sehr schwierig`. So kommt nie ein gutes Gespräch in Gang.

Kleben Sie nicht an Ihrer Vorbereitung! Die Moderationskarten sollen Ihnen als Richtschnur dienen, aber nicht als Einbahnstraße, auf der Sie zur Verabschiedung fahren. Nehmen wir einmal folgendes plakative Beispiel. Ein Fußballer wird nach seinem Training gefragt.

Aufgabe

Was werden Sie den Fußballer nach diesem Statement zu seinen Trainingsgewohnheiten fragen?
`Wir trainieren in der Regel fünfmal in der Woche. Ich habe mir zusätzlich hinter meiner Kamelfarm einen kleinen Übungsplatz gebaut, auf dem ich privat noch ein bisschen Fitnesstraining mache. Da geht es vor allem um Konditionstraining, aber auch Ballbeherrschung und gymnastische Übungen. Und das Beste ist, dass ich an der frischen Luft bin. Es ist ja gerade für einen Fußballer wichtig...`

Wenn Sie unseren Fußballspieler jetzt nicht nach der Kamelfarm fragen, dann haben Sie Ihren Beruf verfehlt. Jeder Zuschauer wird sofort fragen, was mit der Kamelfarm ist. Da Sie ja die Fragen nur stellvertretend für den Zuschauer stellen, muss diese Frage jetzt sein. Die Züchtung von Kamelen hat nichts mit Fußball zu tun, und Sie werden diesen Gedanken auch nicht sehr lange verfolgen müssen, aber ansprechen müssen Sie ihn doch. Ein Sportler, der Kamele züchtet, ist der Nachfrage wert.

Welcher Aspekt interessant ist und welcher nicht, weiß Ihr Gesprächspartner in der Regel am besten. Sie wüssten ja auch, welche Aspekte Ihres letzten Urlaubes für Ihre Mutter interessant sind und welche für Ihren Chef. Dumm ist nur, wenn Sie nach den wirklich interessanten Dingen nicht gefragt werden.

Übung
Ihr Übungspartner denkt sich ein Geheimnis aus. Zum Beispiel, dass er morgen Heidi Klum trifft, eine Million gewonnen oder sich vor ein paar Monaten einer Geschlechtsumwandlung unterzogen hat. Vielleicht besitzt er auch eine Boeing oder ist unter Pseudonym ein Bestsellerautor mit Glasauge. Wenn die Übung in einer Gruppe stattfindet, geht der Interviewer kurz hinaus, damit die Gruppe das Geheimnis erfährt.

Der Interviewer hat jetzt die Aufgabe, das Geheimnis zu lüften, und der Interviewte soll von seinem Geheimnis erzählen wollen (genau wie im richtigen Leben), allerdings nur, wenn ihm der Interviewer auch wirklich eine Möglichkeit dazu gibt.

Für die Gruppe, die das Geheimnis kennt, ist es jetzt spannend zu beobachten, wie der Geheimnisträger dem Interviewer Stichwörter liefert, Brücken baut, Bälle zuwirft, die dieser aber meist nicht annimmt. Die allwissenden Zuschauer können so gut beurteilen, inwieweit der Interviewer zuhört und die Bälle fängt. Je genauer der Interviewer zuhört und je mehr er sich von den Antworten seines Gesprächspartners leiten lässt, desto eher hat er das Geheimnis gelüftet.

Aufgabe
Wonach würden Sie die drei Personen fragen, die Ihnen diese Antworten auf Ihre Frage geben?

```
    In einem ersten Schritt haben wir dort jetzt ei-
ne Krankenstation eingerichtet, die wir mit Unterstüt-
zung der einheimischen Ärzte betreiben.
```

```
Mir geht es jetzt wieder sehr gut. Ich habe viel Kraft
und eine Reihe von sehr verlockenden Angeboten.
Es war wirklich ein großer Glücksfall, der uns nach
Manaus geführt hat, und im Nachhinein stellte sich her-
aus, dass er lebensrettend war.
```

Die Antwort wird Ihnen nicht schwer gefallen sein. Im ersten Interview will der Befragte nach dem zweiten Schritt befragt werden, der zweite Talk-Show-Kandidat würde gerne darüber sprechen, warum es ihm vorher schlecht, jetzt aber wieder gut geht. Nummer drei möchte über den Glücksfall reden, dem er sein Leben verdankt.

Können Sie sich vorstellen, diese Angebote zu übersehen? Wahrscheinlich nicht, aber es ist tatsächlich passiert. Es handelt sich hier wieder um echte Fundstücke, bei denen die Moderatoren dem Geheimnis ihrer Gäste nicht oder sehr verspätet auf die Spur gekommen sind. Sie haben nicht zugehört, weil sie so mit der nächsten Frage beschäftigt waren, dass sie die Antwort nicht mitbekommen haben. Oder sie haben einfach einen vorbereiteten Fragenkatalog abgearbeitet. Ich habe beim Hören vieler Interviews dem Moderator oft nachweisen können, dass der Studiogast ihm etwas sagen wollte, und er es nicht gehört hat.

Viele Moderatoren hören nicht zu. Nehmen wir einen Original-Dialog aus einer Quizshow. Kandidat: `Mit dem Thema haben Sie mich jetzt er-wischt. Da habe ich keine Ahnung. Ich muss raten. Ich nehme... Antwort drei.` Moderator: `Sind Sie sicher?` Dieser Moderator war doch mit seinen Gedanken woanders. In meinen Seminaren kommt auf meine Nachfrage immer einer auf die Idee, an dieser Stelle `Sind Sie sicher?` zu fragen. Der Moderator hätte das gefragt, egal, was der Kandidat vorher geantwortet hätte, es war eine Frage, die eigentlich immer passt. Das würde Günther Jauch nie passieren. Der entwickelt jedes Gesprächsthema aus seinen Kandidaten. Wenn da ein Lehrer sitzt, der mal in Australien war und Hasen züchtet, dann sind das seine drei Gesprächsthemen.

Der Moderator hätte hier zum Beispiel fragen können, ob der Kandidat gerne ein Risiko eingeht, wenn er so schnell rät. Beide hätten über den Grund sprechen können, warum die dritte Antwort nur geraten war, oder der Gastgeber hätte sich erklären lassen, warum das Thema für den Kandidaten so schwierig ist.

Andere Moderatoren kommen während einer 90minütigen Sendung mit 50 Sätzen aus, die sie immer wieder anders kombinieren und wahllos zwischen den Sätzen ihrer Gäste verteilen. So müssen sie nicht zuhören und können den Ablauf der Sendung zu Hause wunderbar proben. Gute Moderatoren kommunizieren mit ihren Gästen.

Ungeübte Moderatoren fragen nach dem ersten Teil der Antwort, weil sie den zweiten Teil nicht mitbekommen haben. Denn da haben sie versucht, sich die Frage, die ihnen eingefallen ist, zu merken. Während der Studiogast also weiter ausführt, wiederholt der Moderator im Geiste seine Frage, um sie nicht wieder zu vergessen. So kann ich in meinen Trainings für Manager leicht beweisen, wie unsinnig lange Antworten sind.

Viele Antworten sind vorbereitet. Der Interviewte hat meist schon Statements formuliert und wartet nur auf die Gelegenheit, diese unterzubringen. Er glaubt dann, dass ihm weniger passieren kann. Natürlich ahnt er nur, was für Fragen kommen und hört nicht wirklich hin. Auf die Frage `Sie haben doch bestimmt ein Konzept?` erklärt der Studiogast ausführlich das Konzept, obwohl er nur danach gefragt wurde, ob er eines hat. Die Frage `Haben Sie die Sendung schon einmal gesehen?` ist nicht die Frage `Wie fanden Sie die Sendung?` Je häufiger der Moderator das Gefühl hat, vorgefertigte Antworten zu bekommen, desto mehr sollte er seinen Studiogast in der Sendung führen.

Empfindet der Gast eine Bedrohung, wird er ebenfalls versuchen, der Antwort auszuweichen. Geht ihm die Frage `Wie geht es dir jetzt?` zu weit, dann antwortet er unter Umständen `Gestern war ich ziemlich verwirrt`, obwohl danach überhaupt nicht gefragt worden ist.
   Jede neue Frage sollte sich aus der vorherigen Antwort ergeben. Der Interviewer, der mit jeder Frage ein neues Thema anschneidet und den Gast ständig von einer anderen Seite anspringt, wird ihn dauernd erschrecken und nichts herausbekommen als vorgefertigte Statements.

Wenn Gesprächspartner abblocken, kann es sich empfehlen, die Richtung zu wechseln. Anstatt den Druck zu erhöhen (`Geben Sie es doch zu! Aber das muss doch peinlich gewesen sein!`), stellen Sie sich auf die Seite Ihres Gesprächspartners (`Über so was will man ja auch nicht sprechen. Da soll einem erst mal was einfallen.`) und durch die neue Taktik nimmt das Gespräch eine Wendung.

Zuhören ist nicht Nichtstun, sondern Arbeit. Aktives Zuhören bedeutet für Sie, den Partner ausreden zu lassen, nicht zu unterbrechen, wichtige Aussagen zu-

6.1 Das Gespräch, das Interview

sammenzufassen und durch Ihre Körpersprache klarzumachen, was Sie von dem halten, was der Partner sagt. Die drei wichtigsten Sätze eines homöopathischen Arztes sind: Mmmh. Aha. und Erzählen Sie mehr! Ein guter Tipp auch für Moderatoren. Aber bleiben Sie ehrlich, Heuchelei bemerkt der andere.

Und übertreiben Sie nicht! Im Radio hören Sie bitte aktiv zu, ohne dabei Geräusche zu machen. Wenn wir Sie nicht sehen (und in meinen Augen auch wenn wir Sie sehen), sind gebrummte Hhmms und Ahas fehl am Platze. Wir glauben auch so, dass Sie noch da sind und Ihren Gast nicht alleine im Studio sitzen lassen.

Vor allem bei getürkten Interviews im Radio hören wir diese Geräusche. Das Gespräch wurde von einem Redakteur vor Stunden geführt, und der Moderator im Studio spielt die Antworten auf seine Fragen jetzt per Knopfdruck ein. Dabei brummt der Moderator ein paar zustimmende Laute. Lügner erkennt man eben wieder an der Übertreibung.

Aber das ist doch kein guter Journalismus, wenn sich eine neue Frage immer nur aus der vorherigen Antwort ergibt, werden Sie sagen. Interviews sollen Neues liefern und eine Seite des Gesprächspartners zeigen, die die Zuschauer noch nicht kennen. Auch das lässt sich am besten damit erreichen, zunächst einmal den Gedanken des Gesprächspartners zu folgen. Die meisten Prominenten oder Sportler leiden darunter, ewig mit den gleichen Fragen genervt zu werden. Ihr Gesprächspartner weiß am besten, was neu ist und was er noch nicht erzählt hat.

Ich bin doch kein Hofberichterstatter, denken Sie jetzt vielleicht. Ich kann doch meine Gäste nicht einfach plappern lassen, was sie wollen. Da macht dann jeder nur Werbung für seine neue CD oder seine Memoiren. Da haben Sie Recht.

Wenn Sie einen Selbstdarsteller im Studio haben, und Sie haben sich entschieden, ihn überhaupt zu interviewen, sollten Sie nicht jeden Ball fangen, sondern versuchen, ihm Bälle zuzuwerfen. Erfahrungsgemäß funktioniert das aber erst dann, wenn er einen Teil seiner Promotion-Tour absolviert hat. Hans-Dietrich Genscher soll einmal gesagt haben: »Es gibt Dinge, die sage ich, auch wenn ich nach dem Mond gefragt werde.« Jemand, der kämpft, weil er etwas unbedingt sagen will, kann Ihnen nicht offen zuhören. Der ruht nicht, bevor er sein Statement losgeworden ist.

Hat er gesagt, was er sagen wollte, dann können Sie ihn auf neues Terrain führen. Jemand, den Sie mit der ersten Frage schon erschrecken, wird sich die Worte genau überlegen und sehr auf der Hut sein. Wenn Sie aber eine lockere Atmosphäre schaffen und die Kameras oder Mikrofone schon fast vergessen sind, ist die

Wahrscheinlichkeit viel größer, dass Sie auch auf Ihre investigativen Fragen Antworten bekommen. Hunde beschnüffeln sich, wenn sie sich kennen lernen. Und ob Ihr Gesprächspartner mal so und mal anders reagiert, hängt zu einem großen Teil von seinem Selbstwertgefühl ab und nicht vom Wetter oder seiner Laune. Wenn er sich also angenommen und akzeptiert fühlt, werden Sie mehr herausbekommen. Klaus Kleber vom heute-Journal stellt erst 4 oder 5 Fragen zum Thema. Erst bei der letzten Frage an seinen Gesprächspartner sorgt er oft für eine Überraschung.

Jemandem ins Wort zu fallen ist in jedem Fall ungünstig. Trotzdem hören Sie es oft. Der Gastgeber steht unter Zeitdruck, die anderen Studiogäste warten, oder der Gast befürchtet, dass seine Redezeit schwindet, ohne dass er die entscheidenden Punkte genannt hat.

Haben Sie als Moderator keine Angst, wenn Sie nicht alles angesprochen haben. Der König sagt es beim nächsten Mal. Unterbrechen ist fast immer eine Machtfrage. Der mit dem höheren Rang unterbricht den anderen. Das gehört zu den unfairen Redetechniken, die einen Diskussionspartner einschüchtern sollen, um Punkte zu machen. Wer den anderen nicht ausreden lässt, dominiert das Gespräch.

Ich rate Ihnen vom Unterbrechen ausdrücklich ab. Sie können den Zuschauer durch nichts mehr gegen sich aufbringen, als wenn Sie Ihren Gesprächspartner nicht ausreden lassen. Warten Sie eine oder zwei Sekunden, wenn Ihr Gesprächspartner fertig ist, und dann machen Sie weiter. Eine Ausnahme besteht dann, wenn der andere das ganze Gespräch an sich reißt. Unterbrechen Sie ihn aber auch da lieber zu spät als zu früh. Wenn der Zuschauer das Gefühl hat, dass Ihr Gast zu viel redet, dann können Sie ihn ein paar Sekunden nach diesem Moment unterbrechen. Die Sympathien bleiben auf Ihrer Seite.

Am Telefon sind Unterbrechungen besonders unangenehm. Der eine Gesprächspartner sieht die Körpersprache des anderen nicht, ist also auf eine Unterbrechung nicht vorbereitet. Die Wahrscheinlichkeit, dass zwei durcheinander sprechen, ist verhältnismäßig groß, und das ist geradezu eine Aufforderung an den Hörer, einen anderen Sender einzuschalten. Wobei kurze Unterbrechungen, die das Gespräch weiter führen (Wie meinen Sie das genau? War das wirklich so? Das verstehe ich nicht ganz.) auch positiv wirken können. Unterbrechungen aber, mit denen Sie zu einem ganz neuen Thema führen, bringen für Sie Minuspunkte. Andererseits haben Sie im Hörfunkstudio auch die Möglichkeit, den Ton Ihres Gesprächspartners am Ende des Gespräches so geschickt abzudrehen, dass Ihre Zuhörer das gewaltsame Ende nicht bemerken.

6.1 Das Gespräch, das Interview

Bei netten und sympathischen Gesprächspartnern aber sollten Sie beim Auflegen des Telefonhörers der Zweite sein.

Wie unterbreche ich richtig? Ich fange vorsichtig an und vermittle durch meine Körpersprache, dass ich etwas sagen werde. Dazu muss der andere mich aber sehen. Die Wissenschaftler sagen uns, dass wir deswegen im Gespräch unseren Partner so wenig ansehen, weil wir in seinen Augen nicht lesen wollen, dass wir aufhören sollen. Man schaut jemanden an, wenn man fertig geredet hat.

Im Notfall müssen Sie laut dazwischen gehen. Im Hörfunk-Interview habe ich noch die sehr wirkungsvolle Möglichkeit, meinen Gesprächspartner mit einer Berührung, zum Beispiel am Arm, zu stoppen. Meist funktioniert schon die Bewegung. Wenn Sie der Gastgeber sind, dann stoppen Sie an einer geeigneten Stelle und weisen auf Ihre Unhöflichkeit mit Blick auf die Sendezeit hin. Sofort wird Ihr Verhalten verstanden und richtig eingeordnet.

Erst unterbrechen, dann geht es inhaltlich weiter! Wenn Sie mit einem Satz unterbrechen, der die Diskussion weiterbringen soll, hört ihn niemand und das Durcheinander vergrößert sich. Besser erst unterbrechen (`Stop! Halt! Unterbrechen wir hier!`) und wenn es ruhig ist und jeder zuhört, reden Sie und erklären, warum Sie unterbrochen haben oder was Sie sagen wollten.

Halten Sie Ihren Gesprächspartner mit den Augen fest. Erlauben Sie ihm nicht, lange Ansprachen in die Kamera zu halten und das Interview zu einer kostenlosen Werbesendung umzufunktionieren. Es unterhalten sich zwei Menschen. Sie sind nicht der Stichwortgeber für Vorträge des Interviewten an seine Fans.

Meist redet der Interviewer zu viel. Er fragt den Gesprächspartner nicht, um etwas herauszubekommen, sondern er zeigt mit der Frage, wie gut er vorbereitet ist. Lange Fragen provozieren lange Antworten. Wundern Sie sich also nicht, wenn Ihr Gesprächspartner nach einer Frage von einer Minute anfängt zu monologisieren.

Beim Zappen im Fernsehen bin ich zum Beispiel mal in ein Gespräch zweier bekannter Motivationstrainer hineingeraten, die die Selbstdarstellung bis zur Perfektion verfeinert hatten. Eine Frage bestand aus über zehn Sätzen, an die jeder die Frage anschloss, ob der andere ihm bei diesen Überlegungen nicht zustimmen müsse. Der tat das dann auch mit einem kurzen `Ja`, fügte aber ebenfalls sehr wortreich hinzu, dass ein anderer Aspekt doch wohl weit interessanter sei. Eine Lehrstunde, wie man es auf keinen Fall machen sollte.

Zu kurze Fragen können aber auch ungünstig sein. Ihr Gesprächspartner bekommt besonders am Anfang eines Interviews das Gefühl, von Ihnen mit Fragen beschossen zu werden, wobei er zu wenig Zeit hat, sich auf die Antworten einzustellen. Es vermittelt dem Gesprächspartner ein ungutes Gefühl, wenn Sie nur kurze direkte Fragen stellen. Tun Sie das nur, wenn Sie einen konkreten Grund haben, Ihren Gesprächspartner in die Enge zu treiben. Beispielsweise dann, wenn Sie das Gefühl haben, er drücke sich um die Stellungnahme.

Die Nennung von Fakten sollte ich dem Gast abnehmen. Einen Musiker nach den Terminen seiner nächsten Konzerte zu fragen ist unsinnig und meist eine Überforderung. Unstrittige Daten und Fakten zu kennen und zu nennen ist Aufgabe des Journalisten. Auch nimmt diese Aufgabenverteilung dem Gast den Druck, ständig darauf zu achten, was er alles noch unterbringen muss. Wenn ich den Titel des Buches, die Orte der Tournee oder den gerade erhaltenen Preis selbst anspreche, muss mein Gast nicht mühsam da hinsteuern. Nachdem das erledigt ist, können wir vielleicht ein anregendes Gespräch führen.

Ich kann ihm noch mehr wegnehmen: Dinge, die mein Gast nicht sagen soll oder die mir nicht gefallen, schließe ich in der Anmoderation aus oder fasse sie selbst zusammen. Die Wahrscheinlichkeit, dass der Gast das Thema trotzdem noch einmal anspricht, ist gering. Den meisten Menschen sind Wiederholungen peinlich. `Wir wollen heute nicht über Ihren neuen Film sprechen und auch Ihr politisches Engagement wurde oft genug beleuchtet. Was mich interessiert...`

Wichtige Fragen an den Anfang. Kommen Sie zügig zur Sache. So können Sie nachher bestens schneiden, wenn das Interview zu lang werden sollte. Es sei denn, Sie haben einen Gesprächspartner, dem Sie etwas entlocken wollen. Da stehen am Anfang unverfängliche Fragen (die Sie anschließend wegschneiden können), und wenn der Gesprächspartner sich wohl fühlt, dann kommen Sie zum entscheidenden Thema. Der schöne Satz von Max Frisch bringt es auf den Punkt: »Man sollte dem anderen die Wahrheit wie einen Mantel hinhalten, in den er hineinschlüpfen kann, und nicht wie einen nassen Lappen um die Ohren hauen!«

Sprechen Sie auch kritische Dinge an als seien sie normal. Auf die Frage `Ist denn tatsächlich so viel Geld weggekommen?` wird sich Ihr Gast wehren. Mit der Frage `Wie oft ist denn Geld weggekommen` oder `Wissen Sie schon wie viel?` in einem ruhigen Ton und ganz selbstverständlich, ist es viel leichter, etwas herauszubekommen. Versuchen Sie mit Sätzen Brücken zu bauen und keine Mauern.

In meinen Trainings stelle ich meinen Seminaristen harmlose Fragen in drohendem Unterton (Sie wollen doch nicht sagen, dass Sie den öffentlichen Nahverkehr gut finden?), und es gibt kaum einen, der jetzt nicht anfängt, sich für etwas zu entschuldigen, das ganz prima ist.

Die Frage kann auch ein Aussagesatz sein. Auf den Satz Sie sind mit einer ganz neuen Idee zu uns gekommen hat der Gesprächspartner alle Möglichkeiten, sein Thema von der besten Seite anzugehen. Denn er kennt es ja auch am besten. Sonst müssten Sie Pfeile in alle möglichen Richtungen abschießen, und das geht oft daneben. Kochen Sie gern? - Nein ist ein Dialog, der zeigt, dass der Interviewer schlecht vorbereitet ist. Das wäre nicht so schlimm, wenn nicht die meisten Gesprächspartner trotzdem anfangen würden, jetzt übers Kochen zu sprechen. Ich koche nicht gerne, aber das war schon als Kind so, dass ich lieber zum Schnellimbiss... Das Ergebnis ist ein bangloses Gespräch.

Wenn Sie offene Fragen stellen, kann Ihr Gesprächspartner Sie dahin führen, wo es spannend wird. Ich hasse kochen. Und Sie? - Nein, das einzige, was ich wirklich hasse, sind aufgespritzte Lippen. Natürlich schießt man Pfeile auch mal ab, um zu sehen, ob man auf etwas Interessantes trifft. Gab es in dem Zusammenhang mal eine lustige Geschichte? - Nein, eigentlich nicht, das heißt, es ist keine richtige Geschichte, aber... Im günstigsten Fall wissen Sie, wohin Sie die Pfeile schießen müssen. Oder Sie hören gut zu, wo sich neue Zielpunkte finden lassen.

Leerfragen sind sehr geeignet, das Thema zu vertiefen. Das sind Fragen, die fast nur aus einem Fragefürwort bestehen (Und warum? Was tat er? Wieso?). Sie führen damit das Gespräch, ohne dass es als eine Unterbrechung empfunden wird. Außerdem sind solche Fragen wertfrei.

Auch Schweigen kann aktiv sein. Ich sage nichts, um den anderen zum Reden zu bringen. Oder ich wiederhole Teile seiner Bemerkung, um ihn zu ermuntern, weiter zu reden. Auch unvollendete Sätze, die mein Gegenüber beendet, sind eine Möglichkeit, etwas herauszubekommen.

Verneinungen verwirren, besonders, wenn sie in Fragen versteckt sind. Außerdem brauchen wir laut Wissenschaft fast die Hälfte länger, um eine verneinende Aussage zu verstehen. Es gibt sogar Moderatoren, die die doppelte Verneinung bevorzugen (Das ist nicht unstrittig oder nicht unweit von der Stelle oder Er ist nicht ganz unverantwortlich). Manchmal wird es sogar richtiger Blödsinn. Wollen Sie den Kaffee lieber ohne Geschmack oder lieber geschmackslos oder doch besser geschmacksunneutral? Oder Sie sagen am Ende das Gegenteil von dem, was Sie eigentlich sagen wollen (Mit Ihrem Nein beim Bürgerentscheid, können Sie verhindern, dass so etwas nicht wieder vorkommt).

Die Doppel- oder Dreifachfrage ist ein weit verbreiteter Fehler. Wenn ich mehrere Fragen auf einmal stelle, gebe ich dem Befragten die Wahl, auf nur eine davon zu antworten. Eine gute oder möglicherweise herausfordernde Frage geht verloren. Sollte der Befragte nacheinander auf die Fragen antworten, entsteht ein langer Monolog, der Ihnen kaum eine Möglichkeit gibt, die Gedanken fortzuführen, es sei denn, Sie arbeiteten die Antworten ebenfalls der Reihe nach ab. Für den Zuhörer oder Zuschauer ist das sehr anstrengend.

Ein ganz fieser Trick sind Fragen nach mehreren Punkten oder Gründen, was einen Gesprächspartner unter Druck setzt. Der hat nämlich dann das Problem, dass er auf drei Fragen gleichzeitig antworten soll, während Sie sich als Interviewer zurücklehnen können, um in aller Ruhe die nächste Frage vorzubereiten. Denn eigenartigerweise nennen die meisten Interviewpartner, die ich nach drei Lösungsmöglichkeiten frage, genau drei Lösungsmöglichkeiten. Es erfordert für den Interviewpartner einige Übung, dieses Problem zu erkennen, und die Anzahl von Lösungsmöglichkeiten aufzuzählen, die er selbst gerade im Kopf hat, egal ob zwei oder fünf.

Lassen Sie sich nicht bluffen. Wenn jemand sehr bestimmt ist, heißt das noch lange nicht, dass es wahr ist, was er sagt. »Im Gegensatz zur Promptheit der Fragebeantwortung (die für Glaubwürdigkeit spricht, Anm. d Verf.) ist die Bestimmtheit im Vorbringen der Aussage nach unseren langjährigen Beobachtungen von richtigen und falschen Aussagen keinesfalls als Ausdruck der natürlichen Aussagesicherheit zu werten... Bei systematischen Beobachtungen stellten wir fest, dass von 100 Falschaussagen ungefähr 70 mit großer Bestimmtheit vorgebracht wurden.« (Davis 1975, S. 110f.)

Die Leute, die vor Ihnen sitzen, haben meist genau wie Sie Bücher gelesen, Kurse besucht und glauben zum Beispiel daran, auch eine Lüge als Wahrheit ver-

6.1 Das Gespräch, das Interview

kaufen zu können, wenn sie es denn nur intensiv genug wollen und sich gut genug vorbereiten. Ihre gesunde Menschenkenntnis trifft auf eine perfekte Vorbereitung Ihres Gastes.

Wenn Sie selbst interviewt werden? Dann hängt natürlich alles davon ab, ob Ihr Gesprächspartner die vorhergehenden Abschnitte gelesen hat oder nicht. Aber ernsthaft. Der häufigste Fehler, der mir in meinen Trainings begegnet, sind endlose Antworten, die schon eventuelle Einwürfe gleich mitbeantworten. Das ist weitsichtig und klug, aber für ein Gespräch ungeeignet. Lassen Sie dem Fragenden doch die nächste Frage oder Anmerkung, um besser miteinander ins Gespräch zu kommen.

Halten Sie Pausen aus! Wenn Sie nicht der Gastgeber sind, sind Sie für die Pause nicht verantwortlich. Wenn Sie trotzdem etwas sagen, werden Sie sich wiederholen, sich verzetteln, verstricken oder dummes Zeug reden. Wenn Schluss ist, ist Schluss. Das nächste Stichwort kommt von der anderen Seite.

So lange wie ein Streichholz brennt, sollte Ihre Antwort dauern. Das kann mal ein Wort, ein Satz oder ein kurzes Lachen sein, manchmal können es auch vier oder fünf Sätze sein. Wird es sehr viel länger, durchbrechen Sie die Regeln des Gespräches und reden den Interviewer um seinen Arbeitsplatz. Natürlich dürfen Sie auch mal länger erzählen, wenn Sie gefragt werden, aber nichts ist langweiliger, als wenn der Zuschauer merkt, dass Sie alles unterbringen, was Sie sich zu Hause vorgenommen haben. Haben Sie das nötig? Ist das so wichtig, dass die anderen Sie oder Ihr Produkt toll finden? Begreifen Sie, dass der Inhalt Ihrer Sätze zweitrangig ist. Wirken Sie lieber sympathisch, indem Sie ganz locker und präzise antworten.

Es gibt viele Fallen. Manche Fragen kann ich weder mit `Ja` noch mit `Nein` beantworten, wie die Frage: `Schlagen Sie Ihre Frau eigentlich immer noch?` oder `Haben Sie aufgehört, immer so herumzutoben?` oder `Können Sie ausschließen, dass Politiker korrupt sind?` Meiner Erfahrung nach weiß man erst auf der Fahrt im Auto nach Hause, wie man am besten gekontert hätte. Bleiben Sie authentisch, wenn Sie gefragt werden. Und wenn Alarmglocken angehen, dann sagen Sie das einfach. Mein Ratschlag: Auch nur einen Hauch von Unwohlsein sofort artikulieren. Das ist die beste Waffe gegen jemanden, der Sie reinlegen möchte. `Warum stellen Sie mir eine solche Frage? Sie wissen doch genau dass ich in der Falle sitze, egal wie ich antworte.`

Lassen Sie sich nicht provozieren! Ihr Gesprächspartner hat es leichter mit Ihnen, wenn Sie sich aufregen. Achten Sie genau darauf, was Sie gefragt werden. Zu den besonders unfairen Methoden, ein Gespräch zu manipulieren, gehört es, Sie im Eifer des Gefechts bestimmte Begriffe akzeptieren zu lassen, die man Ihnen nachher um die Ohren haut. Wenn Sie von der `allgemeinen Masse` sprechen und Ihre Mitmenschen meinen, wenn Sie das Wort `Untergebene` für Ihre Mitarbeiter akzeptieren oder den Begriff `Chaoten` für friedliche Demonstranten, liefern Sie damit wunderbare Argumente gegen sich selbst. Also Vorsicht! Manchmal steckt der Fehler schon in der Frage.

Seien Sie nicht beleidigt, und nehmen Sie sich nicht so wichtig. Streben Sie eine Haltung an, als ob Sie gerade aus der Sauna kämen. Absolut relaxt und in sich ruhend. Nehmen Sie nicht alles persönlich. Ein gegensätzlicher Standpunkt ist kein Angriff auf Ihr Ego, sondern ein gegensätzlicher Standpunkt. Niemand kann Sie beleidigen, wenn Sie sich nicht beleidigen lassen.

Zusammenfassung

1. Schaffen Sie als guter Gastgeber eine entspannte Atmosphäre.
2. Sie bestimmen die Sitzordnung. Halten Sie genügend Abstand.
3. Vorsicht beim Berühren Ihrer Gäste!
4. Bereiten Sie nicht das Gespräch vor, sondern dessen Thema.
5. Machen Sie ein Warm-up. Beobachten Sie die Körpersprache.
6. Hören Sie zu und lassen Sie sich leiten!
7. Die nächste Frage ergibt sich aus der letzten Antwort.
8. Unterbrechen Sie nach Möglichkeit nicht.
9. Nehmen Sie Ihrem Gast die Fakten ab.
10. Keine Verneinungen in die Fragen, keine Doppelfragen.
11. Antworten Sie nicht zu lang und lassen Sie sich nicht aus der Ruhe bringen.

6.2 Die Diskussion

Bei Diskussionen kommt es noch mehr darauf an, dass Sie ruhig bleiben und die Übersicht behalten. Als Diskussionsleiter sorgen Sie dafür, dass das Thema nicht verlassen wird und dass Neues bei der Diskussion herauskommt. Zusätzlich sind Sie dafür verantwortlich, dass der Zuschauer alles versteht und sich nicht langweilt, dass die Gäste nicht aufeinander losgehen, dass Einzelne sich nicht auf Kosten anderer profilieren und dass alles in einer bestimmten Sendezeit erledigt ist. Das ist viel auf einmal.

Ein Diskussionsleiter sollte ein Ziel haben, sonst wird nur geschwafelt. Eine fröhliche Runde, die ein paar Themen abhakt, die zum Motto des Abends passen, ist sterbenslangweilig. Wenn Sie aber ein klares Ziel vor Augen haben, wird die Diskussion viel interessanter: Eine Frage soll entschieden werden, ein vernachlässigtes Thema wird in den Mittelpunkt gestellt und von allen Seiten betrachtet, oder unterschiedliche Gruppen klären ihre Standpunkte. Eine Plauderei über Mode ist langweilig, aber die Frage, wie viel Geld man dafür ausgeben sollte, könnte schon interessant werden. Von Ihrem Ziel hängt also sehr viel ab.

Ist das Ziel unrealistisch (z. B.: Es dürfen keine Fragen mehr offen bleiben, oder wir wollen auf jeden Fall zu einem Konsens kommen), frustrieren Sie nicht nur sich, sondern auch Ihre Zuhörer.

Sie müssen Bescheid wissen. Seien Sie sehr gut informiert über Ihre Diskussionsteilnehmer. Wissen Sie, was Sie jeden am besten fragen und welche Thesen er vertritt? Auch Infos schaden nicht: Haben Sie ein paar Zahlen, Artikel, Zitate etc. in der Hinterhand, mit denen Sie eine festgefahrene Diskussion dann wieder beleben können.

Hören Sie zu! Gesprächsteilnehmer geben nicht immer die Antworten, die Sie von ihnen erwarten. Ich erlebe es oft, dass Moderatoren Gesprächsteilnehmer bitten, auf eine Antwort einzugehen, die der Vorredner nie gegeben hat.

Nehmen wir an, der Moderator legt auf seiner Moderationskarte fest, erst A nach der derzeitigen Situation zu fragen, und dann die Meinung von B über die Einschätzung von A einzuholen. Nun gibt A aber nicht seine Einschätzung preis, sondern schickt eine Verteidigung voraus, weil er letzte Woche in der Zeitung angegriffen wurde. Jetzt kann ich B nicht fragen, was er von dem hält, was A gerade gesagt hat. Wenn ein Moderator den Ablauf eines Gespräches zu Hause geplant hat, dann höre ich das.

Gute Dialoge gehen hin und her. Jeder Monolog bringt eine Diskussion zum Erliegen. Sorgen Sie dafür, dass alle zu Wort kommen, und dass die Redebeiträge nicht zu lang sind. Lassen Sie es nicht zu, wenn Diskussionsteilnehmer wieder um Viertelstunden zurückgehen (`Ich möchte noch einmal auf etwas eingehen, was wir vorhin besprochen haben`). Das ermüdet sehr und führt nicht weiter. Ähnlich wie ein Interview ist eine gute Diskussion ein Pfeil in eine bestimmte Richtung und kein Kreis.

Es gibt unfaire Gesprächstechniken, und ich möchte Sie auf ein paar Taktiken hinweisen, die Sie leicht erkennen und als Gesprächsleiter abwehren können, indem Sie sie als unfair entlarven. `Sie wollen mir also sagen....` (Voraussetzungen umformulieren), `Sie als Hardliner...` (in die falsche Schublade stecken), `Damit ist die Konkurrenz gescheitert...` (an eine Niederlage erinnern), `Das sagen Sie doch nur, weil...` (Motive in Zweifel ziehen).

Passen Sie auf Tiefschläge auf. Werden Sie hellhörig, wenn Sie diese oder ähnliche Sätze hören, und greifen Sie möglichst schnell ein, indem Sie unterbrechen. Sobald die Diskussion ein Kampf wird, ist sie zu Ende.

Emotional verliert fast immer. Aufgeregt fuchteln und mit hinten sitzender Stimme zum dritten Mal dieselbe Frage wiederholen bringt nicht den geringsten Sympathiepunkt. Dasselbe gilt für einen Ausbruch. Damit landen Sie höchstens auf youtube. Bleiben Sie souverän und sorgen Sie dafür, dass Ihre Gäste es bleiben. Aggressionen Ihrer Gäste können Sie zum Beispiel gut abbauen, indem Sie Interesse für diese andere Position zeigen. Wenn der Gesprächspartner erklärt, braucht er nicht mehr zu toben. Am besten werden Konflikte immer offen angesprochen, dann bekommt niemand das Gefühl, nicht richtig verstanden zu werden. Ein geschliffenes Wortgefecht ist etwas Faszinierendes. Zwei, die sich zanken, sind ein Abschalter.

Wir sind nicht auf Seiten des Streithahnes. In einem meiner Seminare wurde zum Beispiel ums Rauchen gestritten. Die Raucherin gesteht mit leiser Stimme, dass sie zu Hause nur in der Küche rauche und ihr dabei selbst nicht wohl sei. Plötzlich platzt jemand voller Häme heraus, dass er rauchen total eklig finde und überhaupt nicht verstehen könne, wie ein erwachsener Mensch sich einer so gesundheitsschädlichen Angewohnheit hingeben könne. Schon waren alle Sympathien wegen dieses Angriffes bei der Raucherin. Auch die der Teilnehmer, die Rauchen ablehnen.

6.2 Die Diskussion

Im Gegensatz zur Rede oder Anmoderation fangen Sie in einer Diskussion nicht mit dem wichtigsten Argument an, weder als Diskussionsleiter, noch als Teilnehmer. Denn dann haben Sie kein Ass mehr im Ärmel. Liefern Sie nie zwei Punkte auf einmal, weil Ihre Gesprächspartner in ihren Antworten nur auf die eingehen, die ihnen gelegen kommen. Aber warten Sie mit dem zweiten Punkt auch nicht bis kurz vor Ende der Sendezeit. Sie werden nicht mehr erfahren, wie gut Ihr Argument war, weil Sie es nicht mehr zur Diskussion stellen konnten.

Der Gewinner setzt nicht nach. Wenn Ihre Studiogäste einen Fehler zugeben, eine Niederlage eingestehen oder einem anderen endlich Recht geben, dann setzen Sie nicht noch einmal nach (`Das freut mich, dass Sie es jetzt endlich zugeben` oder `Gehen Sie also wirklich morgen dahin?` oder `Das hätten Sie doch gleich sagen können!`) Das macht Sie klein und Ihren Gesprächspartner wütend. Ganz davon abgesehen, dass Sie damit wertend in die Diskussion eingreifen, und das ist nicht Ihre Aufgabe. Das Wörtchen `doch` ärgert beim zweiten Mal, auch wenn Sie im Recht sind. Der König hat das nicht nötig, obwohl ich dauernd Könige erlebe, die an diesem »Vorführen« eine diebische Freude haben.

Eine Telefonverkäuferin brachte mich, der ich absolut nichts von ihr erfahren wollte, einmal sehr geschickt dazu, ihr zuzuhören, als sie mir eine Alternative zur Telekom vorschlug. Ich bat sie am Ende des Telefongesprächs, mir Informationsmaterial zu schicken, weil das Angebot wirklich interessant klang. Kurz bevor sie auflegte, fragte sie dann: `Na, war das nun so schlimm, sich mit mir zu unterhalten?` Ich verneinte und sie setzte sogar noch einmal nach: `Hat sich doch gelohnt, mir zuzuhören, oder?` Als das Angebot kam, habe ich es ungelesen in den Papierkorb geworfen. Nicht klug von mir, aber vielleicht nachvollziehbar. Ich möchte nicht vorgeführt werden.

Die Etikette ist nicht übertrieben wichtig, da es aber sehr viele Menschen gibt, die darauf achten, sollten Sie mit den Grundbegriffen vertraut sein. Sonst hat einer Ihrer Gesprächspartner vielleicht schon Aggressionen, bevor es überhaupt losgegangen ist. Der Jüngere wird dem Älteren vorgestellt, der Herr der Dame, der einzelne Herr dem Ehepaar. Wenn nur ein Diskussionsteilnehmer einen Titel hat, sollten Sie ihn nennen. Man kann auch vereinbaren, darauf zu verzichten.

Akzeptieren Sie die menschliche Vielfalt, das ist für mich der wichtigste Faktor, wenn ich mich mit Kommunikation beschäftige. Wenn Sie nicht versuchen, alles durch Ihre Brille zu sehen, dann ist für Sie der erste und wichtigste Schritt zu einer besseren Verständigung getan. Solange Sie die Ehrfurcht vor jeder Sendung und jedem Studiogast behalten, werden Sie ständig besser werden. Die Gefahr lauert dann da, wo Sie glauben, schon alles erlebt zu haben.

Schlagfertigkeit muss man nicht lernen. Auch die auswendig gelernten Antworten fallen Ihnen garantiert erst ein, wenn Sie schon längst fertig sind, oder Sie benutzen Repliken, die gar nicht genau auf den Einwurf passen.

Was ist denn mit dem Gedanken, dass ich gar nicht schlagfertig werden will? Möglicherweise benutze ich ja meine eigenen Stärken, wie mein Wissen, meinen Charme, meinen Verstand oder meine gute Laune, um mit Störenfrieden fertig zu werden. Schlagfertigkeit nach Angriffen hat doch etwas mit Imponiergehabe zu tun, oder nicht? Die meisten können sich sicher an eine Situation erinnern, in der sie schlagfertig waren. Da waren sie ganz entspannt, und deswegen hat es auch geklappt.

Wenn es jetzt mal nicht klappt? Ein mildes Lächeln, eine großzügige Geste, ein wissender Blick. Lassen Sie dem Scherzbold seinen Erfolg. Sie werden dadurch nicht kleiner.

Einwürfe können sehr störend sein, und dann müssen Sie tatsächlich eingreifen. Ein kleiner Tipp kann Ihnen da große Dienste leisten: Auf eine witzige Bemerkung antworten Sie ernst, und auf eine ernste Bemerkung können Sie witzig sein, wenn Ihnen etwas einfällt. Nichts ist schlimmer, als wenn Sie auf einen Witz noch etwas draufsetzen wollen. Das geht daneben. Zumal Sie Ihren Kontrahenten anregen, den Rest der Veranstaltung darüber nachzudenken, wie er Ihren Witz noch toppen könnte. Nehmen Sie einen Witz ernst, und der Sprecher wird Sie erst einmal in Ruhe lassen.

Zwischenrufe sind eine Form des Feedback, wenn auch keine angenehme. Möglicherweise bekommen Sie ja durch den Zwischenruf auch eine nützliche Information. Vielleicht sind Sie zu langsam, zu ausführlich oder wiederholen sich.

Unterstellen Sie nicht gleich unlautere Motive. Zwischenrufer brauchen Mut, und den bringen sie nur auf, wenn sie von der Wichtigkeit ihrer Intervention überzeugt sind. Also bekommen Sie heraus, was der Störenfried Ihnen sagen will. Und reagieren Sie erst, wenn Sie sicher sind, dass Sie ihn verstanden haben.

Aggression in einer Frage oder Antwort Ihrer Diskussionsteilnehmer muss als erstes thematisiert werden. Die einzige Möglichkeit, auf eine aggressive Frage einzugehen, ist, die Aggression anzusprechen. »Störungen haben Vorrang« sagen uns die Psychologen. Sie weichen am besten in die Metaebene aus. Das

6.2 Die Diskussion

heißt, Sie thematisieren die Art, in der gerade miteinander gesprochen wird. `Warum sind Sie jetzt so aggressiv?` Erst, wenn Sie die Aggressionen eines anderen wahrnehmen, kann er aufhören, aggressiv zu sein. Das heißt nicht, dass Sie gleich klein beigeben müssen. Sie sollten es zunächst lediglich bemerken.

In keinem Fall sprechen Sie einen unfairen Angriff auf der Sachebene an. Auf der Sachebene will Ihnen der andere ja gar nichts mitteilen. Und verteidigen Sie sich nicht. Der König ist sicher, das Richtige zu tun. Er nimmt Anregungen dankbar an. Hätte er das Argument vorher gekannt, hätte er vielleicht anders geredet, aber er rechtfertigt sich nicht für Nichtwissen, und er verteidigt sich nicht.

Andere Mittel, mit Einwürfen umzugehen gibt es natürlich auch: In vielen Fällen können Sie einfach weiterreden. Wobei Sie dem Störer durch einen Blick zu verstehen geben sollten, dass Sie ihn gehört haben, aber nicht darauf eingehen wollen. Schauen Sie dagegen absichtlich in eine andere Richtung, wird der Störer mutiger und lauter. Wenn jemand emotional erregt ist, geben Sie ihm die Möglichkeit, Dampf abzulassen. Die meisten Menschen fühlen sich danach besser und begreifen gar nicht, warum sie sich so aufregen konnten. Mit den anderen entspannt weiter diskutieren kann so jemand ja in diesem Augenblick ohnehin nicht.

Treibt der andere ein Spiel mit Ihnen, unterbricht er also, um Sie aus dem Konzept zu bringen, um Ihr Selbstbewusstsein zu testen oder um Sie zu blamieren, tun Sie genau das, was ich in diesem Buch schon so oft vorgeschlagen habe: Sagen Sie, was Sie denken. Sie decken seine Taktik auf, Sie erklären, dass Sie solche Spielchen nicht mitmachen, Sie entlarven ihn. Sprechen Sie den Zwischenrufer vielleicht sogar mit Namen an. Das holt ihn aus der Anonymität und macht es ihm schwerer, destruktiv zu sein. Oder tun Sie so, als hätten Sie nicht verstanden. Wenn jemand seine dumme Bemerkung wiederholen muss, hört sie sich lange nicht mehr so gut an.

Sie sind der Hausherr. Denken Sie immer daran. Sie sind der Gastgeber, der für die Sendung steht, der für die Moderation Geld bekommt und vielleicht von weither geholt wird. Sie sind der, der weiß, wie es geht und der die Situation im Griff hat. In diesem Bewusstsein werden Sie mit solchen Kleinigkeiten wie einem Störer locker fertig, ohne sich dabei emotionalisieren zu lassen.

Sie bleiben jederzeit die Ruhe in Person. Es gibt Rhetorikbücher, die empfehlen Managern in schwierigen Situationen, den Moderator hinter der Kamera kurz vor der Sendung zur Weißglut zu bringen, um ihn dann vor der Kamera mit einem milden Lächeln auflaufen zu lassen. So wirkt Ihr Studiogast ganz locker und sympathisch, Sie dagegen möglicherweise verbissen und schlecht gelaunt. Ich empfehle: Lassen Sie sich erst gar nicht vorführen. Die anderen mögen unter Dampf stehen, Sie haben Ihren Dampf (hoffentlich) zu Hause gelassen.

Zusammenfassung

1. Diskussionen haben am besten ein festes Thema oder Ziel.
2. Mehrere Monologe sind noch kein Dialog.
3. Artikulieren Sie Gefühle des Unbehagens möglichst unmittelbar.
4. Sie müssen nicht immer das letzte Wort haben.
5. Lassen Sie sich nicht emotionalisieren.
6. Gibt jemand etwas zu oder lenkt ein: Setzen Sie nicht nach.
7. Lassen Sie sich nicht provozieren.

Literatur

Davis, Flora. 1975. *Inside Intuition: What we knew about Non-Verbal Communication*. New York.

La Roche, Walther von, Buchholz, Axel, (Hrsg.) 2009. *Radio-Journalismus*. 9.Aufl. Berlin: Econ Journalistische Praxis.

Schult, Gerhard, and Axel Buchholz (Hrsg.). 2011. *Fernseh-Journalismus*, 8th Aufl. Berlin: Econ Journalistische Praxis.

Nachbereitung

Zusammenfassung

Gerade beim Freien sprechen wird vieles komplett anders als man es geplant hat. Moderieren oder Reden halten ist eine Extremsituation, in der man vieles intuitiv macht. Deswegen ist es besonders wichtig anhand der vergangenen Veranstaltung oder Sendung die nächste vorzubereiten. Dafür braucht man nicht nur gute Augen und ein aufmerksames Gehör, sondern auch Selbstbewusstsein und Mut zur Selbstreflexion, um mit Kritik umzugehen.

Ihre Moderation oder Rede liegt hinter Ihnen. Obwohl Sie alles befolgt haben, was ich Ihnen gesagt habe, sind Sie nicht ganz zufrieden. Sehen wir uns an, was Ihnen alles passiert sein könnte, ohne dass Sie es wollten. Außerdem machen wir ja auch und vielleicht gerade, weil wir in der Moderation ganz privat sind, ein paar Dinge, die man auch im Privatleben verbessern könnte. Ich sage zum Beispiel sehr oft zu allem `genau`. Keine der Unarten, die ich Ihnen jetzt vorstelle, verschwindet aber dadurch, dass Sie sich das für das nächste Mal vornehmen. Forschen Sie nach den Ursachen der Marotten und lassen Sie die Arbeit daran in Zukunft in Ihre Vorbereitung einfließen.

7.1 Sprache

Hauptsätze, Hauptsätze, Hauptsätze, fordert Tucholsky für die Rede. Das ist ein bisschen übertrieben, aber eine nützliche Anregung. Wenn wir in meinen Seminaren Videos von Vorträgen ansehen und die darin enthaltenen verschachtelten Gedanken noch einmal einzeln der Kritik unterziehen, lachen wir alle sehr. Wie schön kompliziert lassen sich doch die Dinge erzählen, wenn wir unsere Gedankenkonstruktionen ein bisschen verzweigen. Menschen, die viel schreiben, neigen dazu, alles ein bisschen komplizierter auszudrücken. Mündlich ist aber nicht schriftlich. Schon das Bindewort »nachdem« bereitet Kindern in polizeilichen Vernehmungen Verständnisschwierigkeiten (Arntzen 1983, S. 20). Fernsehzuschauer und Radiohörer bekunden ja zu einem überwiegenden Teil, nur zur Entspannung einzuschalten. Also sorgen wir dafür, dass sie sich nicht unnötig anstrengen müssen.

Niemand muss fernsehen, niemand muss Ihnen zuschauen oder zuhören. Niemand sieht sich eine Sendung an, weil sie gut für ihn ist (von manchen Schulfunksendungen oder den Lottozahlen mal abgesehen), sondern weil sie ihm Spaß macht. Auch auf ein politisches Magazin habe ich Lust. Ich bin gespannt auf die Neuigkeiten. Ich freue mich, mitreden zu können. Ich verzweifle vielleicht über das, was ich erfahre, aber ich schaue immer mit Lust.

Information ist weder die älteste noch die typischste, geschweige denn häufigste Verwendungsart der Sprache, sagt der Journalist Wolf Schneider. Deswegen rücken Sie die Information vor allen Dingen in der Moderation nicht so in den Vordergrund. Die Hauptsache sind in dem Moment Sie als Moderator und nicht, dass ein unbekannter Italiener in Australien einen Wettbewerb im Steineheben gewonnen hat.

Wirklich erfolgreiche Redner halten auch einen wissenschaftlichen Vortrag immer wie ein Verkaufsgespräch. Sie verkaufen die Information. Das ist die Aufgabe eines guten Redners genauso wie die eines guten Moderators. Und dabei ist der persönliche Bezug eine große Hilfe.

Der Redner kann breiter formulieren als der Schreiber. Für die interessante Präsentation brauche ich eben mehr Wörter als für die kurze Information. Deswegen sind auch Wiederholungen manchmal angebracht. Die krampfhafte Suche nach dem Wechsel im Ausdruck ist eine Erfindung der Deutschlehrer. »Man brauche gewöhnliche Worte und sage ungewöhnliche Dinge« (Schopenhauer).

Die `Isarmetropole` für `München`, die dann noch die `Weltstadt mit Herz` und beim nächsten Mal die `bayrische Landeshauptstadt` wird, ist kein guter Stil, sondern Aufsatz-Deutsch. Genauso komisch wirkt die Wiederholung des Substantivs mit `letzterer` oder `ersterer` oder `ein solcher`. Im Zweifelsfall sollten Sie lieber wiederholen. Beim großen Walther von La Roche hieß das: »Wiederholen bis an die Schmerzgrenze!«

Ein Wörterbuch zur deutschen Sprache enthält 200.000 Wörter. Der aktive Wortschatz auch der größten deutschen Dichter erreicht gerade mal ein Zehntel davon. Zehn Prozent davon, nämlich ca. 2000 Wörter, genügen uns in der Regel für die täglichen Gespräche.

7.1 Sprache

Es leben die grammatikalisch falschen Sätze! Wenn Sie reden, wie es in der Zeitung steht, dann machen Sie etwas falsch. Überprüfen Sie Ihre Sätze daraufhin. Sätze ohne Verb, Ausrufe, Aufzählungen sind Merkmale gesprochener Sprache. Der Satz `Gemeint hat er es offenbar nicht` klingt ganz anders als `Er hat es offenbar nicht gemeint`. Der erste Satz ist viel dynamischer, kämpferischer und hat schon geschrieben eine Sprechmelodie. Man kann das Ausrufezeichen hören.

Halbsätze, die beim Sprechen oft vorkommen, tauchen in auswendig gelernten Moderationen nie auf: `Typisch für ihn, Spätaufsteher, genau das war er`. Oder `Bedenklich, so wenig Entschlossenheit, wirklich bedenklich`.

Einschübe gibt es dagegen beim freien Sprechen sehr selten `Der Minister hat gestern, obwohl er noch schwere Bedenken habe, seine Zustimmung erklärt`. Lassen Sie die Einschübe am besten ganz weg und packen Sie sie an den Anfang oder ans Ende des Satzes. `Der Minister hat gestern seine Zustimmung erklärt, obwohl er noch schwere Bedenken habe`.

Gesprochenes ist viel weniger kompliziert als Geschriebenes. Auch die Formulierungen sind nicht so variantenreich. Aber das gleichen Sie ja mit Tönen und Untertönen wieder aus, auf die Sie in der geschriebenen Sprache völlig verzichten müssen. Reden Sie und denken Sie nicht an irgendwelche Regeln. Gute Noten im Deutschunterricht sind für sprechende Journalisten manchmal eher hinderlich.

Vorangestellte Nebensätze sind zum Beispiel ein äußerst taugliches Mittel, zur allgemeinen Verwirrung beizutragen, nicht nur bei den Zuschauern. Denn vorangestellte Nebensätze haben im Deutschen zur Folge, dass im Hauptsatz die Stellung von Subjekt und Prädikat umgedreht wird. `Wenn ich dich sehe, freue ich mich` oder `Wer würde jetzt denken, dass das typisch für dich ist?` Deswegen findet in der Umgangssprache häufig ein Satzbruch statt. `Wenn ich dich sehe, ich freue mich` oder `Wer würde jetzt denken, das ist typisch für dich?`
Auch im Nebensatz verwenden wir aus demselben Grund häufig Satzbrüche `Ich werde nicht mit dir in Urlaub fahren, weil ich habe keine Lust`. Das ist mündlich okay, nur schriftlich nicht. `Das glaube ich nicht, andererseits, zutrauen würde ich es ihm schon`.

Den Faden verlieren kann ich so auch sehr leicht. Wenn ich richtig Hunger habe, also wenn ich nach einem langen Tag nach Hause komme, und ich habe kein Mittagessen gegessen, weil sie unsere Werkskantine ja schon letztes Jahr geschlossen haben, warum weiß ich auch nicht, dann... ja, wie geht es jetzt weiter: ... esse ich am liebsten Eintopf. So geht es weiter. Aber das habe ich über diesem Satzungetüm vergessen.

Also benutzen Sie Nebensätze am besten hinter dem Hauptsatz: Ich esse am liebsten Eintopf, besonders, wenn ich so richtig Hunger habe, wenn ich nach einem langen Arbeitstag nach Hause komme... Je länger der Satz, desto mehr steigt die Gefahr von kryptischen Satzgebilden und Ähs.

14 Wörter pro Satz sind genug. Wobei hier mit Satz ein Gedanke gemeint ist. Wie viele Wörter das grammatikalische Gebilde hat, das Sie da sprechen, ist unerheblich. Ein Gedanke sollte nicht mehr als 14 Wörter haben. Wenn es sich mit dem Verb am Schluss erst entscheidet, was Sie sagen wollen, ist das lang genug. Aber das ist nicht das einzige Kriterium, auf das Sie achten sollten.

Aufgabe
Vergleichen Sie die beiden Moderationstexte, die ich hier aufgeschrieben habe, und lesen Sie sie laut vor. Welcher klingt besser?

In den Rockcharts sind »Rolko« die Nummer eins. Die erfolgreiche Band kommt aus dem fränkischen Hof. Und ihren Erfolg hat sie Frontfrau Marja zu verdanken. Denn die attraktive Sängerin hat eine gigantische Stimme.

Eine echte Stradivari - auch für musikalisch Unbedarfte das Schlüsselwort für Kunstgenuss und Handwerkskunst in einem. Seit dem 16. Jahrhundert gibt es den Beruf des Geigenbauers. Doch aus der Mode ist er nicht gekommen, ganz im Gegenteil. Immer mehr Jugendliche wählen diesen Beruf.

Es gibt viele Kriterien, nach denen man die Qualität eines solchen Textes beurteilen kann. Ich möchte sie vergleichen, als hätten zwei Moderatoren gerade so einen Beitrag anmoderiert, um zu zeigen, wie unterschiedlich sie klingen. Deswegen sollten Sie laut lesen.

7.1 Sprache

Die erste Moderation erfüllt sicherlich die Forderung nach einer angemessenen Kürze der Sätze und ist auf Anhieb leichter zu verstehen, und trotzdem halte ich sie für schlechter. Die Satzlänge und der Satzbau der einzelnen Gedanken ist nämlich so gleichförmig, dass die Gedanken klappern wie in einem schlechten Gedicht. Die zweite Moderation hingegen hat einen viel interessanteren Satzbau. Beginnen wir mal mit jedem Satz eine neue Zeile, und Sie sehen das sofort.

```
In den Rockcharts sind »Rolko« die Nummer eins.
Die erfolgreiche Band kommt aus dem fränkischen Hof.
Und ihren Erfolg hat sie Frontfrau Marja zu verdanken.
Denn die attraktive Sängerin hat eine gigantische Stimme.

Eine echte Stradivari.
Auch für musikalisch Unbedarfte das Schlüsselwort für
Kunstgenuss und Handwerkskunst in einem.
Seit dem 16. Jahrhundert gibt es den Beruf des Geigenbauers.
Doch aus der Mode ist er nicht gekommen.
Ganz im Gegenteil.
Immer mehr Jugendliche wählen diesen Beruf.
```

Auf den ersten Blick erkennt man, dass die zweite Moderation mehr Abwechslung in Bezug auf den Satzbau bietet.

Aufgabe
Fällt Ihnen eine elegante Lösung ein, damit auch die erste Moderation nicht so gleichförmig klingt?

Sie können sie umschreiben, das ist klar. Aber schon wenn Sie nur den zweiten und dritten Gedanken zusammenziehen und ihn wie einen Gedanken sprechen, klingt es viel besser.
```
Die erfolgreiche Band kommt aus dem fränkischen Hof und
ihren Erfolg hat sie Frontfrau Marja zu verdanken.
```
Bei aller Vorsorge, lange Sätze möglichst zu vermeiden – gleichförmige kurze sind auch nicht die Lösung.

Sprache nutzt sich ab. Wenn vor 100 Jahren der Vergleich noch beeindruckte, dass `die Sonne wie ein glühender Ball am Horizont versinkt`, so taugen solche Bilder heute nur noch für Romanhefte und Schlagertexte. Sprache verändert sich und was ich ständig höre, verliert an Frische, an

Glaubwürdigkeit. Natürlich kann der Unterton da einiges retten. Ein ernst gemeintes `Ich freue mich sehr, dass Sie eingeschaltet haben` wirkt durchaus echt und authentisch, aber die ewige Wiederholung von `Wir wünschen Ihnen eine gute und vor allem sichere Fahrt` kann auf die Dauer ganz schön auf die Nerven gehen.

Was ist denn eine sichere Fahrt? Was wünschen Sie mir da? Dass ich Panzer fahre? Kein Mensch wünscht im Alltag eine sichere Fahrt. Man soll sicher ankommen, das ja. Aber sicher fahren? Und trotzdem wird eine so eigenartige Formulierung in allen Sendern kopiert.

Kennen Sie Bullshit-Bingo? Das ist ein beliebtes Spiel in Managerkreisen. Man trägt eine Reihe von abgenutzten Ausdrücken in ein Raster von fünf mal fünf oder sechs mal sechs Kästchen ein. Jedesmal wenn ein Begriff aus dem Raster in der Rede oder Debatte, die man gerade hört, auftaucht, streicht man den entsprechenden Begriff durch. Sobald man eine waagrechte, senkrechte oder diagonale Reihe von Kreuzen zusammenbekommt, steht man auf und schreit »Bullshit-Bingo«.

Ich habe mir sagen lassen, dass auch die langweiligsten Referate spannend werden, wenn drei oder vier Leute auf das letzte Kreuzchen der Reihe warten...

So sieht zum Beispiel ein Bullshit-Bingo aus für Reden auf Management-Ebene oder für eine Sendung zum Thema Wirtschaft (s. Abb. 7.1).

Und so sieht dann ein Bullshit-Bingo aus, was die Zuschauer in den Händen halten, wenn Sie auf der Bühne frei sprechen (s. Abb. 7.2).

Das heißt nicht, dass Sie die Begriffe gar nicht benutzen dürfen. Aber seien Sie vorsichtig! Überlegen Sie sich dreimal, ob das Wort an dieser Stelle richtig ist oder ob die Zuhörer es als Worthülse empfinden, mit der Sie Ihre weltmännische Attitüde zur Schau tragen.

Die Begriffe auf dem Index sind in jeder Branche andere. Deswegen kann ich Ihnen hier keine vollständige Liste geben, zumal die Mode sich ja ändert.

Global Player	Öko	Szenario	Meinungsbild
Kernkompetenz	Message	Leadership	kundenorientiert
Problematik	zielführend	Visionen	gut unterwegs sein
benchmark	committen	fokussieren	Corporate Identity

Abb. 7.1 Bullshit-Bingo „Wirtschaft"

7.1 Sprache

Hallo zusammen!	...zahlreich erschienen sind	Wir werden eine Menge Spaß haben.	Ich möchte darüber ein paar Worte verlieren.
Lassen Sie mich kurz...	Begrüßen Sie mit mir...	Bevor ich anfange/zum Ende komme...	...den Weg hierhin gefunden haben
Wenn Sie erlauben...	Ich möchte nicht versäumen...	Wie ich bereits gesagt habe...	Die Frage ist doch...
Last but not least:	Einen wunderschönen guten Abend!	Vielleicht ganz kurz zu meiner Person.	...möchte ich mich kurz vorstellen.
Ich darf vielleicht	Wer von Ihnen hat schon einmal...	Hallo und Herzlich willkommen	Danke für Ihre Aufmerksamkeit

Abb. 7.2 Bullshit-Bingo „Bühne"

Besonders häufig nutzen sich Modernismen ab, sozusagen themenübergreifend. Nehmen wir Floskeln wie zum Bleistift (anstatt zum Beispiel) oder Ich wünsch dir was. Das ist ebenso nervend, wie wenn jemand sagt Ich mach mich vom Acker und ständig alles im grünen Bereich ist. Auch Ausdrücke wie Die Seele baumeln lassen, nach Adam Riese, außer Spesen nichts gewesen, Pi mal Daumen, Zahlemann und Söhne, der Schuss ging in den Ofen und da steckt Musik drin haben wir so oft gehört, dass sie nur noch als Parodie derer möglich sind, die es schlecht machen.

Achten Sie auf solche Ausdrücke. Die schleichen sich mit der Zeit ganz leicht ein. Werfen wir mal einen Blick (aufs Wetter, den Verkehr etc.) ist im Grunde in Ordnung, aber zwei mal pro Stunde, fünf Tage die Woche, zweiundfünfzig Wochen im Jahr... Das gleiche gilt für Damit zum Wetter oder Schalten wir mal rüber... Oder Sie hauchen jedem Musiktitel nach: Eine wunderschöne Nummer... Passen Sie auf, dass Ihre Sätze nicht zu bloßen Floskeln verkommen. Wie schön ist es, wenn jemand sagt: Für mich ist das einer der besten Titel, die je über den Sommer geschrieben wurden. Der Satz lebt und man hört ganz anders hin. Aber bitte nicht jeden Tag und nicht von jedem Moderator.

Die Wettervorhersage kommt im Radio am Morgen meist jede halbe Stunde, und das Wetter wiederholt sich mehrmals im Jahr. Aber muss es deswegen ständig strichweise Regen sein oder gebietsweise Nebel. Die Bewölkung ist meist... na, Sie wissen es, richtig, sie ist aufgelockert oder stark. Und der Himmel, der ist, na wie wohl... bedeckt. Wenn der Hörer immer schon genau weiß, was kommt, dann stimmt etwas nicht.

Aufgabe
Kürzen Sie mal den folgenden Text!

Das Wettergeschehen ist heute sehr uneinheitlich. Es wehen starke Winde aus Nordosten. Insbesondere die Temperaturen sinken ab. Gelegentlich, mitunter stark bewölkt. Zwischenzeitlich lösen sich die Nebel auf, und auch die Regentropfen hören heute in den allermeisten Gebieten praktisch auf.

Die Autofahrer seien vorgewarnt. Klimamäßig sieht es mit der Witterung nicht gut aus. Wettertechnisch kann es in der Nacht zur Glatteisbildung kommen. Auch Schneefall fällt nieder. Fahren Sie äußerst vorsichtig. Wir bitten Sie um gegenseitige Rücksichtnahme aufeinander. Bei diesen Witterungsbedingungen raten wir Ihnen, öffentliche Verkehrsmittel zu benutzen.

In Mainz ist mit Straßenbaubetrieb zu rechnen. Wegen hohen Verkehrsaufkommens kommt es besonders im Innenstadtbereich zu starken Behinderungen. In den übrigen Landesteilen keine nennenswerten Störungen. Wo es geht gute Fahrt.

Und wenn Sie einen Blitzer sehen, dann rufen Sie bitte gerne an.

So hat es diesen Wetter- und Verkehrsbericht nie gegeben. Aber die darin enthaltenen Elemente sind alles Originale. Wenn wir genauer hinsehen, entdecken wir ein paar hübsche sprachliche Monstrositäten. Offenbar macht es vielen Wetterfröschen Spaß, mit mehr Worten weniger Inhalte zu verbreiten.

Worthülsen wie Wettergeschehen, Glatteisbildung, Witterungsbedingungen, Verkehrsaufkommen, Innenstadtbereich oder Straßenbaubetrieb können wir ohne Sinnverlust vereinfachen oder ganz weglassen. Das gleiche gilt für insbesondere, gelegentlich, mitunter, zwischenzeitlich, allermeiste, praktisch, äußerst und nennenswert.

Auch diese Wörter wird niemand vermissen, wenn wir sie streichen: Die Winde wehen im Singular genauso stark wie im Plural, und wieder ist ein Buchstabe

7.1 Sprache

eingespart. Die Temperaturen `sinken` genügt vollkommen, es muss nicht `absinken` sein. Auch bei `vorwarnen` und `niederfallen` lassen sich eine, bzw. zwei Silben einsparen. Wenn der Regen aufhört, tut es auch jeder einzelne Regentropfen. Die Wörter `klimatechnisch` und `wettermäßig` (oder war es anders herum?) sind zwar modern (`liebestechnisch gesehen bin ich gerade ziemlich down, doch gefühlsmäßig geht es mir danke`), aber genauso überflüssig wie die `Witterung` (die nimmt ein Hund auf). Die gegenseitige Rücksichtnahme `aufeinander` ist eine Doppelung. Entweder `gegenseitig` oder `aufeinander`.

Manche Floskeln klingen schon vertraut: `Wo es geht gute Fahrt`. Da wir nicht gemein sind, wünschen wir sowohl denen eine gute Fahrt, die im Stau stehen, als auch denen, die im Moment freie Fahrt haben. Denn sie nur denen zu wünschen, bei denen eine Fahrt im Sinne von Vorwärtskommen möglich ist, wäre gehässig. Sonst müsste es auch heißen `Wo es schmeckt, guten Appetit`. Die Aufforderung `gerne anzurufen`, ähnelt den Paradoxien `sei spontan` oder `Du könntest ein bisschen lieber mit den Kindern spielen`, auf die ich gleich noch eingehen werde.

Kürzen wir also mal den Text von 819 Zeichen auf ganze 372 Zeichen:

`Das Wetter ist heute wechselhaft. Bei starkem Nordostwind sinken die Temperaturen. Es wird trocken, bewölkt und neblig.`
`Achtung Autofahrer! In der Nacht kann es schneien und die Straßen können glatt sein. Fahren Sie vorsichtig oder benutzen Sie öffentliche Verkehrsmittel.`
`Verkehrsbehinderungen nur in Mainz wegen einiger Baustellen, besonders in der Innenstadt. Gute Fahrt!`
`Wenn Sie einen Blitzer entdecken, dann rufen Sie uns an!`

Manche Redaktionen haben Listen mit verbotenen Wörtern. Ich halte das für eine sehr sinnvolle Sache. Jedem Sender, jeder Firma ein eigenes Bullshit-Bingo. So weiß jeder, der dort neu anfängt, worauf er zu achten hat. In einem täglichen News-Magazin gehören zum Beispiel Begriffe auf den Index, wie `grausiger Fund`, `Mauer des Schweigens` und `Glück im Unglück`, um nur ein paar Beispiele zu nennen. Auch wenn der Moderator feststellt, dass `nichts mehr so ist, wie es war`, dass `vom Täter jede`

Spur fehlt und dass es kein Zurück gab hört sich das billig an. Da hat jemand nicht sehr lange nachgedacht. Wenn das Unfassbare geschieht, und die Polizei zwar fieberhaft sucht, aber immer noch im Dunkeln tappt, sinkt der Anspruch rapide, den die Sendung möglicherweise hatte.

Viele Floskeln haben amerikanische Ursprünge und sind schlechte Übersetzungen, wie Das macht Sinn (It makes sense) oder einmal mehr (once more) oder Ich möchte meinen (I'd like to say) oder Das Buch verkauft sich (the book sells). Aber Vorsicht: A brave FBI agent ist kein braver Agent, sondern ein tapferer FBI-Beamter.

Reden Sie nicht drum herum, weil Sie so gerne reden. Bei Tucholsky finden wir da ein schönes Beispiel: Nicht der Tisch ist rund, sondern möbeltechnisch gesehen hat der Tisch irgendwie eine kreisförmige Gestalt. Kommen Sie auf den Punkt. Meine Seminarteilnehmer sind immer ganz erschrocken, wenn ich ihnen nachweise, dass sie gerne reden wollen, ohne etwas zu sagen. Das hat mit Selbstdarstellung zu tun und dem Berauschen an der eigenen Redefähigkeit. Günstig beumstandet ist die Managementseitige Feststellung, dass sich essenstechnisch nichts ändert. Das macht vielleicht Spaß, aber ein König oder eine Königin hat so etwas nicht nötig.

Vielleicht geht es Ihnen um den Zeitgewinn. Sie verwenden dann abgenutzte Phrasen und Floskeln, um in Ruhe darüber nachdenken zu können, was Sie als Nächstes sagen.

 52

Die Informationsmenge in diesem Internet-Beispiel ist für einen Erwachsenen zu gering. Es sind vor allem Formulierungen wie Um ganz ehrlich zu sein... oder Tatsache ist doch... oder So gesehen... oder Um es ganz klar zu sagen und deutlich zu wiederholen... usw. Das verkommt dann ganz schnell zu schlechtem Stil: Ich sage mal... oder Lassen Sie es mich so formulieren oder Ich als Frau... Auch nichtssagende Sprichwörter (Sich regen bringt Segen) gehören hier zu den Phrasen, ebenso wie Wortwiederholungen, die auch nur Zeit schinden sollen (Ich sage das offen, ich sage das ohne jede Bitterkeit, ich sage das... oder Spielshows sind ja wie der Name schon sagt Spielshows). Wobei hier wiederum der Übergang zu einer guten rhetorischen Figur fließend ist. Es kommt wie so oft darauf an, was man aus ihr macht.

Weglassen ist auch eine wunderbare Variation. Wenn Ihnen nur Abgegriffenes einfällt, dann machen Sie es wirklich mal ganz anders, kurz und knapp in Stichwörtern oder mit einer privaten Geschichte. Besonders im Radio sind die Möglichkeiten, Dinge anders zu beschreiben, durchaus begrenzt. Ich kann einen Musiktitel spielen, ihn abfahren, ihn auflegen oder einwerfen. Ein bisschen wenig Möglichkeiten, wenn alle drei bis vier Minuten ein neuer Titel kommt. Und die Formulierung, dass ich jetzt Mick Jagger erklingen lasse oder zu Gehör bringe, verbietet sich auch noch. Also lieber weglassen, wo es nichts zu sagen gibt.

Drei Millionen Zuschauer können Sie bei einem guten News-Magazin in der Vorabendzeit erreichen. Wenn Sie das umrechnen, sind das pro Sendeminute, die Sie füllen, 5,7 Jahre Lebenszeit, für die Sie einen Teil der Verantwortung übernehmen. Bei einer Sendezeit von 45 Minuten sind das 256,5 Jahre oder das ganze Leben von mindestens vier Menschen. Denken Sie also gut nach, wie Sie mit dieser wertvollen Zeit umgehen.

Wenn Sie nichts zu sagen haben, dann sagen Sie besser nichts. Wenn Sie begeistert von Ihrem Thema sind, können Sie ausschmücken und ruhig ein bisschen ausführlicher werden. Ansonsten ist kürzer besser. Die Länge allein ist kein Kriterium für Qualität. Wenn ein Radiosprecher nichts zu sagen hat, dann sollte er lieber Musik spielen.

 53

Die Senderkennung muss sein, das ist mir klar. Aber das kann man doch locker, schnell und selbstverständlich machen, bevor man dann etwas sagt, was einen erwachsenen Menschen auch interessieren könnte. Zieht der Sprecher aber die Zeit und seinen Namen in die Länge, buchstabiert die Frequenz, nennt den Sender, sagt die Tageszeit und den Sonnenstand, als gäbe es nichts Wichtigeres auf der Welt, so merkt doch jeder, dass der Sprecher nur Zeit schinden will. Heute fällt ihm so gar nichts ein, was er denn sagen könnte.

Auch eine Überleitung zwischen zwei Musiktiteln ist in meinen Augen heute völlig antiquiert. Musiktitel stehen zufällig hintereinander, warum muss man die inhaltlich verbinden? Die Überleitungen stammen doch aus einer Zeit, in der man dem Hörer vermitteln wollte, der Moderator habe die Schallplatten am Vortag persönlich in einem komplizierten Ausleseprozess für die Sendung zusammengestellt, in eine Tasche gesteckt und mitgebracht. Ich erfinde mal ein Beispiel, das der Wirklichkeit wohl sehr nahe kommt.

 54

Was hat der Hörer davon, wenn Sie hier zwischen zwei beliebigen Titeln eine Verbindung herstellen? Was nicht heißt, dass Sie einen guten Einfall für einen Übergang nicht nutzen sollen. Aber da war dann zuerst der Einfall da und nicht die krampfhafte Überlegung, wie Sie es schaffen, nach einem Beitrag über Kleidermotten zu einem Konzert von Elton John zu kommen.

Will der Radiohörer zu jedem Titel Hintergrundinfos? Ich glaube, dass ein Moderator, der uns erzählt, dass ein Titel drei Wochen Nummer sechs in der südfranzösischen Hitparade war und nach einem Hustenanfall unter den Eindrücken eines Jazz-Konzertes auf Jamaika entstanden ist, etwas falsch macht. Der Moderator hat sich viel Arbeit gemacht, aber in den meisten Sendeformaten ist sie völlig überflüssig. Ja selbst dass mein Lieblingstitel inzwischen schon zwanzig Jahre alt ist, will ich wahrscheinlich gar nicht wissen. Wer wird schon gerne ans Älterwerden erinnert? Im Normalfall soll auch ein Radiomoderator Gefühle vermitteln und nicht in erster Linie Informationen. Dafür gibt es spezielle Formate.

Zu kurz ist aber auch schlecht. Nicht nur, dass ein gewisses Maß an Redundanz für das Verstehen wichtig ist, manchmal wird es so kurz, dass die deutsche Sprache leidet. `Der kann mit dem nicht - das geht ja heute schon durch.` Aber `er hat sich nicht gefühlt` oder `das sieht nicht aus` sollten aus dem Vokabular gestrichen werden. `Sechzig ist doch heute kein Alter und 20 Euro ist doch kein Preis.` Ich finde schon. Auch ein günstiger Preis ist ein Preis.

Ankündigungen sind meist überflüssig `Ich möchte Ihnen erst einmal ein paar Infos geben!` oder `Bevor ich zum Kern meiner Rede komme...` oder `Normalerweise gelingt es mir...` oder `Und nun Musik!` und `Im allgemeinen mache ich jetzt...` will niemand hören. Am schlimmsten sind diese Ankündigungen, wenn sie negativ sind, wie `Ich bin zwar keine Expertin für...` oder `Ich spreche leider über ein trockenes Thema.` Ich will auch nicht Ihre Entschuldigungen

7.1 Sprache

hören, dass Sie keine Zeit zur Vorbereitung hatten. Das führt nur dazu, dass Ihnen niemand mehr zuhört. Für das Ende gilt das Gleiche. Den Satzanfang `Hoffentlich hattet ihr bei meiner Sendung...` können Sie einfach streichen.

Die wichtigsten Schlagwörter eines Beitrages in die Anmoderation zu nehmen, ist ebenfalls ungünstig. Ich nehme dem Beitrag die Pointen, und der Hörer hört manche Dinge zweimal. Dass Sie den Drang verspüren, sich die witzigste Formulierung, die der Autor des Beitrages gefunden hat, zu eigen zu machen, ist verständlich, aber nicht redlich. Schmücken Sie sich nicht mit fremden Federn. Vielleicht fällt Ihnen ja selber eine schöne Einleitung ein, die Lust auf den Beitrag macht, aber nichts vorwegnimmt.

Sehr ungern hört Ihr Publikum `Ich habe das ja bereits gesagt` oder `Ich wiederhole es gerne noch einmal` oder `Wie schon mein Vorredner sagte...` oder `Ich muss leider noch mal darauf eingehen` oder `Wie Sie bereits wissen` oder `Wie immer hören Sie jetzt...` Der Zuhörer ist ja nicht blöd und möchte auch nicht so behandelt werden. Wieso sollte er interessiert zuhören, wenn er alles bereits weiß?

Wiederholungen derselben Gedanken zeigen den Druck, unter dem der Sprecher steht. Wer alles zweimal erzählt, ist unter Spannung. Er hält sich fest, er versucht, durch die Wiederholung sicherer zu werden, denn es fällt ihm leichter, etwas zu sagen, was er schon einmal formuliert hat.

Seien Sie vorsichtig mit Adjektiven. Der Inhalt wirkt leicht schwülstig und süßlich. Lassen Sie jedes zweite Adjektiv weg, und es wird Ihnen nichts fehlen. Beim Sprechen haben Sie die Möglichkeit, zusätzlich den richtigen Unterton einzusetzen. Anstatt das neue Auto mit einer Aufzählung von Adjektiven wie `komfortabel, schnell, sicher, geräumig, flott, elegant, kraftvoll` usw. anzupreisen, ist es viel wirkungsvoller, zuerst einmal von dem `wundervollen Wagen` zu sprechen und dabei durch den Unterton auszudrücken, dass es auf der ganzen Welt nur eine einzige komfortable Möglichkeit gibt, von A nach B zu kommen, nämlich die mit diesem Fahrzeug. Ist der Zuhörer dann neugierig geworden, weil Sie selbst ja anscheinend wirklich begeistert sind, dann können Sie ihm erklären, warum das Auto so wundervoll ist.

Weichmacher oder Verdünner sollten Sie ebenfalls vermeiden. Es sind Begriffe, die nichts sagen, außer dass der Sprecher nicht ganz sicher ist und man es ja `möglicherweise vielleicht auch stellenweise anders sehen kann`. Dazu gehört neben diesen Wörtern, die eine Aussage verwässern, auch der übertriebene Gebrauch des Konjunktivs, wie `Ich würde sagen` oder `Eigentlich ginge es jetzt los`. Genauso überflüssig sind Einleitungen wie `Also, ich möchte jetzt gerne etwas sagen` Wenn die Königin so gerne möchte, dann sollte sie es einfach tun. Oder diese kurzen Wörter zu Beginn, die nur die Peinlichkeit der Situation überbrücken sollen, wie `ja, nun gut, also, tja, los geht's` usw. Manche Sprecher bauen sogar in Tatsachen einen Weichmacher ein: `Ich glaube, es ist acht Uhr, wir könnten anfangen`.

Dazu kommen die Füllwörter, die niemandem fehlen, wenn sie gestrichen werden wie `natürlich, in Kürze, in Bälde, ansonsten, mitnichten, nichtsdestotrotz, zweifelsohne, im Grund genommen, eigentlich, total, im Prinzip, ehrlich gesagt` usw. Diese Begriffe dienen nicht dem Verständnis, sondern blasen den Text auf, ohne ihm neue Aspekte hinzuzufügen. Warum fängt ein Moderator eine Sendung an mit `Ich darf Sie herzlich begrüßen`. Wie schön, dass ihm der Sender das erlaubt.

Das Wörtchen »aber« ist mit Vorsicht zu genießen. Manche Menschen reagieren auf Argumente, die damit eingeleitet werden, geradezu allergisch. Zu oft haben sie erlebt, dass ihnen jemand völlig gedankenlos zustimmt und nach dem Wort `aber` dann alles auseinander nimmt, was sie gesagt haben. Wenn Sie Ihre Moderationen im Nachhinein daraufhin überprüfen, werden Sie feststellen, dass Sie das Wort `aber` fast immer ersetzen können, zum Beispiel durch `und`. Schon wird der möglicherweise erhobene Zeigefinger eingefahren.

Viele Fremdwörter verraten nicht etwa Ihr Sprechtalent, sondern Ihr Unvermögen, Dinge beim Namen zu nennen. Außerdem gerät da leicht was durcheinander. `Die wirtschaftliche Rezension` zum Beispiel oder `der Bundespräsident und jede Menge Korniferen`. `Das wollte ich nur mal aufs Trapez bringen`. Manchmal müssen aber Fremdwörter sein. Es gibt Dinge, die ich mit Fremdwörtern viel besser ausdrücken kann. Das Wort `Ironie` ist dafür ein gutes Beispiel.

Kriegsbegriffe sollten Sie meiner Ansicht nach völlig weglassen. `Manöverkritik, an vorderster Front, Bombenstimmung, das letzte Gefecht, granatenscharf, Boden gewinnen, Strategie, Verkaufsfront, Rabattschlacht, Eroberung, Rückzug aus Märkten` usw. sollten ihre ursprüngliche Bedeutung behalten und nicht im täglichen

Sprachgebrauch verschwinden. Verwenden Sie Kriegsbegriffe nur, wenn wirklich etwas Kriegsähnliches gemeint ist. Auch beim achtlosen Gebrauch von Begriffen wie `polnische Wirtschaft` und `jüdische Hast` wäre ich sehr vorsichtig.

Machen Sie keine Witze. Das hebt die Stimmung, unbestritten, aber es gibt nichts Nervigeres, als Ihre Moderation mit Witzen zu garnieren. Ein guter Moderator ist witzig, ohne Witze zu erzählen.

Vera Int-Veen hat jahrelang als Warm-upperin für Fernseh-Shows gearbeitet, bevor sie als Moderatorin Karriere machte. Sie hat die Zuschauer also vor Beginn der Aufzeichnung einer Fernsehshow in Stimmung gebracht. Ich hatte das Glück, sie da oft zu hören. Die Zuschauer haben gelacht und alles geliebt, was sie machte, aber ich kann mich an keinen einzigen Witz erinnern. Das ist die große Kunst. Ein Warm-upper, der ständig Witze erzählt (die dann die Techniker jedes Mal anhören müssen), geht auf die Nerven. Wenn die Gäste auf Ihrer Party anfangen, Witze zu erzählen, dann ist Ihre Party zu Ende.

Kalendersprüche oder Sprichwörter, die in manchen Rhetorik-Ratgebern empfohlen werden, sind problematisch. Viele sind abgenutzt und zu fast allen existiert ein Spruch, der das Gegenteil besagt (`Gleich und gleich gesellt sich gern - Gegensätze ziehen sich an`). Also überlegen Sie es sich sehr gut, ob das ein guter Einstieg oder ein gutes Argument ist. Fangen Sie lieber mit einem eigenen Gedanken an, anstatt zum hundertsten Mal Bernhard Shaw oder Abraham Lincoln sprechen zu lassen.

Titel werden nicht durch Pausen abgetrennt (Rossié 2013, S. 58). Ich sage also den Satz `Ich habe das Buch »Harry Potter und der Feuerkelch« zu Ende gelesen` ohne eine Pause vor und nach dem Titel. Das gleiche gilt für Personen, Arbeitskreise, Ministerien und jede Art von Eigennamen. Aber es kann ja auch schwieriger kommen. Wenn der Roman `Das Boot` heißt, kann ich nicht sagen, `Ich habe mich gestern mit dem »Boot« beschäftigt`. Jeder wird denken, ich sei auf meiner Yacht gewesen (die ich leider nicht besitze), wenn vorher noch nicht vom Boot die Rede war. Da sagen wir besser `Ich habe mich gestern mit dem Roman »Das Boot« beschäftigt`.

Oder ich ändere die Satzkonstruktion: `Der Erfolg von »Der Vorleser« kam wirklich überraschend`. Im zweiten Satz kann ich dann deklinieren: `Ich habe den Vorleser schon zum zweiten Mal gelesen`.

Verbinden Sie nichts mit Negativem. Wenn bei Ihren Zuhörern ein Bild einmal da ist, lässt es sich nur sehr schwer wieder löschen. Eine Internetadresse, die

Sie mit einem Minus verbinden (`Porsche minus Garmisch d/e`), lässt ungünstige Assoziationen entstehen. `Die Apotheke liegt an derselben Kurve, wo 1997 der Doppelmord geschah`...

Leider gibt es für das minus in den Internetadressen noch keinen schönen Ersatz. In Anlehnung an `dot`, dem englischen Wort für Punkt, der ja im Internet auch eine große Rolle spielt (`Name dot com`) böte sich `Porsche bar Garmisch` (bar ist im Englischen das Wort für Balken oder Stab) als kurzer und leicht zu sprechender Ausdruck an. Aber solange den niemand benutzt, ist es keine Vereinfachung. Sie werden also wohl oder übel `Bindestrich` sagen müssen. Für die Apotheke finden Sie sicher einen positiven Orientierungspunkt (`die Apotheke liegt schräg gegenüber vom Postamt`).

Dass Paradoxien überflüssig sind, leuchtet sofort ein, aber sie sind nicht immer gleich zu erkennen. Es ist paradox, jemanden zu bitten, an etwas nicht zu denken, oder einen bestimmten Namen zu vergessen. Jetzt rückt der Name ins Bewusstsein, und er benutzt ihn mit großer Wahrscheinlichkeit wieder. Aber auch der Satz `Mit Ihnen rede ich nicht` ist paradox, genauso wie `Ich schlafe`. Wenn ich auf die Frage eines Journalisten mit `No comment` antworte, gebe ich eine Antwort. Genauso ist der Satz `Wenn ich ehrlich sein sollte, müsste ich lügen` ein Widerspruch in sich.

Auch die Radiomoderatorin eines großen süddeutschen Senders macht eine paradoxe Aussage, wenn sie sagt `Kommen Sie bitte gut und sicher nach Hause!` Ich kann niemanden bitten, sicher nach Hause zu kommen. (`Bitte haben Sie keinen tödlichen Verkehrsunfall!`) Wünschen kann ich ihm, dass er gut nach Hause kommt, dass das Schicksal oder die Umstände es gut mit ihm meinen. Oder ich kann jemanden bitten, einen anderen sicher nach Hause zu bringen, das ist völlig in Ordnung. Aber jemanden zu bitten, er solle sicher nach Hause kommen, ist paradox. Genauso paradox wie die Forderung `Ich will aber, dass du mich liebst`. Kleine sprachliche Monster, die uns täglich begegnen können.

Wenn Sie an bestimmten Redewendungen erkannt werden, ist das gut. Aber nur, wenn Sie diese bewusst einsetzen. Unfreiwillige sprachliche Eigenheiten wirken leicht komisch. Bei `In diesem unserem Lande` denke ich an Helmut Kohl und bei `den Menschen im Lande` denke ich an Edmund Stoiber.

Machen Sie nicht dauernd Kunstpausen! Sie sind nicht beim Theater. Keine Sache kann spannend werden, weil Sie sie künstlich spannend machen, indem Sie Informationen nur häppchenweise herauslassen. Wenn Sie Schauspieler sind,

7.1 Sprache

können Sie sie auch mal als gestalterisches Mittel einsetzen. Aber die meisten Moderatoren, die versuchen, etwas spannend zu machen, langweilen uns unendlich. Machen Sie mir einfach klar, warum die Sache so spannend ist, und machen Sie es nicht so spannend! Das meinen wir im Sprachgebrauch zurecht meist negativ! Wenn wir jemanden bitten, etwas nicht so spannend zu machen, sagen wir das mit ungeduldigem Unterton.

Fehler beim Sprechen machen wir alle. Aber die rechne ich nicht zu den schlechten Angewohnheiten, weil wir sie ja nicht vermeiden können. Fehler sind kein Grund, sich zu schämen. Fehler gehören zum freien Sprechen. Mit einer Psychologin, die das Gegenteil behauptete, vereinbarte ich im Seminar, sie ab jetzt auf jeden Fehler hinzuweisen. Wir brachen das Experiment nach wenigen Stunden ab. Auch sie benutzte unvollständige Sätze und falsche grammatikalische Konstruktionen. Die Zuhörer korrigieren Fehler automatisch. Beim Belauschen fremder Gespräche können wir jede Menge Kuriosa sammeln, die nur durch den Willen des Zuhörers, den Sprecher richtig zu verstehen, ihm nicht auffallen.

Man kann alles entdecken: Kleinere grammatische Fehler (Was hast du denn gegen die Kiste auszusetzen?) Verdrehungen (Aufgehoben ist nicht aufgeschoben. Da gab es so was Ausverkauftes! Du hast geschrien wie der Teufel komm raus!), versehentliche Umstellungen (Wusstest du, wie viel Nüsse Kalorien haben?) oder (Das war die andere Mutter meiner Freundin) falsche Bezüge (Den Verehrer habe ich endgültig in den Wind geschlagen), falsch gebrauchte Fremdwörter (immer ein beaumont auf den Lippen oder Pluralis magistratis oder Könntest du bitte dein Veto für mich einlegen? oder Die Italiener sind ja so was von permanent!) falsch gebrauchte Substantive (Das Meer bekommt dort sehr gute Kritiken) und Verben (Da wurden dann junge Männer gebildet - Von da aus wird sie ihre Fäden schon weiter ausstrecken - Wenn er abends das Kind einschläfert) bis zu regelrechten Metaphern-Cocktails (Ich könnte Berge ausreißen! und Da platzt mir ja die Hutschnur oder Da muss ich jetzt für Düsseldorf ein Bein brechen).

Ich weiß, was gemeint ist: Wenn jemand nach einem Liederabend räsoniert: Das Klavier hat den Wortlaut total überstimmt, weiß ich, was er sagen wollte. Genauso wie bei dem Mann neben mir in der Sauna, der davon spricht, dass er ein Warmblütler sei, rechtschaffend noch dazu und von seiner Freundin halten alle große Stücke Und wie heißt es in dem guten alten deutschen Weihnachtslied: Still schweigt Kummer und Charme... Ich ermuntere Sie zum Schluss ausdrücklich dazu, sich nicht aufzuregen, wenn Sie Unsinn erzählt haben. Das tun wir beim freien Sprechen alle, und es macht meistens gar nichts.

Eine Geschichte von Mark Twain illustriert das sehr schön. Als Mark Twain verspätet bei einer Gesellschaft eintrifft, entschuldigt er sich bei der Gastgeberin damit, dass er seiner Tante noch den Hals umdrehen musste. Die Gastgeberin, die so froh ist, dass der berühmte Gast doch noch erscheint, bekommt nicht mit, was er gerade gesagt hat und bittet ihn hocherfreut ins Zimmer. Wir selektieren beim Zuhören das für uns Relevante, und erst, wenn wir das nicht verstehen, stutzen wir und beginnen nachzufragen. Es ist so, als seien ein paar Buchstaben verdruckt, aber nicht so viele, dass die Wörter unkenntlich wären. Wenn Sie den Versuch machen und in einer Rede das Wort Diele durch das Wort Krokodile ersetzen, werden Ihre Zuhörer vielleicht mit einem Zucken der Augenbraue zu erkennen geben, dass da etwas nicht stimmt. Darauf aufmerksam machen wird man Sie wahrscheinlich nicht. Sie wurden ja verstanden.

Als ich in einem meiner Seminare von Anglikanismen sprach, kam anschließend eine einzige junge Dame und fragte schüchtern, ob das ein Test gewesen sei. Nein, ich hatte einfach Amerikanismen und Anglizismen durcheinander gebracht.

Wenn Sie im Supermarkt an der Kasse gefragt werden, ob Sie mit dem Einkauf zufrieden waren, sagen Sie doch einfach mal Nein. In meinem Fall hat die Kassiererin geantwortet: Dann wünsche ich Ihnen noch einen schönen Tag!

Die Menschen wollen sich verstehen, zumindest rein sprachlich. Deshalb blenden sie fremde Fehler einfach aus. Sprechen Sie den Falschformulierer aber darauf an, schüttet sich der dann vielleicht aus vor Lachen und hält es für völlig ausgeschlossen, so einen Blödsinn je gesagt zu haben.

Zusammenfassung

1. Fehler gehören dazu.
2. Hören Sie sich einen Mitschnitt aber noch einmal kritisch an.

3. Sehen Sie sich auf dem Video Satzkonstruktionen und Wortwahl an. Eine Rede ist keine Schreibe.
4. Vermeiden Sie alles Komplizierte, Eitle, nicht Gedachte.
5. Verbinden Sie möglichst mit Positivem.
6. Lassen Sie alles weg, was Ihnen nur dazu dient, Zeit zu gewinnen.

7.2 Umgang mit Kritik

Gute Ratschläge nützen Ihnen oft gar nichts! Wenn es kein verständlicher und einleuchtender Ratschlag war, sitzen Sie anschließend zu Hause und wissen nicht, was Sie jetzt machen sollen. Lassen Sie sich lieber ein wirkliches Feedback geben, sprechen Sie andere an! Wichtig ist für Sie der Eindruck, den die anderen haben, damit Sie daraus Ihre Schlüsse ziehen können.

Sollten Sie doch einmal unverständliche Kritik von jemandem bekommen, der Ihnen höhergestellt ist, zum Beispiel von Ihrem Regisseur oder Produzenten, dann fragen Sie nach, was er meint. Nageln Sie ihn fest. Lassen Sie sich ganz genau sagen, was er von Ihnen erwartet. Das ist nicht etwa unverschämt oder penetrant von Ihnen, sondern professionell. Ein Satz wie `An der Sendung müssen Sie noch grundsätzlich arbeiten` demoralisiert Sie, ohne dass Sie wissen, was Sie zu tun haben.

Verbitten Sie sich Killerphrasen! Sehen wir mal nach einer Sendung im Mülleimer nach, was wir da so alles an Formulierungen finden. Es handelt sich wieder durchweg um Originale, die ich während meiner Arbeit gesammelt habe: `Irgendwie gefällt mir das noch nicht!` kann der Regisseur ja denken, aber es zu sagen ist eine Gemeinheit. Was sollen Sie damit anfangen?

- `Sei direkter!`
- `Sei ganz natürlich!`
- `Du musst das alles noch persönlicher machen!`

Das kann ich eventuell noch interpretieren. Aber

- `Sei doch mal offen!`
- `Sei knackiger!`
- `Du klingst trocken.`
- `Sei mehr du selbst!`

Das ist Blödsinn. Auch beim besten Willen sind Sie nicht mehr Sie selbst (falls das überhaupt geht), wenn ich es Ihnen empfehle. Ganz davon abgesehen, dass uns die Psychologen erklären, dass wir alle mehrere Selbst haben. Kalauernder Morgenmoderator und engagierter Elternbeiratsvorsitzender können zwei völlig unterschiedliche Verhaltensweisen ein und derselben Person sein. Welches Selbst soll es denn sein?

Kritik sollte prinzipiell umkehrbar sein. Sonst verkommt sie zum Machtinstrument, das ich benutze, um jemanden zu manipulieren. Also denken Sie, wenn Sie selbst Kritik üben, mal darüber nach, ob Sie von dem Kritisierten ebenfalls eine ehrliche Rückmeldung annehmen würden.

Das gilt besonders für Lob, als eine besondere Form der Kritik. Auch wenn Sie jetzt der Meinung sind, dass Lob doch in jedem Fall etwas Gutes ist, dann denken Sie mal einen Moment darüber nach, wie jemand sich fühlt, dessen Wohlbefinden vom Lob anderer abhängt. Erhält er kein Lob, verliert er sein Selbstwertgefühl, erhält er es, verliert er seinen Selbstrespekt durch die Abhängigkeit vom Urteil anderer (Sprenger 1999, S. 88f.). Auch Lob ist nur da angebracht, wo beide sich gegenseitig loben dürfen. Sonst dient es bloß dazu, andere zu beeinflussen.

Kritik funktioniert nicht. Reinhard K. Sprenger liefert dafür in seinem lesenswerten Buch »Mythos Motivation« (Sprenger 1999, S. 88f.). vier Gründe:

- Erstens macht Kritik den anderen zum Verlierer. Der stimmt vielleicht vordergründig zu, aber er wird sich revanchieren, um seine Selbstachtung wiederzugewinnen.
- Zweitens lädt Kritik zur Rechtfertigung ein. Der Kritisierte wird eine Geschichte erfinden, damit er besser dasteht.
- Drittens kann nur der Lernende entscheiden, wo das Problem liegt. Vor lauter Abwehr gegen die Kritik sieht er das vielleicht nicht.
- Viertens verstärkt man gerade das, was man vermeiden will. Wenn wir uns daran erinnern, etwas nicht zu tun, verstärken wir unter Umständen den Fehler.

7.2 Umgang mit Kritik

Wir können nicht negativ denken, und deswegen werden alle negativen Anweisungen positiv verarbeitet. Wenn jemand Sie ständig auffordert, bestimmte Dinge, wie Ähs, Blicke nach unten oder heftige Handbewegungen nicht zu machen, erinnert er Sie daran und verstärkt entweder die Unart, oder die Aufforderung führt dazu, dass Sie langsamer sprechen, weil Sie an all das denken wollen, was man Ihnen beigebracht hat. Der Hinweis, nicht nervös zu sein, fördert also Ihre Nervosität. Der Hinweis, Ruhe zu bewahren, lässt Sie dagegen ruhiger werden. Bitten Sie jemanden, von seinem letzten Urlaub zu erzählen und alle und zu vermeiden. Jetzt kann er nicht mehr erzählen.

Feedback statt Kritik. Gebe ich aber anstatt einer Kritik ein Feedback, um dem anderen zu zeigen, wie ich ihn erlebe, kann er daraus seine Schlüsse ziehen. Feedback kann ihm helfen zu wachsen und besser zu werden.

Sie als Moderator sollten erwarten können, dass man für Sie eine Atmosphäre schafft, in der Sie angstfrei arbeiten können, konstruktive Hilfe bei Schwierigkeiten bekommen und sich so wenig wie möglich gegen Mitarbeiter behaupten müssen. Menschen, die von ihrer Umgebung positiv gesehen werden, leisten ungleich mehr. Sie werden also besser, wenn Ihr Chef an Sie glaubt und nicht, wenn er an Ihnen herumnörgelt. Sollten Sie doch einmal auf der Palme sein, denken Sie daran, dass niemand Sie ärgern kann, wenn Sie sich nicht ärgern wollen. Wollen Sie wirklich?

Anweisungen, wie `Sprechen Sie tiefer!` sind noch schlimmer, weil ich danach etwas Falsches mache, ich verändere nämlich meine natürliche Sprechweise. Das sollten Sie auf keinen Fall tun. (Meist ist mit »tiefer« eher »weiter vorne« gemeint). `Sie müssen noch sympathischer rüberkommen!` oder `Denken Sie daran, unser Zielpublikum ist jung!` sind ebenfalls Killerphrasen.

Verbitten Sie sich höflich, aber bestimmt einen solchen Blödsinn und lassen Sie sich erklären, was derjenige meint. Der eine meint mit jung, dass Ihre Krawatte weg muss, der andere, dass Sie zu oft `kryptisch` gesagt haben, und ein Dritter findet, dass Sie jünger wirken müssen, indem Sie mehr herumhampeln. Bekommen Sie das raus! Vielleicht hängen Sie eine Liste mit Killerphrasen für alle sichtbar in der Kaffeeküche auf. Ab jetzt wird man damit vorsichtiger sein.

Je hübscher jemand ist, desto mehr muss er leiden. Es gibt eine Menge Menschen, die Kontakt über etwas Negatives suchen. `Das war richtig schlecht, was Du gemacht hast, aber wir können ja mal aus-`

gehen, da erkläre ich Dir das. Das ist der Preis der Schönheit. Es ist für mich manchmal sehr ärgerlich zu hören, was in diesen »Beratungen« dann für ein Unsinn herauskommt.

Ein solches Gespräch ist aus der Sicht des Kritisierenden ein Flirtgespräch mit dem Ziel, sich möglichst oft zu treffen und deswegen viele Kritikpunkte zu finden. Aus Sicht des Moderators (meist der Moderatorin) ist es eine vermeintlich konstruktive Kritik. Passen Sie auf, wenn jemand das Interesse an Ihnen mit der Kritik an Ihnen vermengt. Einen Moderator zu kritisieren ist ja so leicht. Was kann der denn schon groß? Wie viele sind der Meinung, dass der ja eigentlich nichts Richtiges gelernt hat. Reden können wir doch schließlich alle.

Nehmen Sie Feedback erst mal an! Hören Sie zu. Versuchen Sie herauszufinden, was der andere meint. Haken Sie nach! So kommen Sie der Sache schnell auf den Grund. Wenn Sie stattdessen lange Vorträge halten, in denen Sie erklären, dass Sie heute nur so schlecht waren, weil Ihr Handy in zwei Teile zerbrochen ist, nützt Ihnen das gar nichts. Hören Sie aktiv zu und stellen Sie neugierige Rückfragen.

Was Sie von dem, was man Ihnen gesagt hat, wirklich annehmen, entscheiden Sie zu einem späteren Zeitpunkt. Und nehmen Sie nur an, was Sie einsehen. Sie können am unteren Bildrand nicht einblenden, dass diese dusseligen Pausen ein Tipp von Michael Rossié waren. Sie sind ganz allein schuld, und deswegen sollten Sie auch allein die Verantwortung tragen. Plato hat gesagt: Ich kenne keinen sicheren Weg zum Erfolg, nur einen zum sicheren Misserfolg: Es jedem recht machen zu wollen.

Stift und Papier habe ich bei solchen Gesprächen immer dabei. Ich schreibe mit, ich halte Gedanken fest, und ich vermittle das Gefühl, für Anregungen offen zu sein. Ich bin bereit, an mir zu arbeiten, wenn man mir nur sagt wie.

Scheuen Sie auch die Bitte nach einem Coach nicht. Es ist wohltuend, wenn nicht alle mit irgendwelchen Kleinigkeiten zu Ihnen gelaufen kommen, sondern es jemanden gibt, der das für Sie sammelt und es Ihnen im richtigen Augenblick sagt. Von Hilfe und professioneller Kritik, die er Ihnen geben kann, mal ganz abgesehen.

Das Gleiche gilt auch für den Wunsch nach einem Autor. Das kann je nach Sendung sehr hilfreich sein. Es ist ein zusätzlicher kreativer Input, der die Sendung besser machen kann. Wichtig ist nur, dass er Ihnen Ideen liefert und keine ausformulierten Sätze, die Sie übernehmen sollen.

Dass Sie nur eine Maskenbildnerin und einen Kostümbildner akzeptieren, die Ihnen liegen und Sie besser aussehen lassen, versteht sich von selbst. Wehren Sie sich, wenn Sie sich nach der Sitzung in der Maske nicht mehr erkennen.

7.2 Umgang mit Kritik

Eine strukturierte Nachbereitung ist eine wirkungsvolle Möglichkeit, eine Sendung zu verbessern. Es reden nicht alle durcheinander und sagen einfach mal, was der Moderator so alles anders machen könnte, sondern man geht die Sendung nach einem festen Schema durch. Je nach Sendung helfen Fragen wie:

- Was haben wir erreicht?
- Was ist beim Zuschauer/Zuhörer angekommen?
- Welche Fragen sind offen geblieben?
- Was war gut, was war schlecht?
- Was kann man besser machen?
- Wie war das Tempo?
- Wo gab es Durchhänger?

Sie werden viel eher zu konkreten Anregungen kommen, als wenn nur gefragt wird, wie man die Sendung fand. Da ist `gut` eine für Sie genauso nutzlose Aussage wie `schlecht`.

Rückschläge sind Herausforderungen. Niederlagen machen stark. Ich weiß, dass Sie solche Sätze meist nicht hören wollen, aber Sie müssen Geduld haben mit sich, manchmal auch mit dem Sender oder dem Sendeformat. Die erste Sendung ist in der Regel nicht die beste. Das gilt auch für die ganz großen Profis.

Ein gesundes Maß an Selbstbewusstsein ist gerade im Fernsehen unerlässlich. Wenn ich in meinen Nachwuchsseminaren nach den Unterschieden zwischen den Seminaristen und den Profis im Fernsehen frage, ist man sehr schnell beim Selbstbewusstsein. Niemand bekommt eine Sendung, nur weil er sich Mühe gibt. Ja, er muss zumindest selbst davon überzeugt sein, dass er gut ist.

Übertreiben Sie es nicht mit der Selbstkritik. Wenn Sie wirklich schlecht sind, machen Sie den Job ohnehin nicht lange. Jedes `Das liegt mir nicht` oder `Da bin ich nicht der Typ` macht Sie schwach, ohne Ihnen auch nur das Geringste zu nützen. Sie beweisen sich damit nur, dass es Ihnen nicht liegt und Sie nicht der Typ sind. Wenn Sie das wollen, dann nur weiter so. Übertriebene Selbstkritik macht Sie nicht stark, sondern schwach.

Fehlerfreundlichkeit schafft Innovation! Eine fehlerfreundliche Atmosphäre führt viel schneller zu guten Ergebnissen. Es gibt keine bewusst gemachten Fehler. Das wären ja keine Fehler, sondern Sabotage. Wer macht schon mit Absicht eine schlechte Sendung? Der Biochemiker Frederic Vester hat festgestellt, dass in einem angstfreien Prüfungsklima auf 100 Fragen 90 richtige Antworten kamen.

In einer Atmosphäre der Angst sank die Anzahl der richtigen Antworten auf 50 (Sprenger 1999, S. 197).

Wenn Sie selbst Kritik üben, denken Sie an diesen Grundsatz. Geben Sie Feedback, gehen Sie von Ihren Empfindungen aus (`Ich hatte das Gefühl, ich stand im Dunkeln`), anstatt zu behaupten, dass das Licht das Allerletzte war. Loben Sie ruhig mal, natürlich nur, wenn es nicht bloße Taktik ist.

Jedes Gespräch mit einem Lob zu beginnen, und dann `aber` zu sagen, verfehlt seine Wirkung. Auch der Arzt, der dem Patienten erst von der Harmlosigkeit einer Operation erzählt und ihm anschließend mitteilt, dass er dabei auch sterben kann, hinterlässt einen völlig verängstigten Menschen. Hätte er erst von den Risiken gesprochen und den Patienten mit der Gewissheit entlassen, dass seit Jahren während der Operation nichts passiert ist, schliefe der Patient ruhiger.

Gehen Sie gut mit dem Team um! Fernsehen und Radio sind Teamarbeit, und es kommt auf jeden einzelnen im Team an. Merken Sie sich die Namen der Kameraleute, geben Sie dem Mann oder der Frau vom Ton die Hand, wenn Sie kommen, und machen Sie mal eine nette Bemerkung zu den Kabelträgern oder zum Hausmeister. Sie alle arbeiten Ihnen zu, und es ist wichtig, zu ihnen ein gutes Verhältnis zu haben. Ich habe schon Moderatoren scheitern sehen, weil die Techniker sie nicht leiden konnten…

Zusammenfassung

1. Seien Sie offen für Kritik, aber nehmen Sie nicht alles an.
2. Versuchen Sie, zu einer strukturierten Nachbereitung zu kommen.
3. Geben Sie selbst Feedback statt Kritik.
4. Haben Sie Geduld. Die erste Sendung ist nicht die beste.
5. Seien Sie nett zu Ihrem Team.

7.3 Häufig gestellte Fragen

Soll ich meine Meinung sagen? Ja. Natürlich darf nach Möglichkeit kein Zwiespalt entstehen zwischen dem, was Sie sagen und dem, was Sie denken. Wenn die Chefin eines Radiosenders predigt, dass bei ihr jeder seinen privaten Musikgeschmack an der Eingangstür abzugeben habe, dann ist das sicher richtig. Ein Moderator kann nicht nur spielen, was er hören möchte. Aber wenn Sie vor dem

Hörer alles toll finden, was Sie spielen, findet der Hörer das langweilig (und Sie werden krank). Finden Sie einen Weg, Ihre Meinung zu sagen, ohne andere Meinungen zu denunzieren. Setzen Sie sich mit Teilaspekten auseinander, schweigen Sie lieber mal. Und gehen Sie nicht ständig mit Ihrer Meinung hausieren.

Aber lügen Sie nicht in der Sendung, damit Sie Ihrer Lebensgefährtin oder Ihrem Partner abends noch unter die Augen treten können. Sie bleiben Ihren Zuschauern in der Regel sympathisch, auch wenn diese anders denken. Es sind sicher nicht alle Fans von Ottfried Fischer politisch mit ihm gleicher Meinung, aber sie mögen ihn trotzdem.

Ist denn meine Person so wichtig? Ja. Den Nachrichtensprecher möchte ich während der Sendung gar nicht bemerken, weil mich das von der Nachricht ablenkt. Aber ein Moderator ist das Markenzeichen der Sendung. Viele Sendungen werden überhaupt nur wegen des Moderators eingeschaltet. Der Moderator ist der Sympathieträger, er ist wichtig, und er sollte auch so behandelt werden. Wie anders ist es zu erklären, dass Menschen, deren einzige Tätigkeit darin besteht, schlecht von Teleprompten abzulesen, zur Prominenz gerechnet werden?

Wirke ich zu egozentrisch? Nein. Jemand, der sich oder anderen die Frage stellt, ob er zu sehr im Mittelpunkt stehe, steht mit Sicherheit nicht zu sehr im Mittelpunkt. Die Egomanen und Selbstdarsteller kennen diese Frage überhaupt nicht (und kaufen sich schon gar nicht ein Buch über Moderation und freies Sprechen). Außerdem hat ein gesundes Selbstbewusstsein beim Fernsehen und Radio noch nie geschadet. Die Zuschauer sehen doch am liebsten Menschen, die wissen wo es langgeht, also am besten Könige und Königinnen. Zweifel haben die Zuschauer oder Zuhörer selbst.

Darf ich das? Das wissen Sie erst, wenn Sie es ausprobiert haben. Simone Heppner, eine Moderatorin bei Radio FFH, hat mir einmal gesagt: "Ich versuche jeden Morgen die Formatwände ein kleines bisschen zu verschieben". Ein schönes Bild. Wenn sie jemand stoppt, geht sie einen Schritt zurück. Aber sie versucht es. Seh- und Hörgewohnheiten verändern sich schneller als wir glauben. Auch ein Moderator sollte beweglich sein.

Was mache ich gegen Zeitdruck? Lernen Sie damit umzugehen und ziehen Sie da die Grenze, wo Sie die Verantwortung für Ihre Arbeit nicht mehr übernehmen können. Sie stehen gerade für das, was Sie sagen, ja meist für die ganze Sendung. Die Produktionsbedingungen werden nie mitgesendet. Aber versuchen Sie nicht, perfekt zu sein. Sie wissen immer, dass Sie es besser können, aber darum geht es nicht. Aufwand und Produkt müssen in einem gesunden Verhältnis stehen. In einem Beitrag für ein tägliches Nachrichtenmagazin muss nicht alles perfekt gesprochen und mit einer tollen Idee anmoderiert werden.

Moderieren ist nichts für Perfektionisten. Ein Buchmanuskript können Sie so lange überarbeiten, bis Sie das Gefühl haben, dass es alles hundertprozentig auf den Punkt bringt. Eine Moderation kann das nie. Finden Sie sich lieber rechtzeitig damit ab.

Sage ich »ich« oder »wir«? Feste Regeln gibt es da nicht. »Wir« ist immer da angebracht, wo es um die Sendung, das Format, den eigenen Sender geht. Hier sind ja wirklich viele beteiligt. Das »ich« brauche ich, wenn es um meine persönliche Meinung, Freude oder Dankbarkeit geht. Ein bisschen mehr »ich« vertragen die meisten Moderationen und Reden schon.

Denken Sie aber vorher darüber nach, wie Sie formulieren wollen. Auf keinen Fall haben »wir« da einen Fehler gemacht, jedoch ist »meine« Einschaltquote so hoch wie nie. Sie lachen? Na, dann hören Sie im Studio mal zu, da passiert das immer wieder.

Männliche oder weibliche Form? Sie können nicht immer beides erwähnen. Einmal am Anfang Liebe Hörerinnen und Hörer, das reicht. Wie wäre es, zur Abwechslung mal die Damen und mal die Herren anzusprechen: Der nächste Titel ist für die Hausmänner... oder Wenn Sie, liebe Chefinnen oder Stellen Sie sich vor, Ihr Mann kommt nach Haus oder Schauen Sie auch den Frauen nach? Wenn Sie kein Dogma daraus machen, ist die Tatsache, dass Ihr Publikum männlich und weiblich ist, sehr anregend.

Gibt es ein schlechtes Publikum? Fangen Sie gar nicht erst damit an, Ihre mangelnde Leistung als Redner oder Moderator aufs Publikum zu schieben. Mit ein bisschen mehr Glück hätten Sie ein besseres Publikum gehabt und wären besser gewesen. Nein. Das Publikum kann unterschiedlich sein, in verschiedenen Städten, an verschiedenen Wochentagen, nach verschiedenen Vorrednern. Aber es hat immer recht. Wenn die Leute nicht klatschen oder nicht lachen, dann haben SIE was falsch gemacht. Arbeiten Sie daran, das nächste Mal besser zu werden. Unter Umständen noch auf derselben Veranstaltung. Kein Publikum ist verloren. Fangen sie sofort an, sich etwas zu überlegen, um das Publikum zu „kriegen"!

Kann man Moderieren lernen? Selbstverständlich kann man das. Aber das, was Sie im Fernsehen oder Radio machen wollen, muss zu Ihrem Typ passen.

Wenn Sie eher der ruhige Verstandesmensch sind, dann kommt eine Spielshow mit Comedy-Elementen für Sie nicht in Frage. Genauso wie für einen ständig witzelnden Hyperaktiven keine politische Sendung in Frage kommt. Ich glaube nicht daran, dass der das lernen kann. Zumindest nicht in einer vertretbaren Zeit ohne Schauspielausbildung. Ob er dann wirklich gut würde? Eine Arbeit, die Sie zu Ihrer eigenen Persönlichkeit führt, und das ist die Arbeit, die ich für Moderatoren vorschlage, macht Sie nicht zu einem ganz neuen Typ. Ich bezweifle nicht, dass das möglich ist, aber ich habe hier große Bedenken.

Zusammenfassung

1. Sagen Sie Ihre Meinung, aber gehen Sie nicht damit hausieren!
2. Sie sind das Aushängeschild! Sie sind wichtig!
3. Lernen Sie, mit Zeitdruck umzugehen. Perfektion darf nicht das Ziel sein.
4. Wechseln Sie bedacht zwischen „ich" und „wir".
5. Sprechen Sie mal die Männer und mal die Frauen an!
6. Finden Sie ein Format/eine Redeform, das/die zu Ihnen passt!

Literatur

Arntzen, Friedrich. 1983. *Psychologie der Zeugenaussage*. 5. Aufl. München: Beck Juristischer Verlag.

Rossié, Michael. 2013. *Sprechertraining, Texte präsentieren in Radio, Fernsehen und vor Publikum*. 7. Aufl. Wiesbaden: Springer VS.

Sprenger, Reinhard K. 1999. *Mythos Motivation*. 19. Aufl. Frankfurt, New York: Campus Verlag.

Sprenger, Reinhard K. 1999. *Das Prinzip Selbstverantwortung*. 12. Aufl. Frankfurt, New York: Campus Verlag.

Übungen

8

> **Zusammenfassung**
>
> Üben ist auch beim moderieren wichtig. Am besten mal mit Inhalten, die nichts mit dem Arbeitsalltag zu tun haben, um dann die Ergebnisse wieder in den Alltag zu integrieren. Alleine oder in der Gruppe lassen sich mit einfachen Übungen die wichtigsten Bereiche zum Thema Rede und Moderation wunderbar trainieren.

Die Übungen zur Moderation sind vor allem in der Gruppe sinnvoll, denn jemand, der in der Küche mit sich selbst spricht, ist noch kein Moderator. Dazu wird er erst, wenn andere ihm zuhören. Aber gerade bei den ersten Übungen können Sie die fehlende Gruppe auch durch eine Videokamera oder einen guten Freund ersetzen.

Die Übungen werden immer schwieriger und sind verschiedenen Zielen zugeordnet. Sämtliche Übungen habe ich in meinen Seminaren ausprobiert, und sie sind mit Begeisterung angenommen worden. Denn eine Übung, die gut ist, muss auch Spaß machen.

8.1 Freies Sprechen

Freies Sprechen, die Arbeit mit den Sternen und das Finden einer eigenen Haltung trainieren Sie mit den folgenden Übungen:

> **Übung**
>
> **Die Meldung.** Nehmen Sie sich eine kleine Meldung aus der Zeitung, lesen Sie sie durch, legen Sie die Zeitung weg und machen Sie daraus eine Anmoderation für einen Beitrag zu diesem Thema.

Das sieht zunächst leichter aus als es ist. Achten Sie darauf, den persönlichen Bezug herzustellen und den Stern voll genug zu machen. Eine zweizeilige Meldung können Sie nur fast wörtlich wiedergeben, aber damit nicht freies Sprechen trainieren. Sie müssen also bei einer so kurzen Meldung noch ein paar eigene Erfahrungen beisteuern oder sich gleich eine längere Meldung suchen.

Eine Meldung mit sechs Gedanken ist für den Anfang ideal. Wenn es Ihnen jetzt gelingt, vier Gedanken frei vorzutragen, ohne ins Stocken zu geraten, ist die Übung geschafft. Wobei Ihnen das nicht beim ersten Mal gelingen muss. Fangen Sie jedes Mal anders an, und sprechen Sie frei. Sie werden selbst an den Punkt kommen, an dem Sie der Meinung sind, es zu können.

Übung

Die Anmoderation. Sie bekommen jetzt ein paar Themen, die Sie in der Anmoderation einer imaginären Sendung unterzubringen haben. Kündigen Sie ein Magazin an, das Beiträge zu folgenden Themen enthält:

a) Im Stadtpark ist ein Mann ermordet worden.
b) Die Heppendiehl AG feiert Jubiläum.
c) Ein Sammler alter Tageszeitungen wird vorgestellt.
d) In Kiel wurde ein sprechender Computer erfunden.

Arbeiten Sie entweder mit Karten oder stellen Sie sich vier Sterne zusammen. Die Informationen zu jedem Punkt können Sie erfinden, es geht nur darum, sie flüssig vorzutragen. Je weniger Karten Sie benutzen und je kleiner die Rolle ist, die diese Karten spielen, desto besser. Sie können es, wenn Sie nichts in den Händen haben und in ein paar Sätzen erzählen, was die Zuschauer heute erwartet. Dann sprechen Sie das Ganze in eine imaginäre Kamera. Diese Übung entspricht einer typischen Aufgabe bei einem Moderatoren-Casting.

Hört man, was Sie denken? Oder erzählen Sie alle vier Themen herunter, als würde es sich um ein einziges handeln? Lächeln Sie an der richtigen Stelle und lassen Sie sich genügend Zeit, vom einen zum anderen Thema umzuschalten? Benutzen Sie vier verschiedene Untertöne?

Bei dieser Übung kommt es wieder in erster Linie darauf an, authentisch zu sein, das heißt, zu den vier ganz unterschiedlichen Themen eine jeweils andere Haltung zu haben und diese auch zu zeigen. Der Mord empört oder macht Sie sprachlos, das Jubiläum freut Sie, der Sammler kommt Ihnen komisch vor (oder was auch immer Sie empfinden) und den sprechenden Computer finden Sie interessant. Hören Sie sich online mal zwei Versionen an, wie ich das machen würde.

55

In der anschließenden Auswertung des Videofilms einer solchen Übung in einer Gruppe, stelle ich beim ersten Mal den Ton ab. Wenn eine unterschiedliche emotionale Einstellung zu den vier Themen gelungen ist, höre ich das nicht nur, sondern ich sehe es. Der Moderator drückt sich dann auch körperlich vier Mal anders aus.

Wiederholen Sie die Übung, so oft Sie wollen. Vier Themen sind in der nächsten Zeitung schnell gefunden. Es geht aber auch einfacher. Sie haben so viele Dinge gesehen und erlebt. Stellen Sie daraus eine Anmoderation für Ihre eigene Personality-Show zusammen. Sie simulieren einfach, dass aus Anlass Ihres Geburtstages in der ARD eine Show über Sie gesendet wird. Oder erklären Sie einer chinesischen Delegation Ihren typischen Tagesablauf (natürlich nicht chronologisch) oder stellen Sie uns vier Ihrer besten Freunde vor. Das Prinzip ist das Gleiche: Sie entwerfen Sternen mit 6 – 8 Strahlen, zu denen Ihnen möglichst auch ein paar persönliche Gedanken einfallen sollten, sprechen die Moderation in immer neuem Wortlaut ein paar Mal durch und gehen dann vor Kamera, Mikrofon oder Gruppe.

8.2 Klar formulieren

Klar formulieren, die Sache auf den Punkt bringen und verständlich sein können Sie mit den folgenden Übungen ausprobieren. Wie erklären Sie etwas, das richtig schwierig ist? Sie können wieder mit einem Stern arbeiten, oder Sie probieren etwas anderes aus.

Übung

Die Erklärung. Setzen Sie sich so, dass Sie Ihren Partner nicht sehen können. Ihr Partner hat Block und Stift. Beschreiben Sie Ihrem Partner die Abb. 8.1 oder Teile von ihr so, dass er eine möglichst genaue Kopie zeichnen kann. Nachfragen des Partners sind nicht erlaubt.

Am Erfolg erkennen Sie, wie gut es Ihnen gelingt, Sachverhalte verständlich zu schildern. Wieder ist es egal, wo Sie anfangen, wenn nur die Reihenfolge dessen, was Sie sagen, für Sie logisch ist und sich aus der Figur ergibt. Sie können bei einer kleinen Form anfangen oder sich über das Gesamtbild nähern. Probieren Sie es aus. Wenn Sie den Schwierigkeitsgrad erhöhen wollen, beschreiben Sie Abb. 8.2:

Abb. 8.1 Phantasiepiktogramm zum Nachzeichnen

Abb. 8.2 Schwieriges Piktogramm zum Nachzeichnen

Die Übung wird Ihnen umso leichter gelingen, je besser Sie die Struktur der Zeichnung verstanden haben. Deswegen lassen Sie sich erst einmal ein bisschen Zeit, die Figur anzusehen. Weitere Figuren finden Sie in jeder Clip-Art Sammlung für den Computer.

Noch aufschlussreicher ist so eine Erklärung für eine ganze Gruppe. Wenn niemand etwas zeichnen konnte oder die Zeichnungen keine Ähnlichkeit mit dem Original haben, können Sie sich nicht damit herausreden, die Gruppe habe etwas nicht richtig gehört.

8.3 Begeistern

Begeistern, überreden und Ihre Zuhörer in erster Linie emotional ansprechen, das versuchen Sie mal mit den folgenden Übungen.

> **Übung**
> **Überzeugen Sie mich!** Preisen Sie ein Urlaubsland an, begeistern Sie mich für eine Sportart, schlagen Sie mir einen anderen Beruf vor, oder machen Sie mir Ihr Lieblingsessen schmackhaft!

Haben Sie nur Fakten heruntergebetet oder etwas Persönliches erzählt? Sind Sie ins Stocken geraten? Hatte Ihr Stern so viele Strahlen, dass Sie jederzeit weiter wussten? Stimmte Ihre Körpersprache? Haben Sie sich selber geglaubt?

Haben Sie jetzt Lust, Ihrem eigenen Vorschlag zu folgen? Sie erkennen meist sehr gut, ob Ihnen die Übung gelungen ist oder nicht, besonders später auf einem Videofilm.

> **Übung**
> **Verkaufen Sie etwas!** Jetzt wird es schwieriger. Halten Sie ein Plädoyer für ein bestimmtes Wort, das Sie sich aussuchen. Stellen Sie uns das schönste oder interessanteste Wort der Welt vor! Oder Sie sind begeistert von einer ganz bestimmten Zahl.

Die Zahlen von 1 bis 13 sind noch verhältnismäßig leicht, aber ich mache Ihnen mal vor, wie das für die Zahl 2 3 6 klingen könnte.

 56

Eine tolle Zahl, oder? Jetzt können Sie alleine weiter üben. Wie wäre es mit Verkehrsmitteln, Adjektiven oder Präpositionen? Oder Sie verkaufen reale Dinge wie Karpfen, Armlehnenschoner oder Heizkörperreinigungsbürsten. Sie werden spüren, wann Sie sicher sind. Wenn Sie sich auf Video aufnehmen, kann ein Freund oder Bekannter Ihnen dazu später sehr gut eine Rückmeldung geben.

8.4 Mit Untertönen sprechen

Mit Untertönen sprechen, auch im Ton abwechseln und nicht nur mit der Formulierung, ist das Ziel in der folgenden Übung. Wir gehen nämlich noch einen Schritt weiter: Wir nehmen Ihnen die Inhalte weg. Ja, Sie lesen richtig. Versuchen Sie doch einfach mal, die verschiedenen Haltungen, sozusagen pur herzustellen. Sie werden dann ganz genau feststellen können, wann Sie sich wiederholen.

> **Übung**
> **Moderieren mit Zahlen.** Versuchen Sie, drei Minuten zu moderieren, und dabei nur Zahlen zu sprechen. Wahlweise sprechen Sie eine einzige Zahl. Aber wiederholen Sie keine Töne. Sollten Sie sich wiederholen, hört man das sehr gut. Aber wenn Sie eine genaue Vorstellung von den Strahlen Ihres Sterns haben, und wenn Sie wissen, was Sie erzählen, dann wird Ihnen das auch gelingen, wenn Sie nichts als Zahlen sagen. Hier ein Beispiel von mir.

 57

Genau genommen ist das keine Übung zum freien Sprechen. Denn Sie lügen ja. Sie täuschen Gefühle, Gedanken und Haltungen vor. Aber Sie können so sehr gut lernen, die Prinzipien zu durchschauen, die einer guten freien Rede zu Grunde liegen. Und Sie werden mutiger, die verschiedenen Töne und Haltungen auch auf Ihre Moderationen anzuwenden.

Diese Übung zeigt aber noch viel mehr. Sie können zum Beispiel lernen, dass die Spannung durch die Abfolge unterschiedlicher Töne oder Haltungen entsteht. Auch wenn es nur Zahlen oder Namen aus dem Telefonbuch wären. Möglichst verschiedenartige Töne unvermittelt hintereinander sind spannend.

8.5 Spannung aufbauen

Spannung aufbauen, sowohl sprachlich als auch körperlich, das können Sie in den nächsten Übungen lernen. Wann ist etwas spannend und wann interessiert mich, wie es weitergeht?

> **Übung**
> **Die drei Minuten.** Ein Teilnehmer steht oder sitzt vor der Gruppe und hat die Aufgabe, die Gruppe drei Minuten lang zu unterhalten. Die Zuschauer versetzen sich in die Situation, dass sie weg wollen. Wohin und warum überlegt sich jeder selbst. Jetzt beginnt der Redner zu sprechen, und jeder in der Gruppe soll nur so lange bleiben, wie er es interessant findet.

8.5 Spannung aufbauen

Jede Gruppe ist anders und je nach Vertrautheitsgrad untereinander und dem Mut der Zuschauer ist die Zeitspanne, die sie aushalten, sehr unterschiedlich. Aber in der Regel gelingt es nur wenigen Gruppenteilnehmern als Redner, wirklich alle Zuschauer drei Minuten zu fesseln.

Dabei hängt das meiner Erfahrung nach überhaupt nicht vom Thema ab. Das mag eine Rolle spielen, aber viel wichtiger ist der eigene Bezug zu dem, was ich erzähle und der Bezug zu meinen Zuschauern.

Finden Sie es interessant, tun es auch die Zuschauer. Wenn Sie es schaffen, Ihren Zuschauern zu vermitteln, dass das von großer Wichtigkeit ist, was Sie erzählen, haben Sie schon fast gewonnen. Und zwar unabhängig davon, ob es wirklich interessant ist.

Eine Einleitung wie: `Es gibt da so eine Geschichte...`, `Ich will mal was erzählen...` oder `Ich weiß eigentlich gar nicht so recht...` führt sehr schnell dazu, dass die ersten aufstehen. Wenn sich der Redner dann noch durch die ersten »Flüchtlinge« aus dem Konzept bringen lässt, ist der Raum ein paar Sekunden später leer.

Erst wenn Sie überzeugt sind, dass es spannend und wichtig für Ihre Zuschauer ist, haben Sie die Chance, dass man Ihnen zuhört. Sobald die Satzenden nach oben gezogen werden, der Erzähler ins Stottern kommt und sagt, dass er eigentlich nichts Wichtiges zu sagen habe, gehen die Zuschauer.

Lassen Sie sich Zeit. Alles Schnelle, Hektische zeigt Ihre Anstrengung, den Zuhörer unterhalten zu wollen. Aber der fühlt sich nicht unterhalten von jemandem, der sich unter Druck setzt. Haben Sie jedoch den Mut, mit der Zeit Ihrer Zuhörer großzügig umzugehen, erhöht sich das Interesse an dem, was Sie sagen wollen.

Sie sollten selbst beteiligt sein. Eine Geschichte, die man von irgendwem gehört hat, ist lange nicht so interessant wie eine selbst erlebte. Wenn Sie Witze erzählen, müssen Sie das schon sehr gut machen, damit alle bleiben. Am interessantesten sind Sie selbst, auch wenn Ihnen das eigenartig vorkommen mag.

Sprechen Sie Ihre Zuhörer an. Wenn die Menschen, die Ihnen zusehen, das Gefühl haben, dass sie wirklich gemeint sind mit dem, was Sie erzählen, bleiben sie länger sitzen. Ich zerstöre ein ganz intimes Verhältnis, wenn ich einfach in dem Moment aufstehe, in dem mir jemand ganz persönlich etwas erzählen will. Schauen Sie allerdings dauernd auf den Boden oder holen Ihre nächsten Gedanken aus dem Stuck an der Decke, habe ich keine Hemmungen aufzustehen. Sie sehen mich ja nicht an, also scheinen Sie sich mit etwas anderem zu beschäftigen, und ich kann jetzt gehen.

Sorgen Sie für einen spannenden Aufbau. Auch an Geschichten, die zu durchsichtig sind, verlieren wir schlagartig das Interesse. Wenn Sie aus der Ich-Perspektive erzählen, machen Sie es so spannend, wie es für Sie war, und nehmen Sie nicht die Pointen vorweg. Drei Minuten sind lang.

Fangen Sie da an, wo es spannend wird. Finden Sie den Knaller zum Einstieg oder kündigen Sie ihn an, aber liefern Sie nicht schon die Auflösung im zweiten Satz. Wenn jemand anfängt: `Bei meinem letzten Urlaub war doch mein Koffer nicht im Flugzeug...` stehen die ersten sehr bald auf. Sie wissen genau, was jetzt kommt. Das müsste ich größer, interessanter und wichtiger machen. `Der letzte Urlaub ging voll daneben. Dabei konnte ich gar nichts dafür...`

Wichtige Informationen schaffen Aufmerksamkeit. Eine letzte Möglichkeit, Ihre Zuschauer an die Sitze zu kleben, ist die, ihnen stückweise Informationen zukommen zu lassen, die für die Gruppe wichtig sind. Das wird Ihnen nicht in jeder Gruppe und Situation gelingen, aber wenn es Ihnen gelingt, brauchen Sie nicht einmal einen großartigen Aufbau dessen, was Sie erzählen. Wenn Ihre Zuhörer für sie sehr wichtige Informationen erhalten, z. B. wichtige Termine oder mit Spannung erwarteten Klatsch, können Sie eine Stecknadel fallen hören. Bei einer Sendung über eine Naturkatastrophe müssen Sie das Interesse nicht künstlich wecken, obwohl der Zuschauer ja vielleicht ständig zum anderen Sender zappt, der auch eine Sondersendung zu diesem Thema hat...

8.6 Den Schlüssel finden

Den Schlüssel finden, sich auf jemanden einstellen und auf ganz verschiedene Weise versuchen, an ihn heranzukommen, ist das Ziel der nächsten Übungen.

> **Übung**
>
> **Das Verkaufsgespräch** ist eine faszinierende Übung, um die Vielschichtigkeit menschlicher Kommunikation zu studieren. Stellen Sie sich vor, Sie hätten einen Gegenstand, zum Beispiel einen Apfel, und sollten ihn jemandem geben. Ihr »Kunde« hat sich vorher eine Bedingung überlegt, wann er den Gegenstand nimmt. Finden Sie die heraus.

8.6 Den Schlüssel finden

Manager, denen ich den Apfel in die Hand drücke, erzählen mir als erstes von den Wiesen am Bodensee (ich lehne ab), dann von den Vitaminen (ich lehne ab), und dann von dem, was ich alles aus dem Apfel machen kann (ich lehne ab). Dann geben sie auf. Auf die Idee, mich einfach mal zu fragen, warum ich den Apfel nicht will, kommt keiner.

Freiwillig verrate ich nicht, was ich will. Auch wenn sie mich fragen. Das müssen sie schon herausbekommen. Das können sie zwischen meinen Sätzen erfahren, wenn sie richtig zuhören. Ich sage ihnen ja alles, wenn auch nicht mit Worten. Wenn ich den Apfel zum Beispiel im Moment nicht will, und sie fragen mich nach diesem »im Moment« (Was meinen Sie mit »im Moment«?) antworte ich, dass ich schon vier Äpfel gegessen habe. Sie bieten mir an, den Apfel mitzunehmen, und ich nehme ihn. Aufgabe gelöst. Die meisten überhören aber dieses »im Moment«. Hören Sie mal zu, ob Sie meine Bedingung herausbekämen. In allen drei Antworten ist ein Hinweis versteckt. Es geht immer noch um den Apfel. Fragen Sie mich mal, ob ich ihn möchte.

 58

Die Hinweise, die ich Ihnen gegeben habe, nenne ich Haken. In jeder Antwort gibt es so einen Haken. Ich habe versucht, darauf hinzuweisen, dass der Apfel ja nicht gewaschen ist. Einen gewaschenen Apfel hätte ich gerne genommen. Wenn Sie meine Antworten jetzt noch einmal hören, merken Sie sofort, worauf ich hinaus will. Sollten Sie also Zuschauer haben, schicken Sie den Apfelverkäufer raus und teilen Sie ihnen die Bedingung vorher mit. Ihr Auditorium wird jedes Mal zusammenzucken, wenn der Kandidat einen Haken nicht erkennt, der ihn der Lösung näher gebracht hätte.

Übung
Die Bedingung ist eine Variation dieser Übung. Wieder zwei Mitspieler. Der eine hat einen Gegenstand und der andere will ihn haben. Der mit dem Gegenstand hat sich vorher eine Bedingung ausgedacht, unter der er den Gegenstand hergibt. Die Bedingung muss jetzt nicht mehr direkt etwas mit dem Gegenstand zu tun haben. Der Bittsteller ist also gezwungen, immer wieder anders auf seinen Mitspieler zuzugehen. Bedingungen können sein: Er will gebeten werden oder gestreichelt, er will, dass man ihm Geld für den Gegenstand anbietet, der andere auf die Knie geht oder richtig wütend wird.

Ich spreche Ihnen mal verschiedene Möglichkeiten vor, wie ich versuchen würde, auf sehr unterschiedliche Art und Weise an den Gegenstand heranzukommen. Nehmen wir wieder einen Apfel.

 59

Wie vielfältig sind unsere Bemühungen, wenn wir unseren Lebenspartner dazu bringen wollen, mal wieder wandern zu gehen oder wenn wir von unserem besten Freund den Sportwagen leihen wollen. Wie eindimensional ist dagegen mancher Moderator von allem `total begeistert` oder findet alles `total interessant`. In der Realität sind wir meist viel ausgefuchster, wenn wir etwas erreichen wollen.

8.7 Sich konzentrieren

Sich konzentrieren, mehrere Dinge gleichzeitig tun, und dabei die Übersicht behalten ist eine weitere wichtige Fähigkeit, die Sie besitzen sollten. Können Sie immer nur eins nach dem andern? Das reicht zum Moderieren leider nicht. Auch wenn ich in diesem Buch oft erklärt habe, dass Sie sich zu hundert Prozent auf Ihre Zuschauer konzentrieren müssen, so fordert die Technik in der Regel zumindest einen kleinen Teil Ihrer Aufmerksamkeit. Sehen Sie mal, wie Sie damit zurechtkommen! In der nächsten Übung haben Sie jetzt Gelegenheit, Ihre Konzentrationsfähigkeit zu testen.

Übung

Aufräumarbeiten. Jeder hat die Aufgabe, drei Minuten über ein Thema zu sprechen. Dabei hat er eine zusätzliche Aufgabe zu erfüllen, wie eine bestimmte Zeichnung zu machen, die Stühle in Sternform aufzustellen oder etwas zu sortieren.

In einem großen Raum ist die Übung am wirkungsvollsten. Aus Stühlen eine 8 zu bauen, ein Herz, ein Kreuz oder eine Zickzacklinie und dabei zu moderieren, ist auch für Profis eine Herausforderung.

Ein paar Gedanken zur Auswertung: Den Anfang machen Sie am besten mit Ihrer Moderation, dann erst kommen die Stühle, denn die sind zweitrangig. Erstrangig ist immer der Zuschauer, bzw. das Thema. Sollten sich beim Räumen Schwierigkeiten einstellen, weil Ihre Zickzacklinie ein Stern geworden ist, dann

8.7 Sich konzentrieren

sprechen Sie die Schwierigkeiten kurz an, lösen Sie sie und sprechen dann weiter. Sie hatten sich doch vorgenommen, authentisch zu sein.

Lassen Sie sich für das Räumen Zeit. Stress führt zu Fehlern und Gequassel. Wenn Sie dauernd anstoßen, die Stühle gegeneinander knallen oder etwas umfällt, sind Sie nicht konzentriert genug. Wahrscheinlich begreifen Sie spätestens jetzt, warum ein guter Moderator wirklich etwas kann.

Jobsuche 9

> **Zusammenfassung**
> Wenn man mit dem Moderieren Geld verdienen will, steht man noch vor ein paar zusätzlichen Herausforderungen. Es genügt nicht gut zu sein, man braucht auch ein paar Hinweise, wie und wo man Kunden findet und worauf es dabei ankommt.

Neue Formate für Fernsehen oder Radio sollen preiswert sein und eine hohe Einschaltquote haben. Da ist es am besten, ein Moderator ist billig, unbekannt, aber der absolute Knaller. Also entschließt sich der Sender, den lieber selbst zu entdecken. Das hat obendrein den Vorteil, dass der sich dann später an den Sender gebunden fühlt.

Moderatoren werden also ständig gesucht, aber trotzdem wartet niemand auf Sie. Tag für Tag macht sich eine große Gruppe junger Menschen auf, Moderator zu werden. Der Beruf hat auf den ersten Blick eine Menge Vorteile: Man wird berühmt, verdient viel Geld und muss kaum etwas lernen. Die Stewardess muss eine Ausbildung machen, der Moderator nicht. Was für ein verlockender Beruf. Kaum ein Model, das nicht dauernd davon spricht, sich ein zweites Standbein aufzubauen und später Moderatorin zu werden.

Die Konkurrenz ist groß, und meiner Erfahrung nach scheitern mehr Leute am Konkurrenzkampf und der Schwierigkeit, sich verkaufen zu müssen, als an mangelnden Fähigkeiten. Dabei ist der Wettbewerb eindeutig ein Teil des Berufes. Wer es hasst sich anzubieten, soll lieber Blumensträuße anbieten, die er zusammengebunden hat. Wer Moderator werden will, der muss sich daran gewöhnen, sich zu verkaufen. Aber auch das kann man lernen.

Rufen Sie nicht an, um anzurufen! In Trainings für angehende Moderatoren machen wir die Übung, dass jemand im Beisein der Gruppe bei einer Produktionsfirma anrufen muss. Die Anrufe laufen meist nach dem Schema: Brauchen Sie jemanden? Im Moment nicht! Vielen Dank, auf Wiederhören. Der Anrufer ist jetzt ganz glücklich und erleichtert, dass er das geschafft hat. Ausgerichtet hat er gar nichts, aber er kann wieder eine Adresse auf seiner Liste abhaken. Abends kann er sich mit dem guten Gefühl entspannen, seinen Schweinehund überwunden und ganz viele Produktionen angerufen zu haben. Wenn die ihn nicht wollen, kann er ja schließlich nichts machen.

Merken Sie, was da falsch läuft? Sein Ziel ist der Anruf und nicht der Job. Sie müssen brennen für das, was Sie tun wollen, dann gibt es auch eher einen Job für Sie. Nicht, dass dies das einzige Kriterium wäre, aber das erste.

Rufen Sie nicht am Montagmorgen an (obwohl sich Sonntage ja sehr gut eignen, karriereentscheidende Überlegungen zu treffen) und auch nicht am Freitag. Montags klingelt das Telefon sowieso schon dauernd, und am Freitag ist alles aufs Wochenende eingestellt.

Je nach Größe der Firma oder des Senders müssen Sie an der Telefonistin vorbei oder sie gnädig stimmen, Ihnen ein paar Insider-Informationen zukommen zu lassen. Bei großen Sendern können Sie von der Telefonistin gar nichts erfahren, da sprechen Sie besser mit der Vorzimmerdame oder Sekretärin. In jedem Fall empfiehlt es sich, ihr Vertrauen zu gewinnen, sie wichtig zu nehmen, ja besser noch, sie zur Verbündeten zu machen.

Schriftliche Bewerbungen sind feige, wenn sie Ihnen als die einzige Möglichkeit erscheinen, mit der Sie Arbeit suchen. Aber natürlich müssen Sie auch das machen. Manchmal nach dem Anruf, manchmal vorher. Ein Patentrezept gibt es nicht. Und das meiste passiert heute natürlich online. Aber allein wegen einer Mail werden Sie kein Angebot bekommen.

Die Unterlagen zu Ihrem Lebenslauf sollten übersichtlich, korrekt und angemessen kurz sein. Der Leser stößt zuerst auf das Wichtige und das Neue, und dann auf das, was Sie direkt nach dem Kindergarten gemacht haben. Fangen Sie also hinten an und nicht vorne. Erklären Sie, wenn etwas erklärt werden muss. Ein Audi-Mitarbeiter, der verwundert auf den häufigen Wechsel des Arbeitsplatzes angesprochen wurde, musste erklären, dass nur der Name seiner Abteilung sich so oft geändert hat.

Das Anschreiben ist mindestens ebenso wichtig wie der Lebenslauf selbst. Hier haben Sie die Chance, auf originelle Art auf sich aufmerksam zu machen. Aber

9 Jobsuche

hüten Sie sich davor, es zu lang werden zu lassen. Kein Redakteur oder Produzent liest vier Seiten, bevor er Sie nicht kennen gelernt hat. Dass überall Ihre Anschrift draufsteht, ist selbstverständlich.

Und überarbeiten Sie Ihr Bewerbungsschreiben! Ich habe es mir zur Angewohnheit gemacht, kein Schreiben sofort loszuschicken. Denn ich habe noch nie erlebt, dass ich nicht mindestens noch ein Komma geändert hätte. Also lassen Sie den Brief zwischen Entstehung und Versand ruhig ein paar Stunden liegen.

Demo-DVDs oder Demo-CDs für Moderatoren lassen sich sehr leicht herstellen. Es gibt also keinen Grund für die Ausrede, dass Sie ja noch nichts gemacht haben. Beim Radio wird die Demo-CD im Sender produziert, wenn Sie grundsätzlich in Frage kommen. Denn die Technik in einem Radio-Studio kann man zu Hause nicht simulieren. Fürs Fernsehen stellen Sie sich mit einem Mikrofon an eine Mauer und machen eine Anmoderation über eine Ausstellung, Sie stehen an einer Straße und kommentieren die Benzinpreise, oder Sie sitzen neben einem Springbrunnen und schwärmen von Dänemark. Dabei muss die Mauer kein Museum sein, und der Springbrunnen nicht in Dänemark liegen.

Im Freien sollten die Moderationen sein, weil ein ausgeleuchtetes Studio mit Techniker Ihren finanziellen Rahmen sprengen dürfte. Wenn Sie draußen arbeiten, können Sie sehr leicht die Illusion erzeugen, dass wir es mit einer professionellen Moderation zu tun haben. Lediglich das Sender-Logo fehlt, aber es ist ja nur eine Demo-CD und eben noch kein gesendetes Material.

Jetzt kommt das Casting! Sie sind noch nicht am Ziel, aber Sie sind in der engeren Auswahl. Vertun Sie sich nicht! Für die meisten Castings werden weit weniger Leute eingeladen als Sie glauben. Hunderte von Bewerbern, die gecastet werden, gibt es auf RTL, um eine Staffel von Sendungen zum Thema »Deutschland sucht den Supermoderator« mit Filmmaterial zu versorgen, aber in der Realität hat kein Redakteur oder Produzent so viel Zeit. Die Auftraggeber des Castings erwarten von der Castingfirma eine Vorauswahl. Seien Sie also glücklich, dass Sie auch mit dabei sind.

Bringen Sie das auch zum Ausdruck. Unpünktlich, in Klamotten, die fürs Fernsehen ungeeignet sind, und ohne Text ärgern Sie die Produktion. Wie viele Menschen gehen einfach mal so auf ein Casting für eine blöde Show oder einen komischen Talk, obwohl sie doch viel lieber die Show von Günther Jauch übernehmen würden. Seien Sie respektvoll! Wenn Sie hingehen, sollten Sie wollen.

Seien Sie auch dankbar, wenn Sie nicht genommen wurden. Sie durften zum Casting, weil Sie in Frage kommen. Dass es nicht geklappt hat, liegt meist außerhalb Ihres Einflussbereiches.

Am Telefon haben Sie herausbekommen,

- worum es geht,
- was Sie anziehen sollen,
- ob es einen Text gibt,
- welche Firma es ist,
- was die sonst produziert,
- wie derjenige heißt, der Sie angerufen hat,
- und die Adresse und Telefonnummer des Ortes, an dem das Casting stattfindet.

Fragen Sie diese Infos ruhig ab. Wenn Ihr Gesprächspartner am Telefon etwas vergisst, müssen Sie es ausbaden und nicht er.

Führen Sie ein Castinggespräch, so wie es jeder Schauspieler und Moderator bei einer Bewerbung vor laufender Kamera zu führen hat. Achten Sie auf die ersten Minuten. Ein Casting entscheidet sich meist schon beim Reinkommen und nicht erst, wenn Sie vor die Kamera gehen. Stellen Sie sich vor, sagen Sie, was Sie gemacht haben und versuchen Sie, sich so gut wie möglich zu verkaufen. Hier mal ein schlechtes, aber realistisches Beispiel:

 60

Reden Sie lieber ganz normal, sprechen Sie eher leise als laut, ziehen Sie die Satzenden nicht nach oben und bombardieren Sie Ihren Gesprächspartner nicht mit Informationen, die er womöglich in Ihren Unterlagen vor sich liegen hat. Versuchen Sie zu kommunizieren, stellen Sie einen persönlichen Kontakt her. Das Thema ist egal. Holen Sie Ihren Gesprächspartner ab, wie wir das im Kapitel über den Anfang besprochen haben. Wenn er selber reden will, dann lassen Sie ihn reden. Er wird es als sehr angenehmes Gespräch empfinden, auch wenn Sie fast nichts gesagt haben. Die Königin jubelt dem anderen nicht so beiläufig ihre Erfolge unter, sondern hört zu, wenn der andere doch so gerne erzählen möchte. Machen Sie sich nicht interessant, sondern seien Sie interessiert.

Finden Sie den Schlüssel für Ihren Gesprächspartner und interessieren Sie sich für ihn, für seine Sendung, sein Format. Was hat der Produzent einer monatlichen Krimiserie getan, bei dem ich mich vorstellte, nachdem ich behauptet hatte, alle Folgen gesehen zu haben? Natürlich! Er hat das überprüft und mir ein paar Fragen dazu gestellt. Dass ich die beantworten konnte, hat ihn beeindruckt. Nichts freut den Caster mehr, als wenn Sie die Sendung kennen, für die er arbeitet. Das ist eine ganz einfache Form der Wertschätzung. Denn im Vertrauen: Der würde wahrscheinlich auch am liebsten für Günther Jauch arbeiten oder für Klaus Kleber. Bei Radio und Fernsehen leiden sehr, sehr viele darunter, nicht die meistgesehenen Formate zu machen. Und die Mitarbeiter der meistgesehenen Formate leiden darunter, dass sie nicht in Hollywood arbeiten dürfen. Und die in Hollywood arbeiten, die leiden...

Was haben Sie denn bisher gemacht? Diese Frage wird Ihnen sicher gestellt, genauso wie die Frage, warum Sie Moderator werden wollen. An dieser Stelle völlig überrascht zu sein, dass man jetzt genau das gefragt wird, wirkt albern. Seien Sie stolz auf die Art, wie Sie sind und auf das, was Sie gemacht haben. Selbst wenn Sie als Einziger dieser Meinung sind: Sie müssen fest davon überzeugt sein, dass Sie der Richtige für die Aufgabe sind. Den roten Teppich wird Ihnen niemand ausrollen. Das gelingt nur ganz besonders schönen Menschen, die bereit sind, sich auch privat in fremde Hände zu geben. Jetzt ein positives Beispiel.

Am besten erzählen Sie Geschichten, noch besser Geschichten, bei denen Ihre Augen leuchten. Denn leuchtende Augen kann man nicht spielen.

 61

Sollte Ihr Gesprächspartner beim Casting essen, hat er Hunger. Er will Sie nicht testen, er will Ihnen nicht seine Missachtung zeigen, sondern er hat seit Stunden nichts gegessen. Beziehen Sie nicht alles auf sich und interpretieren Sie nicht alles zu Ihren Ungunsten. Dass die Kandidatin vor Ihnen herzlicher begrüßt wird liegt daran, dass der Caster und Ihre Vorgängerin drei Jahre ein Paar waren, und an nichts anderem (Ihre Chancen sinken dadurch etwas, aber da können Sie nichts machen). Außerdem entscheidet der Caster ja meist nicht. Selbst wenn der Regisseur das Casting selbst macht, redet ja auch noch der Produzent mit und vor allem die Redakteurin. Auch Unterbrechungen durch den Regisseur oder die Redakteurin sind nicht schlimm und sagen in der Regel nichts über die Qualität Ihrer Moderation.

Die Kleidung sollte zur Sendung passen. Deswegen ist es um so besser, je mehr Sie vorher über die Sendung herausbekommen, für die Sie sich bewerben. Grundsätzlich gilt: lieber nicht zu schrill. Sie sollen zu sehen sein und nicht Ihr Tigerpulli. Bei wichtigen Castings, bei denen ich weder die Studiodekoration noch eventuelle Gesprächspartner kenne (die vielleicht genau das gleiche Jackett tragen), habe ich als Mann auch noch ein zweites Jackett dabei. Frauen bringen ein Kostüm oder Kleid in einer anderen Farbe mit.

Nehmen Sie Absagen nicht persönlich, die Auswahl von Moderatoren geht seltsame Wege. Intern sind diese Wege völlig logisch, für Sie sind sie aber nicht zu durchschauen. In einem Sender z. B. ist es sehr wichtig, dass die Chemie untereinander stimmt. Hören Sie auf, sich darüber Gedanken zu machen. Bei den Castings, die ich betreut habe, wurde meistens nicht der Beste genommen. Es gibt so viele Punkte, die eine Rolle spielen.

Was wird denn nun beim Casting gemacht? Das ist kein Geheimnis. Sie bekommen vorher genau gesagt, was man von Ihnen erwartet. Denn bei der Vielzahl der Formate gibt es natürlich keine einheitlichen Übungen, die überall gemacht werden. In einem Casting fürs Radio geht es auch darum, ob Sie überhaupt mit der Technik zurechtkommen. Man stellt Ihnen also die Aufgabe, eine Sendung zu moderieren, die aufgezeichnet, aber nicht gesendet wird. Sie fahren in einem Studio eine Sendung unter realen Bedingungen.

Im Fernsehen spielt Ihr Lampenfieber eine große Rolle. Zuviel Vorbereitung ist da eher hinderlich, denn es wird sicher Improvisationsaufgaben geben, um Ihre Belastbarkeit zu testen. Ich gebe Ihnen ein paar Beispiele, was auf Sie zukommen könnte: Sie müssen kurzfristig ein Thema anmoderieren, Passanten vor laufender Kamera interviewen oder anschnorren, Sie müssen mit von Schauspielern dargestellten Gesprächspartnern zurecht kommen, die nichts sagen, zuviel reden, das Falsche reden, ausfallend werden, sich ausziehen usw. Es wird also immer ein Element geben, mit dem getestet wird, wie Sie mit schwierigen Situationen fertig werden.

Wie reagieren Sie? Man will herausfinden, ob Sie spontan und authentisch sind. Es wird simuliert, dass Sie ein Studiopublikum nach Hause schicken müssen oder die Technik ausfällt. Aber auch Studiogäste, die einfach aufstehen, obwohl die Sendung noch vier Minuten dauert, oder Gags im Sinne einer »versteckten Kamera« können vorkommen. In Call-in-Formaten bekommen Sie obszöne Anrufe oder

SMS, Hieroglyphen oder eingeblendeter Text ist falsch, unleserlich oder läuft zu schnell.

Eine Probesendung wird beim Fernsehen nur in Ausnahmefällen aufgezeichnet, da die Kosten ungleich höher sind. Man bräuchte ein Fernsehstudio und eine komplette technische Mannschaft. Also testet man die Kandidaten in einem gemieteten Castingstudio oder mit einer einzigen Videokamera in einem Konferenzraum.

Eine Agentur kann Ihnen viel Arbeit abnehmen. Die Agenten handeln höhere Gagen aus, wissen, wo Moderatoren gesucht werden und beraten Sie auch in schwierigen Fällen. Gute Agenten fragen nach dem Engagement nach, ob alles geklappt hat. Außerdem berät Ihr Agent Sie auch bei der Karriereplanung. Welches Angebot sollten Sie annehmen, welches besser nicht? Und auch ein kritischer Blick auf Ihre Arbeit kann ungemein hilfreich sein. Zu einem Agenten kann man Ihnen also nur raten. Allerdings sollten Sie die Agentur zunächst eine begrenzte Zeit testen. Wenn Sie danach zufrieden sind, schließen Sie einen längerfristigen Vertrag.

1. Die Suche nach dem nächsten Job gehört zum Beruf.
2. Demomaterial lässt sich mit einfachen Mitteln herstellen.
3. Seien Sie dankbar für jedes Casting.
4. Das persönliche Gespräch ist wichtiger als die Castingaufgabe.
5. Führen Sie ein Gespräch, anstatt sich darzustellen.
6. Bleiben Sie bei allen Tests gelassen und souverän.

Tonbeispiele online

www.springer.com/springer+vs/medien/book/978-3-658-02750-6

Hörbeispiele zum Thema…

1–4	Sprechen auf Stichwort
5–8	Sprechen mit Sternen
9–11	Anfang und Begrüßung
Typen von schlechten Rednern	
12	Der Zerhacker
13	Der Unbeteiligte
14–17	Der Nachdrückliche
18, 19	Der Schlussakkordeonist
20, 21	Der Wörter-Zieher
22	Der Anläufer
23	Der Langsame
24	Der Monotonist
25	Der Äh-Sager
26	Der Stöhner
27, 28	Der Sänger
29	Der Raufzieher
30–32	Der Schnellsprecher
33–38	Der Vollständige
39, 40	Der Märchenonkel/die Märchentante
41, 42	Der Wortgestalter

43–45	Der Lügner
46	Der Textakrobat
47	Die Stimmungskanone
48, 49	Der Selbstverliebte
50	Der Aufgeblasene
51	Der Wichtige
52–54	Floskeln und Gelaber
55	Anmoderation
56	Zahlen verkaufen
57	Moderationsübung mit Zahlen
58	Zuhören
59	Überreden
60, 61	Castinggespräch

Weiterführende Literatur

Hier eine Aufstellung der Bücher, die zusätzlich zu den Literaturangaben lesenswert sind.

Moderation:

Amberg-Thiel, Sabine. 2001. *Berufsfeld TV-Moderation, Welche Voraussetzungen werden erwartet? Welche Wege führen zum Beruf?*1. Aufl. Regensburg: Walhalla Verlag.

Hermann, Inge, Krol, Reinhard und Bauer, Gabi. 2002. *Das Moderationshandbuch.*1. Aufl. Tübingen, Basel: A. Francke Verlag.

Lynen, Patrick. 2010. *Das wundervolle Radiobuch. Personality, Moderation und Motivation.* 3. Aufl. Baden-Baden: Nomos Verlag.

Wachtel, Stefan. 2009. *Sprechen und Moderieren in Hörfunk und Fernsehen.* 6. Aufl. Konstanz: UVK Verlagsgesellschaft.

Wienken, Uschi (Hrsg.). 2003. *Radiomoderatoren und ihre Erfolgskonzepte. Von den Besten lernen.*1. Aufl. München: Verlag Reinhard Fischer.

Gespräch und Kommunikation:

Flammer, August. 2001. *Einführung in die Gesprächspsychologie.* 1. Aufl. Bern: Huber Verlag.

Meidinger, Hermann. 2000. *Stärke durch Offenheit, Ein Trainingsprogramm zur Verbesserung der Kommunikations- und Konfliktfähigkeit von Lehrern.*1. Aufl. Berlin: Cornelsen Verlag.

Miller, Reinhold. 2001. *Sie Vollidiot. Von der Beschimpfung zum konstruktiven Gespräch.*1. Aufl. Reinbek: Rowohlt Verlag.

Interview:

Friedrichs, Jürgen, und Schwinges, Ulrich. 2009. *Das journalistische Interview.* 3. Aufl. Opladen, Wiesbaden: VS Verlag für Sozialwissenschaften.

Haller, Michael. 1991. *Das Interview. Ein Handbuch für Journalisten.*1. Aufl. Konstanz: UVK Verlagsgesellschaft.

Kriebel, Wolf-Henning. 2002. *Crashkurs Medienauftritt. Überzeugen in Interviews mit Gegenwind*. 1. Aufl. Wien/Frankfurt: Ueberreuter Verlag.

Müller-Dofel, Mario. 2013. *Interviews führen. Ein Handbuch für Ausbildung und Praxis*.1. Aufl. Wiesbaden: Verlag Springer VS.

Sprache:

Bury, Ernst. 2000. *Machen Sie es richtig! Stolpersteine im Deutschen: Schnelle Hilfe von Aussprache bis Satzbau*. 1. Aufl. Reinbek: Rowohlt-Verlag.

Hirsch, Eike Christian. 1984. *Deutsch für Besserwisser*. 5. Aufl. München: Deutscher Taschenbuchverlag.

Hirsch, Eike Christian. 1988. *Kopfsalat. Spott-Reportagen für Besserwisser*. 1. Aufl. Hamburg: Hoffmann und Campe Verlag.

Hirsch, Eike Christian. 1995. *Mehr Deutsch für Besserwisser*. 4. Aufl. München: Deutscher Taschenbuchverlag.

Hirsch, Eike Christian. 1993. *Den Leuten aufs Maul. Ein- und Ausfälle vom Besserwisser*. N.-A. München: Deutscher Taschenbuchverlag.

Leonhardt, Rudolf Walter. 1986. *Auf gut Deutsch gesagt. Ein Sprachbrevier für Fortgeschrittene*. 1. Aufl. München: Piper Verlag.

Schneider, Wolf. 2005. *Deutsch für Kenner. Die neue Stilkunde*. N.-A. München: Piper Verlag.

Schneider, Wolf. 2011. *Wörter machen Leute. Magie und Macht der Sprache*. 17. Aufl. München: Piper Verlag.

Schneider, Wolf. 2001. *Deutsch für Profis. Handbuch der Journalistensprache – wie sie ist und wie sie sein könnte*.11. Aufl. München: Goldmann Verlag

Süskind, Wilhelm E. 1990. *Dagegen hab' ich was. Sprachstolpereien*. N.-A. München: Deutscher Taschenbuchverlag.

Radio und Fernsehen:

Haas, Michael H., Frigge, Uwe und Zimmer, Gert. 1991. *Radio-Management*.2. Aufl. Konstanz: UVK Verlagsgesellschaft.

Rossié, Michael. 2011. *Medientraining kompakt*.1. Aufl. Offenbach: Gabal Verlag.

Journalistische Vorarbeit:

Brendel, Matthias, und Brendel, Frank. 1999. *Richtig recherchieren. Wie Profis Informationen suchen und sich besorgen. Ein Handbuch für Journalisten, Rechercheure und Öffentlichkeitsarbeiter*. 2. Aufl. Frankfurt am Main: FAZ-Institut.

Haller, Michael. 2000. *Recherchieren. Ein Handbuch für Journalisten*. 5. Aufl. Konstanz: UVK Verlagsgesellschaft.

La Roche, Walther von. 2013. *Einführung in den praktischen Journalismus. Mit genauer Beschreibung aller Ausbildungswege – Deutschland, Österreich, Schweiz*. 19. Aufl. Wiesbaden: Verlag Springer VS.

Mast Claudia (Hrsg.). 2012. *ABC des Journalismus. Ein Handbuch.* 12. Aufl. Konstanz: UVK Verlagsgesellschaft.

Schöfthaler, Ele. 2006. *Die Recherche. Ein Handbuch für Ausbildung und Praxis.* 1. Aufl. Berlin: Econ Journalistische Praxis.

Sachverzeichnis

A
Absage, 86
Absagen, 210
Adjektiv, 97, 118, 129, 147, 177, 197
Adrenalin, 9, 13, 16
Adrenalinspiegel, 84, 85
Aggression, 8, 61, 81, 117, 118, 160
Aircheck, 78
Alarmglocken, 17, 20, 157
Anfang, 23, 24, 36, 85, 89, 95, 98, 100, 103, 154, 194
Angst, 7, 11, 12, 16, 32, 59, 77, 188
Ankündigung, 25, 102, 176
Anmoderation, 25, 26, 29, 79, 154, 194
Anonymität, 84, 163
Anschaulichkeit, 40
Ansteckmikrofon, 72
Antagonist, 138
Antike, 106
Appell, 4
Applaus, 141
Arme
  verschränkte, 65
Assoziationen, 15, 16, 20, 180
Assoziationskette, 13
Atempause, 51
Atemübung, 82
Aufsager, 35, 78, 126
Aufzeichnungen, 140, 145
Augen, 2, 20, 38, 40, 59, 153
Ausatmen, 86
Ausgangsspannung, 80
Aussage
  paradoxe, 180
  verbale, 90
  verneinende, 156
Ausstrahlung, 76
Authentizität, 4, 135
Autocue, 76
Autor, 36, 44

B
Bauchbinde, 79
Begrüßung, 94
Beine
  verschränkte, 55
Betonung, 116
Bewegung
  verbotene, 69
Beziehungsaspekt, 4
Bildschirm, 76
Blackout, 112
Blamieren, 14, 163
Blickkontakt, 61
Blitzer, 126, 172, 173
Blockaden, 15
Bluebox, 79
Blutdruck, 9
Brainstorming, 36
Briefen, 78
Bullshit-Bingo, 170

C
Caster, 209
Casting, 207
Castinggespräch, 208

Close-up, 79
Coach, 16, 39, 91, 186
Computer-Präsentation, 31, 47
Cutter, 79, 95

D
Demo-CD/DVD, 207
Denkhüte, 36
Diskussion, 55, 143, 159
Diskussionsleiter, 159, 161
Dolly, 79
Doppelfrage, 158
Doppelmoderation, 137
Drehstuhl, 74
Dreifachfrage, 156

E
Ehrlichkeit, 14, 35, 102
Eindruck
  erster, 89
Einleitung, 102, 107, 177
Einschaltquote, 113, 143, 190, 205
Einschübe, 33, 82, 167
Einstieg, 100, 179
Einwürfe, 157, 162, 163
Entschuldigung, 102, 176
Entspannung, 63, 80

F
Faken, 79
Fakten, 25, 26, 146, 154
Feedback, 162, 185
Fehler, 89, 101, 103, 156
Fehlerfreundlichkeit, 187
Fernsehdiskussion, 33
Fernsehshow, 33, 179
Fernsehstudio, 79, 113, 211
Figuren
  rhetorische, 107
Fließen, 37, 65, 107
Floskeln, 42, 100, 171
Flow, 37
Folien, 44
Freeze, 79
Fremdwörter, 15, 178, 181
Frisur, 61

Füllwörter, 122, 124, 178
Füße, 50
  auf beiden stehen, 67
  wippende, 50, 81
Fußspitzen, 68, 69

G
Galgen, 79
Gäste, 143
Gastgeber, 152, 153
Gedankenkette, 16
Generalprobe, 79
Gericht, 90
Gesetz des ersten Eindrucks, 91
Gesicht, 50, 58
Gestik, 62, 65
Glaubwürdigkeit, 10, 156, 170
Grafiken, 45, 46
Grundemotionen, 58

H
Haken, 186, 201
Halbsätze, 167
Haltung, 69
Hände, 62, 66
Handmikrofon, 72
Hauptsätze, 165
Hyperlink, 47

I
Informationen, 11, 25, 134, 200
Insert, 79
Internet, 9, 28, 95
Interview, 22, 143, 153
Interviewer, 148, 150
Intimsphäre, 19, 144
Intro, 79
Ishikawa-Diagramm, 37

J
Jingles, 78

K
Kalendersprüche, 179
Kameramann, 66, 77, 84
Killerphrasen, 183, 185

Sachverzeichnis

Kindersendung, 119, 131
Kinowerbung, 47
Kleidung, 72, 210
Knopf im Ohr, 5, 38, 73
Kommunikation, 3, 128
Konzentrationsfähigkeit, 202
Konzept, 150, 163
Kopfhörer, 73, 120
Körperspannung, 126
Körpersprache, 3, 55, 90, 91
Korrespondent, 109
Kostümbildner, 186
Kriegsbegriffe, 178
Kritik, 183

L
Lächeln, 60, 162
Lampenfieber, 86
Lebenslauf, 127, 206
Leerfragen, 155
Leitfragen, neun, 36
Lernen, auswendig, 5, 34
Licht, 74, 188
Literatur, 107
Live-Reader, 79
Lob, 184
Lockerheit, 33, 38, 113
Lügen, 3, 4, 55

M
Manuskript, 2, 40
Maskenbildnerin, 74, 85, 186
Meinungsfragen, 146
Melodie, 9, 90, 125
Metaebene, 162
Metaphern, 46, 181
Mikroanalyse, 145
Mind Mapping, 24, 36
Moderationskarte, 48, 49, 159
Monitorlautsprecher, 73
Monolog, 156, 160
Musikbett, 79

N
Nachbereitung
 strukturierte, 187

Nachrichtenquadrat, 4
Nachrichtensprecher, 39, 189
Nebengeräusche, 72
Nebensätze, vorangestellte, 167
Negatives, 41, 94, 109
Neger, 74
Nervosität, 80, 87
Nonverbale Aussage, 3
Null-Folge, 79

O
Oberlehrerton, 117
O-Ton, 79, 137
Over shoulder, 79

P
Paradoxie, 173, 180
Paraverbale Aussage, 3
Performance, 106
Phrase, 174
Piktogramm, 50, 196
Pilotsendung, 79
Pointe, 29, 135
Präposition, 116, 197
Präsentation, 32, 44
Präsenz, 76
Pressekonferenz, 35, 41, 129
Probe
 heiße, 79
 kalte, 79
Projektion, 75
Promos, 79
Protagonist, 138
Pult, 74, 75, 115

R
Radiosprecher, 73, 120, 130, 175
Radiostudio, 3
Ramp, 79
Ratschlag, 43, 141, 157, 183
Reagieren, spontanes, 16, 210
Redaktion, 37, 138, 173
Reden
 durcheinander, 138
 zuviel, 32
Redewendung, 180

Rednerpult, 75, 115
Referent, 122
Regisseur, 69, 73, 76, 77
Reihenfolge, protokollarische, 99, 100
Reizwortanalyse, 37
Rhetor, 106
Rückhand
    kurze, 15
    lange, 18

S
Sachinformation, 122
Satzbruch, 167
Sätze, grammatikalisch falsche, 167
Satzenden, nach oben gezogene, 130, 137
Schachtelsätze, 165
Schlagfertigkeit, 8, 162
Schlagwörter, 177
Schlüssel, 200
Schlusssatz, 140
Schwitzen, 50, 74
Selbstfahrerstudio, 78
Selbstkritik, 187
Selbstoffenbarung, 4, 114
Senderkennung, 175
Serifenschrift, 76
Signal, 55
Sinneswahrnehmungen, 57
Sitzordnung, 144, 158
Spiegel, 64, 66, 85
Sport, 22, 57, 81, 117
Sprache, 165, 176
Sprechertraining, 51, 52, 141, 191
Sprechzeichen, 51, 76
Sprichwörter, 174, 179
Stand, fester, 67
Standbein, 205
Standbein/Spielbein-Haltung, 68
Stichwortkarte, 1, 31
Stimme
    hinten sitzende, 160
    verstellte, 131
Stimmungskanone, 134, 135
Stoffsammlung, 27, 36
Stöhnen, 8, 42, 85
Stopfstil, 134

Stottern, 11, 15, 199
Streitgespräch, 85
Stress, 20, 21, 97, 108
Substantiv, 50, 52, 166
Subtext, 3
Sympathie, 94, 114, 135, 136
Sympathieträger, 91, 189

T
Take, 79
Taschentuch, 74
Teleprompter, 76, 77
Temperament, 113, 115
Testfolge, 79
Three-Element-Break, 106
Tonfall, 91, 94
Topfsystem, 24
Training
    Körpersprache, 56
Türken, 79

U
Überbetonung, 51, 117, 118
Überschrift, 46
Unterbrechung, 139, 152
Unterscheiden, 79
Unterton, 95, 122, 123, 131

V
Verbale Aussage, 3
Verdünner, 177
Verkehr, 79, 171
Verkehrsmeldung, 126, 127
Verneinung, 156, 158
Verplappern, 18
Versprecher, 115, 117, 120
Victory-Zeichen, 57
Videokamera, 64, 66
Videos, 64, 165
Visualisierungsregel, 46

W
Warm-up, 179
Weichmacher, 177
Werbespots, 79
Wettervorhersage, 34, 171

Sachverzeichnis

Wiederholung, 78, 79, 166, 174
Wirtschaftsmagazin, 13
Wissenschaftssendung, 31
Witz, 130, 162, 179
Wortaussage, 3
Wörter
  betont, 116
  verbotene, 173
Worthülse, 170, 172

Wut, 81

Z
Zeichnung, 50, 196
Zeitdruck, 19, 78, 152, 189
Zitate, 25, 48, 147, 159
Zugeben, 14, 59, 109
Zuhören, aktives, 150
Zunge, 122
Zwischenrufe, 143, 162

The manufacturer's authorised representative in the EU is Springer Nature Customer Service Centre GmbH, Europaplatz 3, 69115 Heidelberg, Germany. If you have any concerns regarding our products, please contact ProductSafety@springernature.com

Printed and bound by CPI Group (UK) Ltd, Croydon, CR0 4YY
23/03/2026
02076679-0005